中公新書 2754

及川琢英著

関東軍——満洲支配への独走と崩壊

中央公論新社刊

まえがき

中国吉林《きつりん》省の省都長春《ちょうしゅん》。自動車や映画産業で有名な中国東北の主要都市の一つである。北海道の旭川とほぼ同じ緯度にあり、気候は亜寒帯に属する。年間の気温差は大きく、夏は摂氏三〇度を超え、冬は降雪量は少ないが、マイナス三〇度を下回るほどである。

日本と満洲《まんしゅう》（曖昧《あいまい》な地域概念であるが、中国の行政区分ではおおむね奉天《ほうてん》〈遼寧《りょうねい》〉・吉林・黒《こく》龍江《りゅうこう》省に該当）の深い関わりは、日露《にちろ》戦争（一九〇四〜〇五年）まで遡《さかのぼ》る。日本は日露戦争を経て、ロシアから旅順《りょじゅん》・大連《だいれん》を中心とする遼東《りょうとう》半島先端部（関東州）と、旅順〜長春間の南満洲鉄道（満鉄）の経営権を獲得し、中国にそれを認めさせた。満鉄沿線では駅周辺に附属地が開設され、市街地が形成された。長春でも、最初に市街が発展した旧城《きゅうじょう》や、ロシアが寛城子《かんじょうし》に開設した中東《ちゅうとう》鉄道（東支《とうし》鉄道）附属地に加えて、満鉄附属地が設定された。

一九三二（昭和七）年から四五年まで日本の影響下に存在した満洲国で、長春は首都となって新京《しんきょう》と呼ばれ、行政の中心地として市街地を拡大させた。新京時代に整備された都市区画や満洲国関係の建物は、現在もそのまま残されて利用されており、満洲国時代の歴史が現在と地続きであることをまざまざと見せつける。

長春駅から南に伸びる幹線道路「人民大街《たいがい》」（新京時代は「大同《だいどう》大街」）を一キロメートル

関東軍司令部（新京）

ほど進むと、道路沿いに天守閣を上に継ぎ足したようなとりわけ目を引く建物がある。「中国共産党吉林省委員会」の看板が掲げられているが、そここそがかつての関東軍司令部である。

関東軍は日本陸軍の出先軍の一つで、一九一九（大正八）年に成立した。関東州と満鉄を保護するための兵力であったが、一九二八年の張作霖《ちょうさくりん》爆殺事件、一九三一年の満洲事変の発端となった柳条湖《りゅうじょうこ》事件など、日本政府や陸軍中央の統制から外れて行動し、政治や外交、多くの謀略に関与したことが知られる。自分たちだけで勝手に判断して行動するような組織や人物を批判する際、よく関東軍に譬《たと》えられ、独走は関東軍の代名詞にもなっている。

満洲国は関東軍が強引に創《つく》り上げたものであり、中国も国際連盟も正統性を認めなかったが、多くの日本人が成功を夢見て、移民として海を渡っていった。やがて日本と中国の対立は激化して全面戦争化し、さらにアメリカやイギリスなども敵に回すアジア・太平洋戦争へと発展した。日本の敗色が濃厚になるなか、一九四五年八月ソ連が参戦し、侵攻してくると、関東軍と満洲国は、ほとんどなすすべもなく、崩壊を迎える。その際、関東軍は、軍家族のみを避難させ、多くの居留民を見捨てたとして悪名が高い。

これまで関東軍については、最も基本的な文献となっている島田俊彦『関東軍』をはじめとして多くの著作・研究があり、特に日本の外交や戦争の展開と関連付けて言及されてきた。ただし、関東軍自体の組織的な特性や満洲国との関わりなど、十分に明らかにされていない点も少なくない。

そこで本書では、近年の新しい研究に拠《よ》りつつ、以下の三点を意識して論じていきたい。

第一に、関東軍を取り巻く制度的環境である。実は日本陸軍では独断専行が奨励されていた。戦場では予測不能なことが起こり得るため、指揮官には上官の意図を忖度《そんたく》しつつ、臨機応変に対処することが求められていたのである。当然、この気風は関東軍へも影響した。その一方で、関東軍は国家機関である以上、国家の法令によって組織が構成され、国家予算によって動く。よって関東軍は、万能の力を有していたわけではなく、ほかの組織と同様、何らかの制約を有する組織だったはずである。そのなかで政府や陸軍中央の思惑を超えて謀略を続け、独走へと至る構造的な背景は、どのように形成されたのだろうか。

第二に、軍司令官や参謀長、参謀など関東軍軍人の個人的特性である。関東軍は、官僚組織である以上、人事異動がある。任期が過ぎれば、陸軍の別の部署に異動となり、新任者が入ってきて、人員は常に入れ替わっていく。軍司令官によってどのような特徴があり、どのような参謀が作戦や謀略を主導し、満洲国統治に関わったのだろうか。

第三に、満洲現地勢力の存在である。満洲は日本の領土でも、無人の荒野でもなかったことを見落としてはならないだろう。関東軍がいかに力を有していたとしても、現地側の協力は欠かせなかった。そして現地の人々も日本に支配されるだけの単なる受動的な存在ではなかった。協力者としては張作霖や溥儀《ふぎ》が有名であるが、さらに本書で注目するのは、日露戦争で日本軍と関係を深め、張作霖率いる奉天《ほうてん》軍を経て、満洲国政府や満洲国軍の要人となっていく軍人・政治家である。彼らがいなければ、満洲国は成立しなかった。関東軍や満洲国について理解するには、日本からの視点だけではなく、中国東北（さらには北東アジア全体）からの視点を欠いてはならず、立体的に跡付けていくことが必要だろう。

以上を踏まえて、関東軍前史から始め、時代順に関東軍の誕生から崩壊までの軌跡をたどっていきたい。

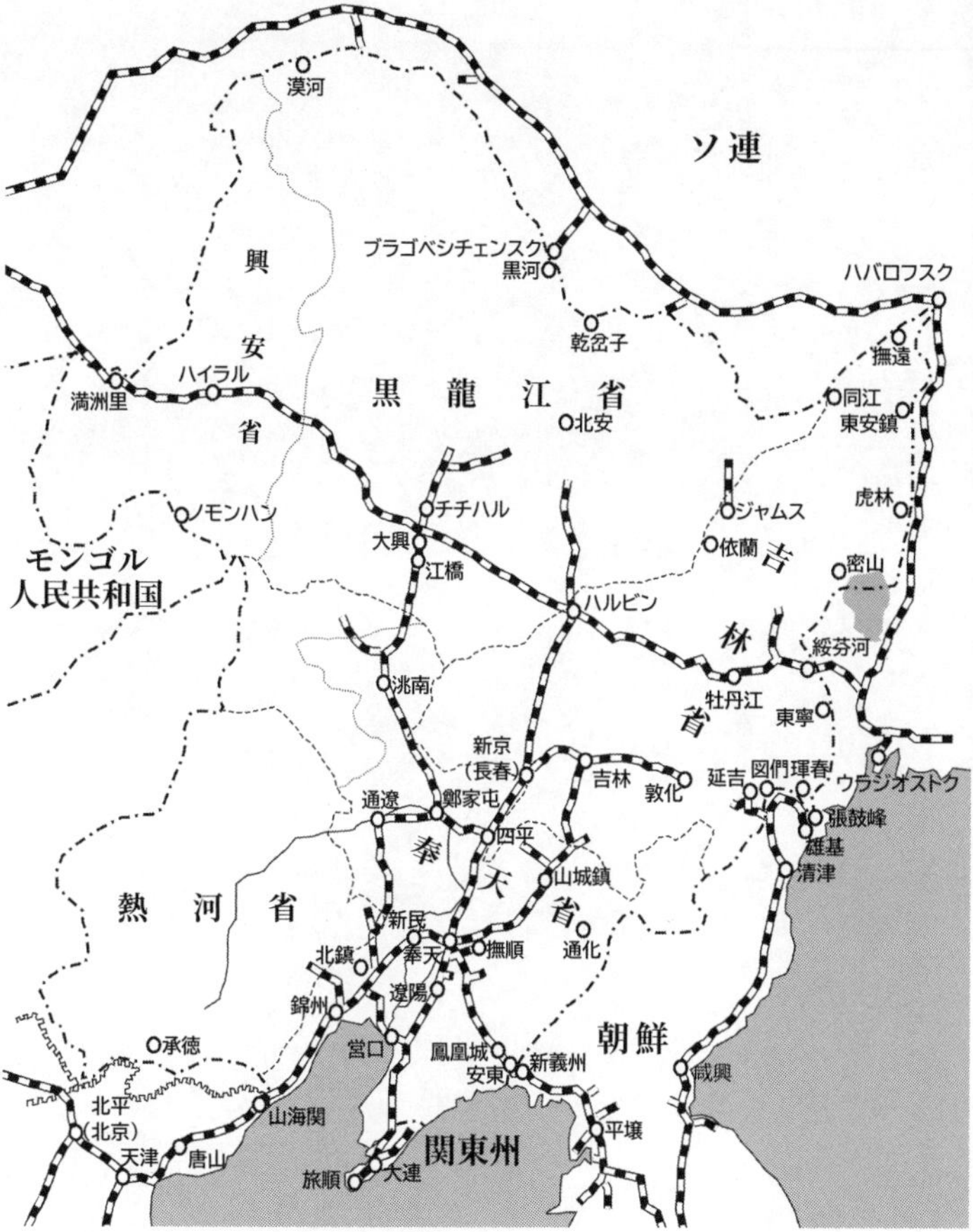
ソ連
漠河
興
安
省
ブラゴベシチェンスク
黒河
乾岔子
ハバロフスク
撫遠
同江
東安鎮
満洲里
ハイラル
黒　龍　江　省
北安
ノモンハン
チチハル
ジャムス
虎林
モンゴル
人民共和国
大興
江橋
依蘭
吉
密山
ハルビン
林
綏芬河
洮南
牡丹江
省
東寧
新京
（長春）
吉林
敦化
延吉
図們
琿春
ウラジオストク
通遼
鄭家屯
張鼓峰
四平
雄基
奉
清津
天
山城鎮
熱　河　省
省
新民
通化
北鎮
奉天
撫順
遼陽
錦州
営口
鳳凰城
朝鮮
承徳
安東
新義州
咸興
北平
（北京）
山海関
平壌
天津
唐山
関東州
旅順
大連
満洲全図（1932年）

目次

凡例

- 読みやすさを考慮して、本来、括弧を付けるべき歴史用語も括弧を省略した。
- 引用文中の漢字の旧字は新字に、カタカナはひらがなに改めた。また適宜ルビを振り、句読点を補った。
- 引用文中の〔 〕は、筆者による補足である。
- 引用文中には、現在では不適切な表現があるが、史料として正確を期すため、原文のままとした。
- 出典の注記は、新書の性格上、最低限にとどめた。巻末の主要参考文献を参照していただきたい。
- 敬称は略した。

関東軍——満洲支配への独走と崩壊

序章　前史—一九〇四～一九年

関東軍の「関東」とは、山海関《さんかいかん》（万里の長城の東端）以東の地、すなわち満洲を意味する。日本は日露戦争によって満洲に大きな足掛かりを得た。本章では、本論に入る前に、①日本の満蒙《まんもう》権益、②在満統治機関、③張作霖と「支那通《しなつう》」、④満洲駐屯部隊に関して、日露戦争から関東軍成立頃までの流れを概観しておこう。

1．日本の満蒙権益

関東州と南満洲鉄道

「満蒙（満洲と内モンゴル東部を指す）」は日本の「生命線」と呼ばれ、満蒙からの撤退は日本の終わりを意味すると捉《とら》えられるほど、日本は満蒙に執着することとなる。では日本の満蒙権益は、どのように成立したか。

日本の主要な満蒙権益として、関東州と南満洲鉄道が挙げられる。日本は一八九四（明治二七）年から九五年の日清《にっしん》戦争を経て、日清講和条約（九五年四月）で、遼東半島全域の割譲を受ける権利を得た。しかし、三国干渉（ロシア・ドイツ・フランス）によってその権利を放棄させられてしまい、干渉を主導したロシアへの復讐《ふくしゅう》心が強まった。

そのロシアは、一八九八年に清国から旅順・大連を中心とする遼東半島南端を二五か年の期限で租借した。また、北満洲を横断してウラジオストクへ向かう中東鉄道の経営権を取得して建設を進め、さらにハルビンから分岐して旅順へと至る南部線も敷設した。

一九〇四年、日露両国の対立は、ついに開戦へと至った。多大な犠牲を払いつつ、日露戦争を優勢に進めた日本は、日露講和条約（〇五年九月）、満洲に関する日清条約（同年一二月）によって、ロシアが有する遼東半島南端の租借地および鉄道権益の一部を引き継ぐこととなった。

同租借地は関東州と呼ばれ、旅順は軍港、大連は商港として発展していく。また鉄道権益に関しては、日本軍が遼陽《りょうよう》や奉天など沿線主要都市を占領し、最北は長春付近まで進出していたため、長春以南の南部線の取得が認められた。この長春以南の南部線に、日本軍が軍用軽便鉄道として敷設していた安奉《あんぽう》線（安東《あんとう》～奉天）を加え、一九〇七年四月に南満洲鉄道株式会社が営業を開始する。

満鉄の資本金の半分は、政府が出資した。満鉄は鉄道用地のほか、駅周辺に市街地用の附属地を設定し、行政権を行使することが認められ、鉄道業のほか、学校経営や鉱業、製鉄業、旅館業などを展開していく。満鉄は巨大な国策会社であった。

二一か条要求

日本が南満洲権益の扶植に努めるなか、アメリカとの対立が生じた一方で、ロシアとの関係は改善した。日露両国は互いの勢力範囲をおおむね満蒙の南北で取り決め、共同歩調を取るようになった。一九一二年六月、袁世凱《えんせいがい》の北京《ペキン》政府（後述）に対する六国借款団（英米独仏露日）では、その事業範囲から日露が主張する満蒙の除外が事実上認められ、満蒙には特殊権益として一定の国際的理解が示された。

一九一四（大正三）年七月に第一次世界大戦が勃発《ぼっぱつ》すると、欧米列強が中国問題から後退したことによって日本に権益を強化する好機が訪れた。日本はドイツに宣戦し、その租借地がある山東《さんとう》省青島《チンタオ》を占領した。

一九一五年一月、第二次大隈重信《おおくましげのぶ》内閣は、北京政府と権益をめぐる交渉を開始した。日本側の要求は、二一か条要求と呼ばれ、外務省や陸海軍など各部署の要望を取りまとめ、全五号、二一か条にわたった。第一号は山東権益、第二号は満蒙権益、第三号は漢冶萍《かんやひょうこんす》公司、第四号は福建《ふっけん》権益、第五号は中央政府への顧問招聘《しょうへい》などに関するものであった。同年五月、日本は最後通牒《つうちょう》を発して中国に同要求（ただし第五号は削除）を飲ませ、いくつかの条約（中国では民四条約と呼ばれる）を結んだ。

そのうちの「南満洲及東部内蒙古《ないもうこ》に関する条約」は、関東州の租借期限および満鉄の経営期限を九九か年に延長することを認めるものであった。この条約が結ばれる以前は、関東州の租借期限、安奉線の経営期限は、ともに一九二三年までで、満鉄本線は一九三九（昭和一四）年に中国側に買戻権が発生し、一九八三年に至れば無償返還する決まりであった。それが同条約により関東州は一九九七年まで、満鉄本線は二〇〇二年、安奉線は二〇〇七年まで租借・経営期限が延長され、しかも中国側の買戻権はなくなったのである。

また「南満洲に於《お》ける鉱山採掘権に関する交換公文」では、奉天省六か所、吉林省三か所の鉱山（石炭・鉄・金）採掘権（日中合弁）が認められた。

一九一九年五月には、パリ講和会議で山東権益が日本へ譲渡されることが承認されると、中国で講和不調印運動が起こり、民四条約への反発も相まって全国的な日貨排斥運動へと発展した（五四《ごし》運動）。列強は中国問題に復帰して日本をけん制するようになり、日本の権益に対する中国民衆の反発もその後、さらに強まっていった。後述のように、一部隊長から東《とう》三省《さんしょう》（奉天・吉林・黒龍江）の支配者となり、さらに北京政府のトップに昇りつめる張作霖は、日本と密接な関係にあったが、民族的利害を無視できない状況となっていく。

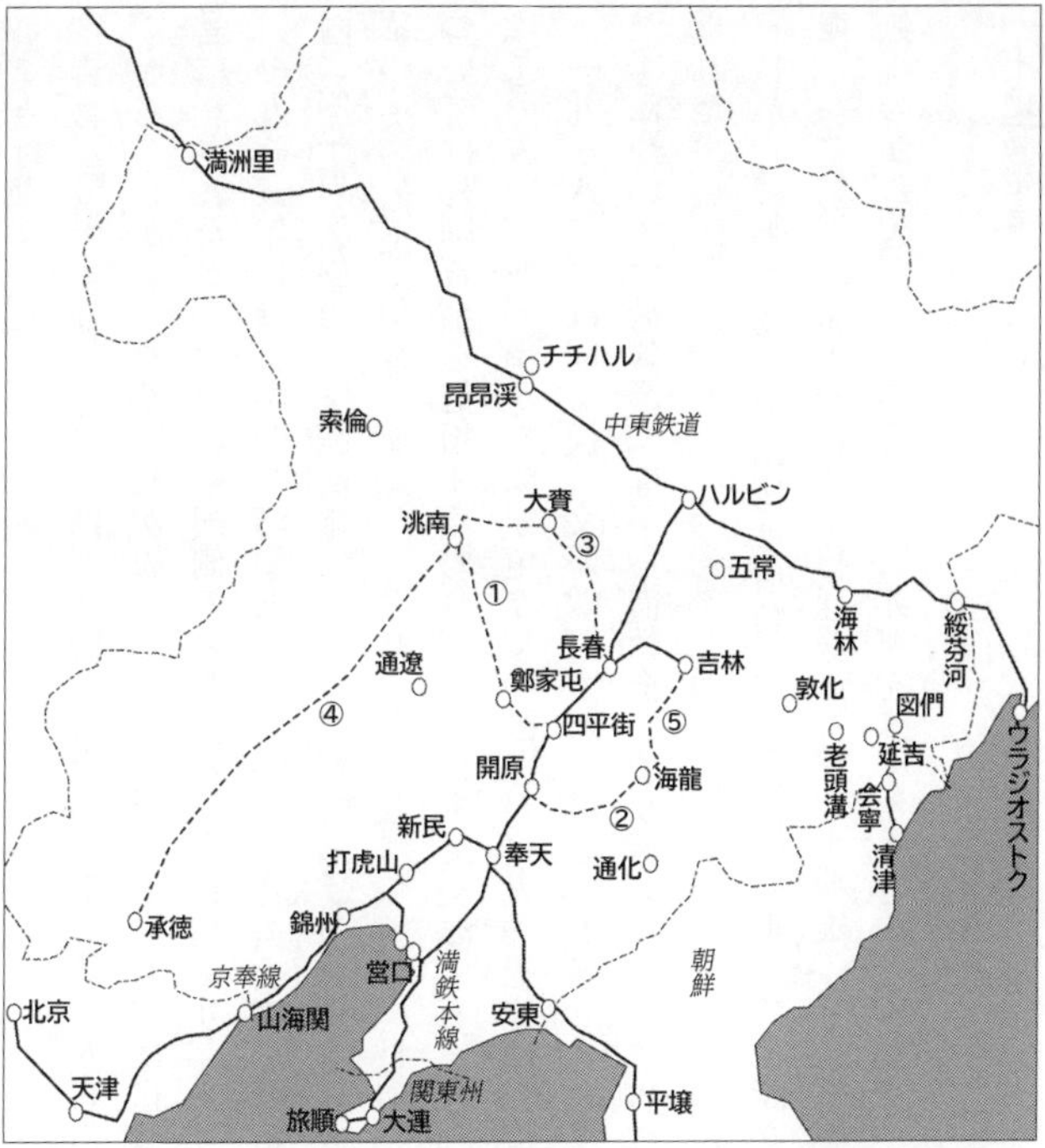

満蒙五鉄道（加藤聖文『満鉄全史』講談社，2019年，巻頭図を加筆修正）

鉄道借款権

日本の鉄道権益は、満鉄だけではなかった。中国に借款供与することによって、満鉄線からさらに鉄道網を広げる試みが続けられた。

一九〇九年間島《かんとう》協約（延吉《えんきつ》周辺の間島地方に関する日中間条約）交渉の際、清国は吉会《きっかい》鉄道（吉林―会寧《かいねい》）の敷設を認め、一九一八年には吉会鉄道借款予備契約が成立した。しかし、その後、一〇年以上経《た》っても全線開通することはなかった。

吉長《きっちょう》鉄道（吉林―長春）は、清国が資金の半額を満鉄から借り入れ、一九一二年に開通している。しかし、営業成績が思わしくなく、一九一七年に借款契約を改訂し、満鉄の委任経営に託されたが、次第に中国側の満鉄への反発が強まり、元利償還も進まなくなった。

一九一三年には日中間で満蒙五鉄道に関する交換公文が締結された。五鉄道とは、①四洮《しとう》線（四平街《しへいがい》―洮南《とうなん》）、②開海《かいかい》線（開原《かいげん》―海龍《かいりゅう》）、③長洮《ちょうとう》線（長春―洮南）、④洮熱《とうねつ》線（洮南―承徳《とく》）、⑤吉海《きっかい》線（吉林―海龍）であり、①〜③については日本の借款で敷設するとし、④⑤については外国資金を借用する場合、まず日本と交渉するとされた。このうち敷設が進んだのは①のみで、四平街から鄭家屯《ていかとん》までの区間が一九一七年に完成した。

一九一八年には同交換公文が改訂され、②と⑤が統合されて一つの借款鉄道となった。また④については借款優先権から借款権に切り替えられ、さらに同線から海港への延長も認められた。

しかし、張作霖ら中国側は借款による建設を進めず、やがて自ら賄って奉海（奉天―海龍）・海吉線（海龍―吉林）や打通《だつう》線（打虎山《だこさん》―通遼《つうりょう》）などを敷設し、そのため日本側は条約無視の満鉄包囲網であるとして非難を強めることとなった。

土地商租権

鉄道敷設と相まって促進されたのが、土地の取得であった。一八九六年に結ばれた「日清通商航海条約」第四条では、商埠地《しょうふち》（外国人に開放した土地）で日本人が家屋を貸借売買し、土地を貸借することが認められた。ただし、多くの日本人は中国人の名義を使用し、商埠地に限らず、売買に等しい長期契約で土地の権利を取得していった。

前述の「南満洲及東部内蒙古に関する条約」は、日本人の土地権利取得を強化しようとするものでもあり、第二条は次のように定められた。

日本国臣民は南満洲に於て各種商工業上の建物を建設する為又は農業を経営する為必要なる土地を商租することを得

しかし、この商租権をめぐって、日本側は所有権と解釈したが、中国側は貸借権と解釈して対立を深めた。日本側は中国に帰化した朝鮮人の名義を利用したほか、中国人名義や中国人と合弁事業を行うという名目（同第四条で内モンゴル東部における日中合弁経営が認められた）で土地を取得していった。中国側はそのような土地取得についても妨害する法令を発布していった。張作霖ら東三省の有力者は、各地に土地を有する大地主にして鉄道や銀行などの事業に投資する大株主であり、日本人の進出で経済的に損失を蒙り得る直接の利害関係者でもあったのである。

中国側の権益回収の動きは、関東軍を強く刺激することとなった。日本側の思うように借款鉄道建設が進まず、商租権など日本人の権利が保護されないことへの不満は、関東軍の強硬な行動の原動力となっていくのである。

2. 在満統治機関

関東総督府から関東都督府へ

日本がロシアから引き継いだ権益を管理・保護していくためには、在満統治機関が必要となった。統治機関をいかなる組織とするかについては、さまざまな議論があり、権限争いが続いたが、やがて統治機関の一端として関東軍の成立をみることとなる。

一九〇五年九月、日露戦争は終結したものの、日露両軍の撤兵期限は一九〇七年四月に設定されており、満洲ではしばらく軍政が継続された。

一九〇五年一〇月、軍政継続のため現地で指揮を執っていた満洲軍総司令部と交替する形

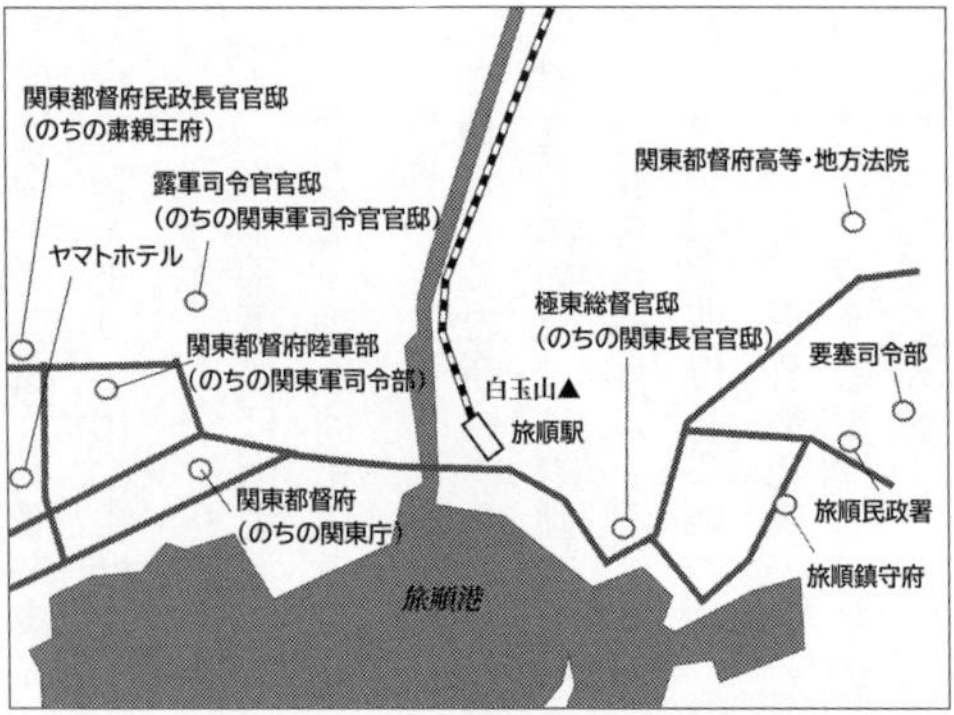

旅順地図

で、遼陽に設置されたのが関東総督府であった。関東総督には第三師団長として出征していた大島義昌《おおしまよしまさ》が就任（同時に大将に昇進）している。関東総督は、師団長同様、天皇に直隷《ちょくれい》した。総督府は翌年一月までに旅順の新市街に移り、日本の満洲での当初の本拠地は、旅順に定まっていった。

しかし、総督府による軍政は、清国から抗議を受け、列強の批判も高まったため、総督府は廃止されて、戦時体制から平時体制へ移行することとなった。一九〇六年九月、外務大臣が監督する関東都督府が設置された。同官制によれば、関東都督は、関東州を管轄し、「南満洲に於ける鉄道線路」の保護取締りおよび満鉄業務の監督をしたほか、特別の委任により清国地方官憲との交渉事務を掌理した。

ただし、関東都督には部隊統率権が認められていたため、都督は陸軍大中将をもって充てることとなり、大島義昌が総督からそのまま都督に横滑りした。都督府は単なる民政機関であったとは言えず、総督府を引き継いだ側面を多分に有していた。

都督府本庁舎も総督府の施設がそのまま使用された。都督府内の主要な部署としては、民政部と陸軍部があった。民政部が民政長官の下、一般行政を掌《つかさど》ったの対し、陸軍部は参謀長の下、軍事行政を掌った。陸軍部庁舎は、都督府本庁舎より三ブロックほど離れた場所にあったロシア陸軍砲兵隊司令部を利用した。ここがのちに関東軍司令部の最初の庁舎となる。

なお、都督府官制の原案には海軍部も含まれていたが、実現には至らなかった。海軍の出先機関としては、別に旅順鎮守府（のち要港部）が設置された。以降、関東軍が成立してからも陸海軍で別々に出先機関を置く体制が続いていく。

「三頭政治」

都督府と領事館は、同じく外務大臣の監督下にあったものの、都督府の背後には陸軍があったため、権限争いが生じていった。

都督府は関東州で、領事館は満鉄附属地以外の日本人居留地で、それぞれ司法、警察、一般行政を掌った。しかし、満鉄附属地（鉄道用地や駅周辺の市街地、鉱区・工業用地からなり、日本人や中国人、その他の外国人が住んだ）では権限が分散し、一般行政権は満鉄が持っていたほか、司法は領事館、警察は都督府が担った。特に警察行政に関しては、同じ都市でも附属地とそれ以外の居留地で方針に相違があり、居留民に不便が生じる状況であった。

表1　在満機関の各権限

	関東州	満鉄附属地	その他居留地
司法	都督府	領事館	領事館
警察	都督府	都督府	領事館
一般行政	都督府	満鉄	領事館

また外交事務についても、主導権を維持したい外務省・領事館と、都督の権限を拡大させたい陸軍・都督府は、火花を散らした。

このように都督府と領事館は互いにけん制し合い、満鉄も合わせて、「三頭政治」と批判される状況になったのである。

都督府権限の推移

大島都督による都督府権限拡張運動を経て、一九〇八年一月には都督府官制が改正された。警察行政の統一化（領事の都督府事務官兼任、都督府警務署長の領事館警察署長兼任）が進み、また附属地に関する渉外事項に関して、都督は領事を指揮することとなったが、依然として都督府と領事館の綱引きは続いた。

一九一〇年六月、第二次桂太郎《かつらたろう》（陸軍大将）内閣は、内閣拓殖局を設置して台湾、韓国、樺太《からふと》、関東州（外交を除く）の所管を外務省のもとから移したため、都督に対する外相の影響力が弱まる形となった。

大島はなおも都督府官制の改正を図ろうとした。同年八月都督府が上申した改正案では、都督は外相の監督を受けて政務を統理するという条項を残しつつ、都督が天皇に直隷することを明示する条項を加えている。これが実現することはなかったが、都督府側が天皇直隷という権威をもって外務省側をけん制しようとしたことが窺《うかが》える。

都督府廃止か文官都督か

都督府のあり方をめぐる陸軍と外務省の権限争いは、武官と文官の争いでもあった。前述のように都督には陸軍大中将が充てられたが、都督府設置の際の枢密院審議では、都督を武官に限定することの是非が争点となった。寺内正毅《てらうちまさたけ》陸相（西園寺公望《さいおんじきんもち》首相も同調）は、文武統轄の必要性から武官制を主張し、結局、政府側が押し切った。しかし、時代が下るにつれ、武官制に対しては批判の声が強まっていった。

同制度を改める場合、満洲駐屯部隊の統率をどうするかが問題となる。その際、①都督府を廃止して新たに民政庁（長官は文官）を設置し、別に軍司令官を置いて兵権を委任する、あるいは部隊を本国の直轄とする、②文官の都督就任を可能とし、文官都督にも兵権を認めるという選択肢が考えられる。

『東京朝日新聞』は、早くも関東総督府設置直後の段階で、①の兵権委任論を主張していた（一九〇五年一一月一二日付社説）。技術の進歩によって本国からの「稟議《りんぎ》命令」がすぐに伝わるため、総督に兵権を持たせることは不要であり、本国の府県知事のように師団長に出兵を請う権限のみでよい。満洲経営の観点からしても、文官長官の経済的手腕に期待するところが大きいという理由であった。

都督府設置後も新聞各紙は社説で、都督府を廃止して民政庁を設置し、部隊統率を軍司令部あるいは駐劄《ちゅうさつ》師団司令部に任せるべきと繰り返し主張し、都督府改革を訴えたのである。

文官兵権付与論

一九一〇年代に入ると、植民地長官の文官就任論が高まり、②の文官への兵権付与論も現れるようになった。

一九一〇年一月、善隣書院《ぜんりん》（私立の中国語・中国文学教授所）出身で多くの中国語関連書籍を物した石山福治《いしやまふくじ》は、関東州に駐屯部隊を指揮し得る文官総督を置くべきと主張している。また『大阪朝日新聞』は同年六月二四日の社説で、次のように主張した。

世に一種の迷想ありて、武官は文官にて統《す》べ難く、文官は武官よりも弱しといふ感念あり、思はざるも甚だし。唯《ただ》分業上武官文官たるものにて、一朝必要あらば文官も武官となり、剣を帯びて国仇《こくきゅう》に向はざるべからず。〔中略〕此の心を以《もっ》て心とせば、文官を以て武官を御するも難からず。

つまり文武官の別は固定的なものではなく、文官でも武官を指揮する地位に立てるというのである。これは武官の総督・都督を管轄する内閣拓殖局総裁への文官就任論が主旨であったが、文官総督・都督兵権付与論やさらには軍部大臣文官就任論にも通ずるものであった。

たしかに韓国統監（一九〇五年一二月官制制定）は、統監（文武官の就任が可能）が駐劄（現地に滞在すること）軍「司令官に対し兵力の使用を命ずることを得」と規定され、文官にも兵権が認められたことがあった。しかし、それはあくまで元老の伊藤博文《いとうひろぶみ》が初代統監に就任するからこそ実現した例外的な側面が強い。伊藤の死後、一九一〇年九月、韓国統監が朝鮮総督に改められると、総督は武官に限定されるようになった。

朝鮮駐劄憲兵隊司令官の明石元二郎《あかしもとじろう》は、寺内正毅朝鮮総督宛の書簡（一九一三年と推定）で、その伊藤であっても駐劄軍司令官を統制できなかったとし、「今後の文官総督に軍司令官を制し得るもののなきは瞭然《りょうぜん》」と述べている。このように武官側の文官総督・都督兵権付与論への風当たりは、非常に強かったのである。

民政庁・軍司令部設置へ

そこで政党勢力は、民政庁・軍司令部設置と軍部大臣武官制廃止の道を選択していく。民政庁とは別に軍司令部を置いたとしても、陸相に文官が就任し得れば、政党による出先軍統制への道が開かれることとなる。

一九一二年一二月に成立した第三次桂内閣（桂は陸軍出身ながら新党結成を企図した）は、そのような仕組みの実現を目指した。しかし、憲政擁護運動により組閣からわずか二か月で総辞職してしまう（桂は失意のうちに病死するが、立憲同志会結党に至った）。その後を継いだ、薩派《さっぱ》と政友会の連合政権である第一次山本権兵衛《やまもとごんべえ》内閣は、内閣拓殖局廃止、軍部大臣武官制の現役規定削除（政党入りできる予備役や後備役の武官も就任可能となった）まで歩みを進めた時点で、一九一四年四月シーメンス事件（海軍の疑獄事件）により内閣が倒れてしまった。

第二次大隈内閣を経て、一九一六年一〇月に成立した寺内正毅内閣は、政党に基礎を置かない超然内閣となり、内閣拓殖局を再設置したほか、反対に都督府への権限統一化を推進し

関東軍司令部（旅順）　所蔵◎京都大学附属図書館

た。一九一七年七月には、その二年前に後備役になっていた中村雄次郎《なかむらゆうじろう》が現役復帰して都督に就任する。中村は、長らく八幡《やはた》製鉄所長官や満鉄総裁を務めた経歴を有し、それまでの都督とは全く毛色が違っていた。満蒙の産業開発が求められている状況に陸軍が対応したものであろう。中村の都督就任は、日本人居留民からも期待された。

都督府官制の改正により、都督が満鉄の業務（朝鮮鉄道も受託経営）を統裁することとなった。満鉄総裁改め理事長には中村の下で副総裁を務めた国沢新兵衛《くにさわしんべえ》が昇任している。また在満領事館職員に関する特別任用令が制定され、武官の領事就任に道が開かれた。

しかし、都督の渉外業務が外相の監督を受けるのは従来通りであり、領事館側の反発も強く、権限統一化は簡単には進まなかった。産業開発に関しても、武官ではなく、文官の手腕への期待が高いのは、自然なことであった。『東京朝日新聞』一九一七年八月一日付社説は、武官都督による権限統一化を「大勢に逆行する退歩的改正」と批判し、文官も就任できるよう法改正するのが当然の順序であるとした。

一九一八年九月、米騒動で寺内内閣が倒れると、本格的政党内閣である原敬《はらたかし》（政友会総裁）内閣が成立し、山本内閣以来、政友会が再び政権を握った。政府内では総督・都督の文武官併用論が有力となり、翌一九年に入り、その機が熟した。ただし、朝鮮では三・一独立運動が起こり、朝鮮と、同じく総督制の台湾では改革が遅れ、都督制の満洲で先行していく。

前述のように文官都督への兵権付与は、困難が予想される状況であった。文官側にとっても、植民地長官を武官が独占する体制を崩すことがまずは重要であるならば、文官都督の名にこだわることにはあまり意味がない。そこで、文官が長官に就任できる関東庁を設置し、別に関東軍司令部を置くという構想が政治日程に上っていくのである。

3. 張作霖と「支那通」

日露戦争と張作霖

関東軍が密接な関係を結んだのが張作霖である。張作霖と日本は、日露戦争以来の繋《つな》がりがあった。日露戦争で日本軍は、奉天周辺の馬賊《ばぞく》（地域の自衛を請け負い、時に不法行為を行う）勢力を諜報や破壊活動などに役立てるため、特別任務班を組織し、馮徳麟《ふうとくりん》（張作霖の先輩格の馬賊。配下に張海鵬《ちょうかいほう》や汲金純《きゅうきんじゅん》がいた）やバボージャブ（モンゴル系の馬賊）などを利用した。戦争前にいちはやく馬賊から清国官軍に編入され、新民府の一部隊長となっていた張作霖もこの任務班に関わった。任務班の馬賊監督官の人選には、大陸浪人（中国各地に居住・放浪した民間壮士）の川島浪速《かわしまなにわ》（北京警務学堂教習）が関与し、玄洋社《げんようしゃ》（頭山満《とうやまみつる》らが結成した国家主義団体）社員など多くの大陸浪人が参加している。

任務班のうち、鴨緑江《おうりょっこう》の北方で活動した満洲義軍を指揮した花田仲之助《はなだなかのすけ》は、同軍を清国に編入させ、日露戦後、日本が満洲の一部を占領する際に備えて、日本人監督の下に中国兵からなる軍隊を養成しておくことを上申した。日本軍は清と交渉し、馮徳麟やバボージャブらを官軍に編入し、また日本人監督官を顧問として招聘することを認めさせた。その他、馬《ば》占山《せんざん》（のちの満洲国軍政部総長）や于芷山《うしざん》（のちの満洲国軍政部大臣）のように任務班参加後、張作霖の配下に加わった者もいた。

張作霖（1875〜1928）　奉天省海城出身。日清戦争に清軍兵士として従軍後、1896年馬賊となった。1902年新民知府の増韞（ぞううん）に帰順。奉天派を統率し、北京政府を掌握。

張作霖や馮徳麟は、清国官軍の昇進争いのなかで淘汰《とうた》されることなく、巡防隊（地方の治安維持部隊）の統領として地位を築いた。両者は、張作霖の馬賊時代からの仲間の張《ちょう》景恵《けいけい》（のちの満洲国国務総理）、湯玉麟《とうぎょくりん》（のちの熱河《ねっか》省政府主席）、張作相《ちょうさくしょう》（のちの吉林督軍）、巡防隊で知り合った孫烈臣《そんれっしん》（のちの吉林督軍）、呉俊陞《ごしゅんしょう》（のちの黒龍江督軍）、馬龍潭《ばりょうたん》（のちの東辺鎮守使）とともに八人で義兄弟の関係を結び、やがて北京政府系勢力の一派となる奉天派の幹部を形成していった。

陸軍「支那通」

日本陸軍軍人で張作霖ら中国側要人と関係を築き、中国情報の収集・分析に専門的にあたった者は、陸軍「支那通《しなつう》」と呼ばれ、その言動が日本の対中政策に大きな影響を及ぼした。

陸軍支那通は、一般の陸軍軍人と同様、陸軍大学校（陸大）卒のエリートである「天保《てんぽう》銭《せん》」（卒業徽章《きしょう》が天保通宝に似ていたためにそう呼ばれた）とそれ以外の「無天」将校に分かれる。

天保銭支那通は、主要な地位に就き、無天組や大陸浪人を指揮し、諜報や工作にあたった。世代で見ると、日露戦争以前に任官した陸士第一四期以前の第一世代、一夕会《いっせきかい》や桜会《さくらかい》に所属するなど国家革新運動を担った第一五〜二五期の第二世代、満洲事変以降、第二世代の下で重要な役職に就いていく第二六期以降の第三世代に分類される。

天保銭支那通の典型的なコースは、陸大卒業後、隊附勤務を経て、参謀本部附支那研究員として中国に渡り、帰国後、参謀本部第二部支那課に勤務、その後、北京公使館附武官や軍事顧問、特務機関、駐屯軍など中国各地に駐在するというものであった。

表2

関東都督

	階級（列次）	任期	出身	長州閥
大島義昌	大将（14）	1906. 9～1912. 4	山口	○
福島安正	中将（7）	1912. 4～1914. 9	長野	○
中村覚	中将（2）	1914. 9～1917. 7	滋賀	○
中村雄次郎	中将（44）	1917. 7～1919. 4	三重	○

参謀長

	階級（列次）	任期	陸士	出身	上原派	備考
落合豊三郎	少将（26）	1906. 9～11	旧3	島根		
神尾光臣	少将（14）	1906. 11～1907. 11	－	長野		支那通
星野金吾	少将（？）	1907. 11～1912. 9	旧5	新潟	○	
柴勝三郎	少将（47）	1912. 9～1912. 12	旧7	茨城	○	
福田雅太郎	少将（52）	1912. 12～1914. 5	旧9	長崎	○	支那通
西川虎次郎	少将（56*）	1914. 5～1916. 8	旧11	福岡	○	支那通
高山公通	少将（？）	1916. 8～1918. 7	旧11	鹿児島	○	支那通
浜面又助	少将（71）	1918. 7～1919. 4	4	和歌山		支那通・ロシア通

＊1914年7月時点

都督府と支那通

関東都督・参謀長人事を陸軍内派閥の観点からみてみると、関東都督は、大島以降、長州閥（山県有朋《やまがたありとも》に連なる人脈で、桂太郎、寺内正毅、田中義一《たなかぎいち》を直系とする）が独占している。政治記者の鵜崎鷺城《うざきろじょう》は、福島安正《ふくしまやすまさ》（中国以外にも広く通じた長野出身の情報将校で、日露戦時特別任務班に関与）について、参謀総長として情報将校を育てた川上《かわかみ》操六《そうろく》（薩摩出身）門下から長州閥系へ転じたとし、中村覚《なかむらさとる》についても滋賀出身であったが、長州閥化していったとしている。中村雄次郎は寺内正毅の姻戚《いんせき》であり、陸軍次官や軍務局長など中央の要職を務めた経歴を有した。

就任時の実役停年による列次（階級の順位で、その階級への進級が早いほど上位となる）からすると、関東都督は、長く現役を離れていた期間がある中村雄次郎は例外として、大将の下位あるいは中将の上位のポストとなっている。

川上系の流れを引いて参謀本部にわずかに依拠し、長州閥打破、参謀本部強化を志向したのが上原《うえはら》派であった。上原派は薩派の上原勇作《ゆうさく》擁立運動を担い、積極的な大陸政策を主張する者が多かった。都督府参謀長はおおむね少将中位のポストで、上原派が多く占めており、支那通も多い。浜面又助《はまおもてまたすけ》以前は支那通原型世代（陸大出身者の支那通養成が制度化される以前の世代）にあたり、浜面以降、関東軍期になると、支那通第一、第二世代が就任していくこととなる。

辛亥革命と挙兵工作

張作霖が表舞台に出てくるきっかけとなったのが、一九一一年一〇月中国各地で革命派が清朝打倒、共和制国家樹立を掲げて蜂起《ほうき》した辛亥《しんがい》革命であった。翌一二年一月には孫文《そんぶん》を大総統とする南京《ナンキン》臨時政府が樹立され、南方の多くの省が独立し、同政府の統制下に入った。しかし、北方では革命派の影響力が弱く、奉天、吉林、黒龍江の三省は、直隷《ちょくれい》省や山東省、内モンゴル王公などと同様、独立するまでには至らなかった。

張作霖らは革命派の弾圧にあたったが、やがて宣統帝《せんとうてい》（溥儀《ふぎ》）の退位が濃厚となると、日本の支援を模索するようになった。一方、日本側でも参謀本部第二部長の宇都宮太郎《うつのみやたろう》（上原派）が支那通や川島ら大陸浪人を使って、清朝維持のために満蒙の分離独立を画策した。川島は、満洲で粛親王《しゅくしんのう》を奉戴《ほうたい》して張作霖らを独立させ、またグンサンノルブら内モンゴル王公を借款で援助し挙兵させようとした。しかし、同年二月張作霖は態度を軟化させて共和制を受け入れるようになり、同工作は日本政府の閣議決定によって中止された。以降、川島ら大陸浪人と張作霖の間には溝が生じていった。

奉天への軍事顧問派遣

袁世凱《えんせいがい》は南方派の譲歩を引き出して、中華民国臨時大総統の地位に就き、北京政府（北洋政府ともいう）を成立させた。同政府の下で張作霖は北洋陸軍第二七師長、馮徳麟は同第二八師長に任命され、ともに陸軍中将に昇進し、奉天省における主要な軍事力の一角を構成した。張作霖ら奉天在地勢力は政府中央系勢力に対抗し、奉天省内での勢力拡大を図っていく。

一九一四年七月には第二八師顧問であった渡瀬二郎《わたせじろう》（大陸浪人）が契約満期前に解雇され、替わってドイツ武官が傭聘《ようへい》されるという事件が起こった。駐華臨時代理公使の小幡酉吉《おばたゆうきち》は、顧問派遣を日本の既得権と見なし、中国外交当局に対して、渡瀬の復職か日本軍人の招聘を要求した。

渡瀬の問題は関東州や附属地に直接関わることではなく、都督府の職掌範囲を超えていたが、福島関東都督も張錫鑾《ちょうしゃくらん》奉天将軍（省軍政長官）と交渉に入った。都督府はこの機を捉えて、馮徳麟の下だけではなく、張作霖の第二七師、奉天将軍、吉林将軍、黒龍江将軍に一名ずつ日本軍人を招聘するよう強硬に要求した。

結局、九月、奉天将軍の下に菊池武夫《きくちたけお》中佐（支那通第一世代）と町野武馬《まちのたけま》少佐（無天組）を軍事顧問として傭聘することで合意が成立した。日本は奉天省のトップに軍事顧問を送り込む権利を得たのであり、このことがのちに張作霖との関係維持の上で大きな意味を持っていく。

張作霖らの奉天省支配と爆殺未遂事件

一九一五年末には袁世凱が帝政実施を強行し、それに反対する南方派が挙兵して独立を宣言する事態となった（第三革命）。奉天省では政府中央系の部隊が南方へ派遣され、張作霖ら奉天在地勢力が軍事的に優勢となった。張作霖らに好機が到来したのである。

一方、大隈内閣は一九一六年三月七日の閣議で、中国の混乱を利用して袁世凱打倒を図る方針を決定し、排袁工作にあたる大陸浪人らの行動を黙認した。

川島浪速は、内モンゴル西ウジュムチン旗《き》付近に勢力を有するバボージャブ軍（特別任務班関係者が多く参加）と連絡を取り、同軍を満洲に入れ、粛親王を中心とする宗社党《そうしゃとう》（清朝復活を目指す政治集団）と結びつけようと画策した。張作霖らとの対立は避けがたく、無理がある計画であったが、参謀本部第二部長の福田雅太郎《ふくだまさたろう》（上原派）も同工作を進め、土井市之《どいいちの》進《しん》（無天組）、小磯国昭《こいそくにあき》（支那通第一世代）を派遣した。

四月八日、奉天総領事代理の矢田七太郎《やだしちたろう》より、張作霖が独立および日本への支援要請をほのめかしたという報告がもたらされると、外務省や参謀本部は張作霖支援に注力することを決定する。それにもかかわらず、西川虎次郎《にしかわとらじろう》都督府参謀長は、張作霖は信用できないとして、土井らと工作を続行した。

結局、張作霖は独立を宣言することはなかったが、同月一七日、袁世凱の腹心で奉天将軍兼巡按使《じゅんあんし》（省民政長官）の段芝貴《だんしき》を奉天から追放して、それにとって代わり（のち奉天督軍兼省長となる）、また馮徳麟は奉天将軍補佐となった。張作霖の下でも軍事顧問派遣は継続し、特に町野は張作霖と密接な関係を築いていった。

土井らは宗社党工作を依然として続け、五月二七日には、川島配下の河崎武《かわさきたけし》（特別任務班に参加）や安達隆成《あだちたかしげ》が、奉天で張作霖爆殺未遂事件を起こした。河崎は、「張作霖が当初自分等と共に清朝復興を目論見《もくろみ》ながら今日袁の下風に立ちて将軍の職に就くが如《ごと》きは了解に苦《くるし》む」（『袁世凱帝制計画一件　反袁動乱及各地状況』第一二巻）と、張作霖を批判していた。しかし、六月六日には袁世凱が病没して排袁の目的を達成したため、一切の工作が中止された。その結果、張作霖らの奉天省支配が固まっていったのである。

馮徳麟の失脚

やがて張作霖と馮徳麟の関係は、悪化していった。奉天省支配を確立した奉天派は、今度は内部で主導権争いを始めたのである。馮徳麟にしてみれば、後輩格の張作霖の下の地位に甘んじることには、やり切れない思いがあったのだろう。

王永江《おうえいこう》（警務処長兼省会警察庁長）と湯玉麟（第二七師第五三旅長兼省城密偵帯司令）が、湯玉麟の部下やその影響下にある警察官の風紀をめぐって対立すると、張作霖は王永江を、馮徳麟は湯玉麟を支持し、一九一七年二月から三月にかけて両者は一触即発の危機を迎えた。

張作霖および馮徳麟はそれぞれ日本の支援を得ようとした。赤塚正助《あかつかしょうすけ》奉天総領事の報告を受けて、外務省や陸軍省は、張作霖への好意的中立方針を採った。軍事顧問の菊池武夫も、両者の調停ではなく、張作霖の東三省支配を見据えて支援すべきと主張した。

一方、内田良平《うちだりょうへい》周辺の大陸浪人からは、両者を調停しつつ、馮徳麟、湯玉麟を利用して、馮徳麟の根拠地（北鎮）がある遼西《りょうせい》（遼河の西）から内モンゴルへ勢力拡張を図るべきとする意見が出されたが、政府当局が馮徳麟の支援要請に応えることはなかった。

馮徳麟らは劣勢な状況を打開するため、同年七月張勲《ちょうくん》（安徽督軍）が溥儀を擁立して清朝再興を図った「張勲復辟《ちょうくんふくへき》」に参加し、自身の地位を高めることを画策する。しかし、復辟はわずか一〇日ほどで鎮圧され、馮徳麟は逮捕、官位を剝奪《はくだつ》されて、失脚していった。馮徳麟配下の張海鵬や湯玉麟は、逃走に成功して張作霖のもとに戻り、張作霖は奉天派のトップの座を確実なものとしたのである。

段祺瑞支援と軍事顧問派遣

張勲復辟の鎮圧後、北京政府は、ともに袁世凱の腹心であった馮国璋《ふうこくしょう》大総統と段祺瑞《だんきずい》国務総理を中心とする体制となった。やがて両者は対立を深め、その中で寺内内閣は、借款による段祺瑞支援策を採り、中国を第一次大戦に参加させてシベリア出兵に誘い入れていった。張作霖ら奉天派は、段祺瑞と連繫《れんけい》しており、日本の段祺瑞支援は、間接的に張作霖の勢力を強化することに繫がった。

一九一八年四月、日本陸軍は、ドイツ勢力のシベリア進出に対処するという名目で、段祺瑞政権に吉林督軍への軍事顧問派遣を認めさせ、斎藤恒《さいとうひさし》中佐（天保銭第一世代）を派遣した。また五月には中国陸軍との間に「共同防敵軍事協定」を締結し、同協定に基づき、黒龍江督軍の軍事顧問として斉藤稔《さいとうみのる》中佐（同第一世代）、土肥原賢二《どひはらけんじ》大尉（同第二世代）を派遣した。張作霖が東三省へ勢力を拡大させていく（後述）のに合わせるように、日本は軍事顧問派遣を通して東三省に影響力を行使していくルートを整えたのである。

4. 満洲駐屯部隊

満洲駐屯部隊の再編

関東都督が統率した満洲駐屯部隊には、駐劄師団と独立守備隊があった。関東軍は、それらを引き継ぐ形で成立する。

日本が租借地の関東州以外、満鉄沿線にも駐屯部隊を置くことができる条約上の根拠は、日露講和条約にあった。同条約では、鉄道保護のために一キロメートル当たり一五名以内の守備兵を置く権利が認められていた。一九〇七年時点で満鉄が引き継いだ路線は、約一〇九〇キロメートルであり、この数値を基に計算すれば、駐屯部隊は最大一万六三五〇名となる。

駐劄師団は日露戦争直後は二個師団であったが、一九〇七年より一個師団に削減され、以降、満洲事変まで、一個師団が二年交代で駐屯するという体制となった。駐劄師団の削減に伴って、新たに設置されたのが独立守備隊であった。

満洲駐屯部隊がこのような構成となった理由については、当時参謀本部作戦課高級課員であった田中義一の意見書「随感雑録」(一九〇六年)が参考となる。それによると、満洲駐屯部隊には、平時は満鉄を守備し、ロシアとの戦争時には「直ちに北方に開進して敵の侵入を防止」するという役割があった。ただし、徴兵された現役兵からなる常備軍隊を一株式会社である満鉄のために使うのは、「不条理の甚しきもの」であるとされ、ロシアの中東鉄道護衛兵も常備軍隊ではなく、「在郷兵中の志願者を召募して編成」していることが指摘される。

そこで田中は、満洲駐屯部隊を①作戦準備を本領とする軍隊（駐劄師団に該当）、②鉄道守備を本領とする特種軍隊（独立守備隊に該当）の二種に区分すべきとする。①については「内地に師管を有する常備師団」からなるため、兵役義務の関係で約二年ごとに逐次交代する（実際は駐劄師団の交代時期と兵の交代時期は必ずしも一致しない）、②については、将校は現役、下士官以下は予後備役の志願者を採用して鉄道沿線に配備するとしている。

田中は、②を一キロメートルに最大四名の割合で配備するとしている。そうであるならば、①は最大一一名の割合となる。

独立守備隊配置

①は一万一九九〇名、②は四三六〇名の計算である。

実際の駐屯兵力

では実際にどの程度の兵力が駐屯したのだろうか。辛亥革命時点でみると、駐劄師団は一九一一年五月より派遣されている第五師団（師団長は大谷喜久蔵《おおたにきくぞう》中将）であった。師団の派遣と都督隷下への編入は、参謀総長が允裁《いんさい》を仰いだ天皇の命令を陸相が都督に伝えて（奉勅伝宣）実行されている。師団司令部は遼陽、旅団司令部（第九、二一旅団）は柳樹屯《りゅうじゅとん》および鉄嶺《てつれい》に置かれた。第九旅団所属の歩兵第一一連隊は柳樹屯、同第二二連隊は旅順、第二一旅団所属の歩兵第四二連隊は遼陽と奉天、同第七一連隊は鉄嶺に駐屯した。

駐劄師団は、平時師団兵力の三分の二が本国から派遣された。輸送計画によると、派遣第五師団の人員は七六五九名であり、条約上の最大兵力からすると、余裕があった。

一方、独立守備隊司令官は橋本勝太郎《はしもとかつたろう》少将で、司令部は公主嶺《こうしゅれい》に置かれた。第一～第六大隊（大隊本部はそれぞれ公主嶺、開原《かいげん》、奉天、鳳凰城《ほうおうじょう》、大石橋《だいせっきょう》、瓦房店《がぼうてん》）に分かれ、守備地域が分担された。

一九〇六年一二月の独立守備隊編成要領によると、第一～第六大隊をそれぞれ本国の各師団に割り当て、現役・予備役・後備役より服務志願者を募って編成が進められた。各大隊は四個中隊、人員六三六名（全体で三八一六名）とされている。一九一二年「独立守備第四大隊補充交代の為採用配当人員表」によると、第四、一〇、一六師団に割り当てられた兵二六四名中、現役は六六名、予後備役は一九八名であった。実際に予後備役兵が七割以上を占めていたことがわかる。

支那駐屯軍への部隊派遣

満洲駐屯部隊に関して押さえておくべきは、本国との関係のほかに、支那駐屯軍（司令部は天津）や朝鮮軍など出先軍同士の繋がりである。

満洲駐剳師団からは、たびたび支那駐屯軍（一九〇一年北京議定書によって黄村《こうそん》〜天津〜山海関間の鉄道沿線要地に駐兵が認められていた）に部隊が派遣された。その嚆矢《こうし》となったのは、一九一二年三月に北京および天津で北洋軍（袁世凱が率いる軍隊）の一部が騒乱を起こしたことを受けてなされた派兵であった。列強各国で京津に派兵することとなり、日本もまた山海関から兵を送った。その際、満洲と華北の境界上の要地である山海関の兵力を補塡《ほてん》しつつ、華北駐屯兵力全体を増加させるために実施されたのが、満洲駐剳の第五師団歩兵第一一連隊の派遣であった。それまでの支那駐屯軍兵力は一二五三名（北京四二二、天津四四七、塘沽《タンクー》七、灤州《らんしゅう》—山海関間三七七）であったが、満洲から派遣された約一二〇〇名を加え、二四五〇名ほどとなった（『日本外交文書』第四四・四五巻別冊）。

また、さらなる関内増派に備えるため、満洲駐屯兵力を増員させる手段として、第五師団の新兵と古兵の交代に際して、本国から新兵を輸送しつつ、帰還する古兵をしばらく留め置く措置が取られた。

駐箚師団の重複配備と外交圧力

運用上の盲点をついて満洲駐屯兵力を一時的に増加させる手法は、中国に圧力をかける手段としても用いられた。

日本が二一か条要求交渉を続けるなか、一九一五年四月はちょうど駐箚師団の交代時期にあたった。そこで駐箚中の第一三師団の帰還を延期させ、新たに派遣されてくる第一七師団と重複させることによって、兵力の増加を図ったのである。三月五、六日に加藤高明《かとうたかあき》外相が日置益《ひおきえき》駐華公使に対して送った電報によれば、外務省も満洲駐箚師団の重複配備に賛同していた。

日本が増兵を決定したという情報を受けて、張作霖は、北京政府に「今回の交渉は及ぶ限り譲歩し平和の間に解決する事得策ならん」(『日本外交文書』大正四年第三冊上巻)という趣旨の意見を送っており、いかに日本の軍事的圧力を感じていたかが窺える。同年二月三日および一五日、明石元二郎参謀次長が寺内正毅朝鮮総督に宛てた書簡によると、状況によっては満洲各要地を占領し、在満部隊の移動により手薄になった際には朝鮮から部隊を派遣することも構想されていた。

第一七師団各部隊（輸送計画人員は七七八八名）は、三月一六日以降、岡山県宇野《うの》港での乗船を開始して次々と任地に向かい、四月一〇日までに派遣輸送を完了している。一方、第一三師団各部隊が帰還を開始したのは五月二二日であった。その間の五月六日には両師団の出動準備がなされた上で、七日、加藤外相が陸徴祥《りくちょうしょう》外交総長に最後通牒を発し、九日には中国が要求を受諾するに至った。駐屯部隊の増加は、外交上の圧力として効果を発揮したのである。

独立守備隊と借款鉄道

また注目されるのは、満洲駐屯部隊が日本の借款鉄道網の拡大に合わせて、行動範囲を拡大させていることである。

前述のように、満鉄沿線の四平街から鄭家屯《ていかとん》へ向けて借款鉄道の敷設が進んだ。それに合わせるように、満洲駐屯部隊は行動範囲を鄭家屯へ広げていった。

一九一三年六月、独立守備第二大隊は、日本軍の威力を示すために、四平街より鄭家屯に向けて試験的に行軍を行うことを計画している。

一九一四年八月には駐劄師団の在鉄嶺部隊が鄭家屯方面に行軍し、中国の巡警（呉俊陞《ごしゅんしょう》の部下）から射撃を受ける事件が起こった。それをきっかけに日本は部隊を鄭家屯—四平街間に残留させ、中国側の撤兵要求を拒否し続けた。一九一五年八月には鄭家屯南東の三河口《さんかこう》付近で独立守備隊兵が殺害される事件が起こり、独立守備隊は犯人捜索のために一時、六個中隊を派遣した。

独立守備隊は一九一六年三月以降、志願兵に替えて現役兵によって編成されるようになった。変更の直接的な要因としては、応募率の低下や要員が定着しなかったことが挙げられる。あるいは独立守備隊設置の経緯からすれば、現役兵による編成は、設立から一〇年、国民が満鉄を一株式会社以上の存在として認識するようになったことの反映とも言えるだろう。

同年六月には、前述のように排袁工作が中止となり、挙兵したバボージャブ軍は、はしごを外されて行き場を失った。八月、第二八師第五五旅長の張海鵬《ちょうかいほう》は、バボージャブ軍の南下を防ぐため、鄭家屯に兵を入れた。その際、中国兵による在留日本人殴打事件をきっかけに日本軍との戦闘が発生し、死傷者を出す事態となった（鄭家屯事件）。同事件を受けて独立守備隊は、再び駐劄師団とともに鄭家屯方面に兵を送った。

このように満洲駐屯部隊は、単に満鉄沿線にとどまっているだけの部隊ではなかった。関東軍成立以前から満鉄沿線を離れて行動する経験を積み重ねており、関東軍が成立してからは、さらに積極的な行動をみせることとなるのである。

第1章　関東軍の誕生――一九一九〜二三年

1. 軍司令官の職務

関東庁および関東軍司令部の設置

原敬内閣の下、都督府改革は田中義一陸相が主導し、関東庁と軍司令部を並置する方針で進行していった。外務省は、駐屯部隊の統率を陸相直轄とする案（軍司令部を置かない）を作成したが、受け容《い》れられることはなかった。

田中は寺内正毅の了承を取り付け、一九一九（大正八）年二月五日の閣議で都督の武官制廃止を提議して賛同を集めた。そして関東庁官制案が作成され、三月、枢密院での審議（内閣から原と田中が参加）を経て、四月一一日に勅令で制定（翌日公布）された。

関東庁は都督府民政部を移行させ、関東州の管轄、満鉄の監督、鉄道沿線の警察権を掌ることとなった。兵権はなく、安寧秩序の保持や鉄道警護のため必要な場合、関東軍司令官に兵力使用を要請できた。長官（関東長官）は文武官の就任が可能な親任官（天皇が自ら任命する）であり、初代の林権助《はやしごんすけ》（外交官）以降、満洲国期の「三位一体」制（後述）まで文官が就いている。監督機関は、首相および外相であった。

関東庁官制と同時に、軍令（陸相が天皇の裁可を受けて制定）で関東軍司令部条例が制定され、都督府陸軍部が軍司令部へ移行した。軍司令官は陸軍大将あるいは中将が充てられる親《しん》補《ぽ》職（親任官と同待遇）であり、天皇に直隷して駐屯部隊を統率する。軍司令官は関東州の防備や「南満洲に在る鉄道線路」（満鉄線に限定されていないことに注目）の保護のため、必要な場合に兵力を使用できるとされた（第一・三条）。

文官と兵権

新聞各紙は、総督・都督の武官制を廃止し、兵権を駐屯部隊に移して、地方官官制のように出兵を要求できるようにすればいいと十数年来、主張してきたが、関東庁・関東軍司令部の設置でようやく実現することとなった。その点では、文官が就任可能な地方長官（府県知事・道庁長官）を置き、兵権は部隊長（師団長）に委《ゆだ》ねる本国の体制が植民地にも及んでいったとみることができる。

一方、この改革に満足せず、盛んに批判を加えたのが、一九一〇（明治四三）年に内閣拓殖局に勤務して以来、植民地経営研究を続けていた、憲政会（立憲同志会の後身）所属の貴族院議員江木翼《えぎたすく》であった。江木は、文官に兵権がないというのは憲法上何ら根拠ある説ではなく、軍務は国務の重要な一部であるとして、軍部大臣武官制を批判するとともに、文官総督が兵権を有すべきことを主張した。関東長官に関しても、兵権を与えず、出兵要求権のみを認めたことを姑息《こそく》であるとして批判する。そして鉄道の保護は、外交上の紛議を起こし得る重大な職務であり、関東軍司令官ではなく、関東長官の職掌に含むべきとした。しかし、原内閣は八月、南満洲だけではなく、朝鮮、台湾にも同様の制度（文官が就任可能な総督と軍司令官の並立）を導入していった。文官が直接、出先軍を統制する道が開かれることはなかったのである。

軍部大臣武官制と政軍関係

軍部大臣に関しては、アメリカやイギリスでは文官、フランスでは文武官が務めたのに対し、日本では武官制が維持されていた。しかも同三国の制度では陸相が参謀総長の上位にあったが、日本ではプロシア式に両者が並列的に置かれた。内閣からすれば、参謀総長が陸相の同意を得ることなく動く場合や、陸相が内閣の一員というより参謀総長とともに軍の一員として動く場合、内閣による統制が困難となる。そのため、参謀本部廃止論も現れるに至った。

ただし、陸軍では長州閥のもとで陸相（陸軍省）が参謀本部を統制する支配体制が確立していた。軍部大臣武官制や参謀本部を廃止させることなく、政軍関係を安定させたい田中陸相は、急進的な改革を求めない原首相と提携して、文官首相と陸相が陸軍・参謀本部を統制する体制に変化させていった。のちに田中は宇垣一成《うがきかずしげ》を陸相に据えて、自身は政友会総裁へ転じ、首相に就任することとなる。宇垣も同じ路線を踏襲し、憲政会（のち民政党）へ接近していく。このような体制により文官による統制が間接的に出先軍へも及んだのである。

命令と区処と独断専行

ただし、出先軍には中央からの統制を困難にしかねない規定があった。朝鮮軍や台湾軍でも同様であるが、関東軍に関しては、同軍司令部条例第二条で次のように規定されている。

> 軍司令官は軍政及人事に関しては陸軍大臣、作戦及動員計画に関しては参謀総長、教育に関しては教育総監の区処《くしょ》を承《う》く

この「区処」規定は、師団司令部条例（一八八八年）や都督府官制（一九〇六年）を踏襲したものであった。「区処」とは「隷属関係に依《よ》らず業務上の系統に従い与うる所の指示」

（『陸密綴』）と定義される。一方、隷属関係に依るものは「命令」と呼ばれる。軍司令官は天皇に直隷し、天皇からは「命令」を受けるが、陸軍三長官（陸相・参謀総長・教育総監）とは隷属関係にないため、「区処」と表現されるのである。

軍司令官と陸軍三長官は、天皇直隷同士という点で同格の関係にあったが、陸軍内の長州閥支配が効いているなかでは、「区処」は、上意下達で有無を言わせない「命令」と変わらなかった。しかし、長州閥が衰退し（寺内正毅は一九一九年、山県有朋は二二年、田中義一は二九年に死去）、下剋上《げこくじょう》の風潮が高まると、「区処」を「命令」に比べて軽んじる傾向が生じていったと考えられる。立法経緯（後述）からすれば、参謀総長が「区処」するのは作戦計画であって作戦全般とは言い難かった。また、そもそも軍司令部条例は戦時の行動を規定していないという条文解釈も成り立ち得た（戦時を規定する関東軍勤務令が制定されるのは一九三二年六月で、同令に「作戦計画、動員計画及軍隊の配置」に関する参謀総長の「区処」規定が盛り込まれたのは、三九年五月であった）。

そこに独断専行を奨励する陸軍の気風が作用していった。陸軍の教範である「陣中要務令」（一九二四年改正）では、次のように規定している。

命令の実施には独断を要する場合尠《すくな》からず。是《こ》れ兵戦の事たる其《その》変遷測り難きものあればなり。故に受令者は常に発令者の意図を忖度し、大局を明察して情況の変化に応

表3

軍司令官（満洲事変まで）

	階級（列次）	任期	陸士	出身	主な前職	その後	備考
立花小一郎	中将（8）	1919. 4 〜 1921. 1	旧6	福岡	朝鮮憲兵隊司令官 第4師団長	浦塩派遣軍司令官	
河合操	中将（2）	1921. 1 〜 1922. 5	旧8	大分	第1師団長	参謀総長	
尾野実信	大将（11）	1922. 5 〜 1923. 10	旧10	福岡	参謀本部総務部長 陸軍次官	軍事参議官	
白川義則	中将（4）	1923. 10 〜 1926. 7	1	愛媛	中支那派遣隊司令官 陸軍次官	陸相 上海派遣軍司令官	
武藤信義	大将（13）	1926. 7 〜 1927. 8	3	佐賀	参謀本部総務部長 参謀次長	教育総監	ロシア通
村岡長太郎	中将（4）	1927. 8 〜 1929. 7	5	佐賀	トルコ駐在 第4師団長	—	
畑英太郎	中将（8）	1929. 7 〜 1930. 5	7	福島	陸軍次官 第1師団長	—	
菱刈隆	大将（12）	1930. 6 〜 1931. 8	5	鹿児島	第4師団長 台湾軍司令官	軍事参議官	
本庄繁	中将（4）	1931. 8 〜 1932. 8	9	兵庫	奉天督軍軍事顧問 第10師団長	侍従武官長	支那通

参謀長（満洲事変まで）

	階級（列次）	任期	陸士	出身	主な前職	その後	備考
浜面又助	少将（25）	1919. 4 〜 1921. 3	4	和歌山	参謀本部 支那課長	ハルビン 特務機関長	支那通 ロシア通
福原佳哉	少将（40）	1921. 3 〜 1923. 8	5	山口	仏大使館 附武官	東京湾要塞司令官 第10師団長	
川田明治	少将（117*）	1923. 8 〜 1925. 12	10	高知	参謀本部 庶務課長	下関要塞 司令官	
斎藤恒	少将（63）	1925. 12 〜 1928. 8	10	石川	吉林督軍顧問 参謀本部鉄道船舶課長	東京湾要塞 司令官	支那通
三宅光治	少将（？）	1928. 8 〜 1932. 4	13	三重	第4師団参謀長 歩5旅団長	陸軍運輸部長 第20師団長	

＊1923年9月時点

じ、自ら其目的を達し得べき最良の方法を選び、独断専行以て機会に投ぜざるべからず

関東軍にとって、意図を忖度すべき発令者は、天皇ということになる。満洲事変で関東軍は、区処をなおざりにして独断専行を貫こうとする姿勢を陸軍中央に突きつけていくのである。

初代軍司令官立花小一郎

満洲事変以前、関東軍司令官には九人が就任している。就任時の実役停年による列次を割り出してみると、関東都督同様、大将下位あるいは中将上位のポストとなっている。外地駐屯経験者のほか、陸軍次官や参謀次長などの中央の要職や、「一等師団」とされた第一師団（東京）、第四師団（大阪）の師団長就任者が目立つ。支那通と呼べるのは、本庄 繁《ほんじょうしげる》のみであった。都督府参謀長を上原派が多く占めたことは前述したが、関東軍司令官も上原勇作《うえはらゆうさく》に近い九州出身者が多く占めている点が注目される。

立花小一郎（1861～1929）
1883年陸士卒（旧6期）、89年陸大卒。ポーツマス講和会議全権随員、朝鮮駐劄軍参謀長、ウラジオ派遣軍司令官などを歴任。晩年、福岡市長、貴族院議員を務めた。

一方、参謀長には五人が就任している。

少将中下位のポストである。在職期間は、軍司令官より長い傾向にあった。参謀本部課長職を経て就任した者もいるが、参謀長職は、エリートコースにあったとは言い難い。支那通と呼び得るのは、浜面又助《はまおもてまたすけ》と斎藤恒《さいとうひさし》のみであった。

初代軍司令官の立花小一郎《たちばなこいちろう》は、寺内正毅とも、上原勇作とも良好な関係を築いた人物であった。立花は詳細な日記を残しており、その行動内容が判明する。第四師団長であった立花は、一九一九年二月九日に早くも軍司令官就任の内命を受け、一二日には一度、大阪より上京し、寺内や田中陸相、上原参謀総長らと協議を行った。正式な就任は四月一二日となり、立花は新第四師団長の町田経宇《まちだけいう》への引き継ぎを済ませて、二〇日上京する。連日、原首相や元老の山県有朋、中村雄次郎など多数の陸軍要人と面会し、宴会に出席した。五月七日には宮中で親補式があった。一一日午前八時半に東京を発《た》ち、朝鮮を経由して、一五日正午旅順に入っている。寛子夫人は同行せず、立花は定期的に留守宅に生活費を送金することとなった。

関東軍司令官の重要な職務の一つは、駐屯部隊の巡視であった。立花は早速、同月二八日より二週間ほどかけて駐劄師団や独立守備隊などを巡視した。六月五日に奉天に入った際には、張作霖とも会っている。軍司令部条例には、渉外事項について規定はないが、張作霖ら中国側要人と会見する機会は多々あり、奉天派との関係構築も重要な役割となった。立花は漢詩を趣味とし、大連で開かれた詩会にも参加しており、在地の名士とのネットワーク作りに役立ったと考えられる。

同年七月には張作霖ら奉天派の勢力拡大の動きが顕著となった。中央では、北京政府の主導権をめぐって段祺瑞《だんきずい》ら安徽《あんき》派（段祺瑞の出身地である安徽省に由来）と馮国璋《ふうこくしょう》ら直隷派（馮国璋の出身地である直隷省に由来）が争っていた。安徽派は南北武力統一策を採った一方、直隷派は、それに反対した。奉天派は、中央政治へ介入して機会を探りつつ、まずは東三省を掌握する戦略を採っていく。そのような張作霖の権力闘争は、日本に満蒙権益への影響を懸念させ、立花は就任早々、緊張感を伴う対応を迫られることとなる。

2. 張作霖支援と「治安維持」

張景恵（1871〜1959）　奉天省台安出身。奉天派の重臣。満洲国の二代目国務総理を務めた。シベリア抑留後、撫順戦犯管理所に移送され、病死。

奉天派と中央進出

張作霖（奉天督軍兼省長）は、すでに一九一七年の時点で、黎元洪《れいげんこう》大総統と段祺瑞国務総理の対立が生じるなかで、中央政治に介入するようになっていた。同年五月三〇日には罷免された段祺瑞を支持し、ほかの北方派督軍とともに、北京政府からの一時独立を宣言したこともあった。

ここで、奉天派内の勢力状況についてみていこう。奉天軍の主要部隊である第二七、二八、二九師は、張作霖の馬賊・巡防隊時代からの配下軍人で占められていた。なかでも主要な部隊長職を担い、重臣となったのは、義兄弟の張景恵、孫烈臣、張作相であった。

一方、新興勢力と呼べるのが、日露戦時に駐屯した日本軍の斡旋《あっせん》で海を渡った日本陸軍士官学校（陸士）留学組（八期生が中心）であった。しかし、帰国した同八期生が古参の配下が占めていた奉天軍の主要部隊のポストに割って入っていくのは、困難であった。よって同八期生は、それ以外に立身の機会を見出すこととなる。新興勢力としてはほかに、北京陸軍大学出身の郭松齢《かくしょうれい》や、張学良《ちょうがくりょう》（張作霖の息子）と同窓の東三省陸軍講武堂出身者ら国内軍学校組がいた。郭松齢は同講武堂の教官を務め、張学良とは師弟関係にあった。張作霖が有力な新興勢力を多く抱えることは、奉天派内で勢力範囲拡大への圧力が増していくことを意味した。

陸士留学八期生で最初に頭角を現したのは、楊宇霆《よううてい》であった。楊宇霆は一九一六年に奉天将軍署参謀長に抜擢《ばってき》されて重用され、張作霖直系と呼び得るまでになった。楊宇霆は奉天派の外交官的役割を務め、中央進出を志向した。奉天省以外で任官していた同期生たちが次第に張作霖の下に集まるようになるのは、楊宇霆の働きかけがあったとみられる。

安徽派と結んだ奉天派は一九一八年二月、北京政府（直隷派に関係が近い王士珍《おうしちん》内閣）が日本に注文し、直隷省秦皇島《しんのうとう》に荷揚げされた武器弾薬を強奪して奉天に回送し、新たに部隊を編成して関内に派兵した。三月天津近郊の軍糧城《ぐんりょうじょう》に奉天軍総司令部が設置された。総司令に張作霖、参謀長に楊宇霆が就いたほか、副司令には段祺瑞の腹心の徐樹錚《じょじゅそう》が任命され、総司令職を代理した。奉天軍は馮国璋ら直隷派を威圧する役割を果たし、段祺瑞は国務総理に返り咲くこととなった。

段祺瑞ら安徽派は南方攻勢を強めていったが、張作霖が南征自体に力を傾注することはなかった。張作霖の主眼は、東三省掌握のために政治力を強化することにあった。同年九月張作霖は、その甲斐《かい》あって東三省巡閲使（奉天・吉林・黒龍江省を所管する軍政長官）に任じられた。

張作霖は、すでに一九一七年七月、幼馴染《なじ》みで姻戚関係にある鮑貴卿《ほうきけい》（北京陸軍講武堂長）を黒龍江督軍兼省長に据えることに成功し、奉天省から黒龍江省への進出を図っていた。一九一九年七月に腹心の孫烈臣が黒龍江督軍兼省長に就任すると、奉天派の黒龍江省支配は、ますます固まっていった。

また張作霖は、吉林省にも触手を伸ばし、直隷派と関係が近い孟恩遠《もうおんえん》吉林督軍を更迭し、鮑貴卿を就任させようとした。吉林省では吉林第一師長高士儐《こうしひん》が孟恩遠の更迭に最後まで抵抗し、張作霖が討伐軍を派遣しようとして、同月、一触即発の状況となる。

「特殊利益」から「治安維持」へ

日本の対中国政策の構造を分析した古屋哲夫の研究（「日中戦争にいたる対中国政策の展開とその構造」）によると、第一次大戦後、国際協調を唱えざるを得なくなった日本では、従来の直接的に利権を求める満蒙「特殊利益」論に代わって、満蒙の「治安維持」を中国側に要求しつつ、日本独自の政策を作り出す新しい外交方式が生まれた。治安維持要求は、国際協調・内政不干渉の裏で、満蒙を日本のために治安を維持すべき地域として特殊化するものであり、分離主義を内包するものであった。この治安維持への期待こそが、次第に関東軍の存在感、支持を高めていくこととなる。張作霖と孟恩遠の争いへの日本の対応は、そのような満蒙治安維持政策の嚆矢となった。

一九一九年七月一〇日、立花関東軍司令官は、ひとまず高山公通《たかやまきみみち》独立守備隊司令官に中立の維持を命じ、状況を見守った。一方、内田康哉《うちだこうさい》外相は一八日、小幡酉吉駐華公使や赤塚正助奉天総領事などに宛てて、北京政府、張作霖、孟恩遠に対して口上書を申し入れるよう指示した。その口上書は、内政不干渉の立場を採りつつ、治安が維持されない場合には何らかの行動に出ることを示唆するものであった。

寛城子事件

このような状況下で起こったのが、寛城子《かんじょうし》事件であった。当時はシベリア出兵中であり、その一環として、満洲駐箚の第一六師団から編成された北満洲派遣隊が中東鉄道の守備を担った。派遣隊司令部はハルビンにあり、チチハル、ポグラニチニ（中ロ国境で綏芬河《すいふんが》に対面）、寛城子（長春駅の北）にも守備隊を置いていた。陸軍省の報告書によれば、七月一九日、寛城子で吉林軍兵士による満鉄社員殴打事件をきっかけに、日本軍と吉林軍との間で戦闘となり、双方に死傷者（日本側は死者一八名・負傷者一八名）を出した。

同事件は、日本軍将兵の遺体が凌辱《りょうじょく》されたこともあり、日本の世論を強く刺激した。『東京日日新聞』同月二二日付社説は、日本が援助して中国に地方の治安を維持させるに足る有力な中央政府を成立させるか、中国がそれを実現できないならば、満洲の統治権を日本に委託せよと強硬に主張した。

また『東京朝日新聞』九月三〇日付社説は、関東軍司令部が「旅順に蟄居」していることに事件の一因があったのではないかとして、司令部の奉天移転を主張した。関東軍が北満を含めて広く軍事的な威圧を加えることへの期待が窺える。

古屋は、日中全面戦争のきっかけとなる盧溝橋《ろこうきょう》事件（一九三七年七月）までに、日本政府や軍では、日中間で事件が起こった際の中国への要求が定型化していったとする。その定型とは、①中国軍の撤兵、②責任者の処罰、③中国側の謝罪、④今後の保障であり、中国側に過誤があることが前提とされていた。

古屋は明確には述べていないが、この定型化は、寛城子事件より始まったと考えられる。

①に関しては、現地部隊間の調停により実現した。寛城子の吉林軍は、寛城子から「二十支里」（約一二キロメートル）撤退することとなった。この「二十支里」という規制範囲は、満洲に関する日清条約付属協定（一九〇五年）第三条（同規定は一九〇二年天津還付協定に準じたと考えられる）に準拠していた。

そして高士儐第一師長と高山独立守備隊司令官、森田寛蔵《もりたかんぞう》長春領事の間で結ばれた暫定治安維持協定では、より広範囲の規制が承認された。同協定では、長春城内および商埠地の吉林軍を二五〇名に限り、それ以外は、南嶺《なんれい》（長春駅から南に直線距離で五〜六キロメートルほど）の吉林軍砲兵とともに長春満鉄附属地から「三十支里」（約一八キロメートル）以遠に退去するとしている。

こうして日本側は規制範囲を事件の現場である寛城子だけではなく、広く長春周辺地域に及ぼしていったのである。ただし、日本軍の寛城子駐屯には条約上の疑義があったこともあり、日本側は協定の永続化は図らず、同年一〇月五日に廃止となる。

関東軍は事件調査および治安維持のみを担い、②〜④についての交渉は、外務省に委ねた。一一月には日中間で合意に達し、北京政府は大総統による遺憾表明を行い、事件責任者の調査・処罰などは、張作霖が請け負うこととなった。

注目すべきは、④の今後の保障に関する事項である。張作霖は東三省各軍隊に命じて日本官民に再び暴行しないようにさせることを認めており、日本側が治安維持を名目に東三省全域の軍隊に干渉していく道が開かれていったのである。

奉天派の東三省掌握と中東鉄道

寛城子事件の発生は、奉天派にとっては吉林省支配への追い風となった。北京政府は、すぐに高士儐を更迭し、孟恩遠を厳責した。これにより一九一九年八月には鮑貴卿への吉林督軍引き継ぎが完了し、奉天派の吉林省掌握が進展していく。鮑貴卿は二〇年九月吉林省長を兼任した。そして二一年三月には孫烈臣が吉林督軍兼省長に就任し、同年一二月までに政務庁長や財政庁長など省の主要ポストを奉天派が押さえた。

こうして東三省を掌握していった奉天派は、中国が利権回収を進めていた中東鉄道にも関与していった。中東鉄路督辦《とくべん》（理事長）、鉄道沿線の警備を担当する護路軍総司令、鉄道収容地を所管する東省特別区行政長官の三職は、奉天派が掌握した。

たとえば、護路軍総司令には、一九一九年八月鮑貴卿が就き、以降、二〇年六月張景恵、同年八月闞朝璽《かんちょうじ》、二一年四月孫烈臣、二二年九月朱慶瀾《しゅけいらん》、二五年二月張作相へと引き継がれている。陸士留学八期生のなかでも、楊宇霆とは距離を置いていた張煥相《ちょうかんしょう》（のちの満洲国司法部大臣）らは、重臣の庇護《ひご》下に入り、護路軍など黒龍江省や吉林省での起用に活路を見出していった。

安直戦争

奉天派は、関内にも進出していく。一九一八年一〇月より袁世凱の盟友であった徐世昌《じょせいしょう》が大総統に就任していたが、依然として安徽派と直隷派の対立はやむことはなかった。段祺瑞は国務総理を退いたが、辺防事務処督辦として辺防軍（日本の兵器供給・借款によって成立。総司令は徐樹錚）を率い、実力を維持していた。一方、直隷派は馮国璋の死後、主導者の地位を引き継いだ曹錕《そうこん》（四川《しせん》・広東《カントン》・湖南《こなん》・江西《こうせい》四省経略使）とその腹心の呉佩孚《ごはいふ》（援粤軍《えんえつぐん》副司令）が中心となっていた。

両派の対立が激化し、一九二〇年七月中旬には安直《あんちょく》戦争が起こった。原内閣は絶対不干渉主義を採り、田中陸相は関東軍や支那駐屯軍など出先に対して、不干渉を指示した。

張作霖は同月一一日、直隷派支持を表明し、一二日より関内へ派兵を開始した。奉天軍は京津間の北倉《ほくそう》に布陣したが、安徽軍は奉天軍には攻撃を仕掛けなかった。主な戦闘は京漢線方面で行われ、安徽軍は直隷軍の攻撃により敗走した。奉天軍は二二日北京南苑《なんえん》に入った。軍事顧問の町野は、二五日張作霖に同行して天津に入っており、部隊の指揮に関与することはなかった。

安徽派の没落により、直隷派および奉天派が北京政府の後見役となった。一九二〇年九月、張景恵（奉軍副司令）はチャハル都統、二一年五月、張作霖は蒙疆《もうきょう》経略使（熱河《ねっか》・綏遠《すいえん》・チャハルを管轄）、九月に汲金純《きゅうきんじゅん》（第二八師長）は熱河都統となり、奉天派は内モンゴル方面にも勢力圏を広げていった。

立花と張作霖

段祺瑞の失脚、張作霖の台頭は、日本の対中政策の見直しを迫ることとなった。一九二〇年七月下旬から八月中旬にかけて、中国各地の駐在武官は参謀本部に対して、将来の観測および意見を送っている。その内容は、大きく内政不干渉論と支援論に分かれる。支援論はおおむね、①一党一派に偏さずに各派を支援、②張作霖を介しての段祺瑞支援、③張作霖支援の三案に分かれる。関東軍や町野、貴志弥次郎《きしやじろう》奉天特務機関長は、③の方針を主張した。特に関東軍の意見は、張作霖の中央政権への関与をも是認する最も積極的な支援論であった。

新聞各紙は張作霖支援に慎重な態度を取った。たとえば、『東京朝日新聞』八月一五日付社説は、「或る国の或る一派を助けて我が志を成さんとするやうな政策は正しく時代錯誤である」として、張作霖を「第二の段祺瑞氏」とすることに反対している。

しかし、政府内では張作霖支援論が高まっていった。立花は九月二二日に奉天に入り、張作霖と会見した。「経済、兵器等同盟」の意向を探るのがねらいであった。張作霖、于冲漢《うちゅうかん》（東三省巡閲使署総参議）との懇談後、鮑貴卿吉林督軍、孫烈臣黒龍江督軍ら奉天派高官との宴会が開かれた。立花は日記に「張使〔張作霖を指す〕及両督の態度、特に懇信を極む。従来なき処《ところ》たり」と記しており、上々な手ごたえを感じていた。

一一月張作霖は使者として于冲漢を日本に派遣した。原首相は閣議で、于冲漢と会見した田中陸相の報告を受けて、張作霖が打算的であることを認めつつも、「朝鮮領有及満洲に経営する事今日の如き場合には、自衛上彼と結ぶ事必要なり」(『原敬日記』同月一九日条)と述べ、支援に前向きな姿勢をみせた。

一二月、立花は黄金の元帥刀を張作霖(同年一月上将に昇進)に贈った。翌二一年一月、立花はウラジオ(浦塩)派遣軍司令官に転じるが、赴任途中、奉天に立ち寄った際には、張作霖から中華民国の国家勲章(一等嘉禾章《かかしょう》)を贈られており、両者が良好な関係を築いていたことが窺える。日本と張作霖は、「同盟」へ向けて歩みを進めたのである。

間島事件

その間、満蒙治安維持への注目を一層高め、また張作霖と日本の関係が試されることとなったのが、間島《かんとう》事件(琿春《こんしゅん》事件)であった。吉林省東端の間島地方には、国境がはっきりしないなか朝鮮人が移住し、中朝間の紛争となっていた。韓国併合直前の一九〇九年に日中間で結ばれた間島協約では、在間島朝鮮人は土地所有権が認められたが、同時に日本臣民としての治外法権を失い、中国官憲の取締り対象となった。抗日勢力は、朝鮮総督府の管轄が及ばない間島に朝鮮独立運動の拠点を置いており、日本側は中国側に協同討伐を打診したが、拒否されていた。

一九二〇年一〇月二日には、琿春日本領事館が馬賊約四〇〇名に襲撃され、死傷者を出す事件が起こった。七日、原内閣は外務省の提案に基づき、同事件を「不逞《ふてい》鮮人」（朝鮮独立を願う朝鮮人に対する蔑称《べっしょう》）が中国人馬賊や「過激派露人」と提携して実行したものとして、間島方面の禍根一掃のために軍隊派遣と張作霖への協同討伐申し入れを閣議決定した。

同決定に先立ち、領事の請求により朝鮮軍から歩兵六個中隊が急派されたが、討伐部隊の越境については前年九月に宇都宮太郎朝鮮軍司令官（当時）と原首相、田中陸相の間で協議されており、一定の合意ができていたとみられる。六月に実際に独断越境がなされた際も問題視された形跡はなかった。

また出兵数については陸軍省の提案により、歩兵六個大隊（ほかにウラジオストクより第一四師団歩兵一個旅団を間島を経て行軍帰還させる）となった。

立花日記によると、一〇月一〇日には陸相から朝鮮の第一九師団のほかに関東軍も出兵することが予告されている。一二日には奉天省通化方面（西間島）への出兵についても閣議決定された。一三日に立花は「陸軍大臣より間島出兵の命令及次長より兵数指定の通報来る」と記している。これは奉勅命令ではなく、前述のように陸相にも関東軍司令官に対して「命令」を出す権限はなかったが、立花が陸相の「区処」を「命令」と同様のものとして受け容れていたことが窺える。

原内閣期から田中義一内閣期の山東出兵まで、政略出兵は政府主導によって行われたことがすでに小林道彦の研究（「政党内閣期の政軍関係と中国政策」）で指摘されており、間島出兵についても政府主導が確認できるであろう。立花麾下の関東軍は、たしかに政府、陸軍中央の統制に服していた。これが満洲事変までに一変してしまうのである。

張作霖との交渉は、赤塚奉天総領事や貴志奉天特務機関長があたった。張作霖は協同討伐に消極的であり、立花は一六日「張作霖の答電を見る誠意なし」と日記に記した。しかし、二二日には貴志より「布告文の事、張使承諾の旨」の通報を受けており、張作霖もしぶしぶながら協同討伐に応じたとみられる。張作霖は軍事顧問の町野を代表とし、貴志らと協同討伐に関する協定を結んだ。

立花は第一六師団から歩兵一大隊を出すこととし、第一九連隊長杉山正之《すぎやままさゆき》を隊長とする杉山支隊が編成された。杉山支隊には関東軍参謀の武藤一彦《むとうかずひこ》、戸波辨次《となみべんじ》が同行し、二九日までに興京《こうけい》、一一月八日までに通化に入った。張作霖は日本側に「焚家殺人」（一三日）の被害について苦情を述べている。同支隊は一二月三日に帰隊した。一方、奉天派による討伐は、進捗《しんちょく》しなかった。

翌二一年一月、関東軍参謀部は陸軍中央や外務省などに宛て、「琿春問題と張作霖の態度」と題する報告書を送っている。同報告書では、奉天派による「不逞鮮人」取締りの実績が上がらないことに関して、張作霖は日本の真意を了解しているものの、部下の不徹底や中国の主権、体面を維持する必要性に原因があるとした。結論としては、日本が将来張作霖を利用する決心があるならば、張作霖の親日的傾向を中絶させず、その立場を守るよう配慮することが必要であると述べている。張作霖の立場には一定の理解が示され、現地の協力者として不適当と否定的な評価が下されることはなかったのである。

原内閣の張作霖支援方針

一九二一年五月、原首相および閣僚のほか、斎藤実《さいとうまこと》朝鮮総督、水野錬太郎《みずのれんたろう》同政務総監、大庭二郎《おおばじろう》朝鮮軍司令官、山県伊三郎《やまがたいさぶろう》関東長官、河合操《かわいみさお》関東軍司令官、由比光衛《ゆいみつえ》青島軍司令官、立花ウラジオ派遣軍司令官、小幡酉吉駐華公使、赤塚正助奉天総領事が参加し、外交問題を協議する東方会議が催された。満蒙に関しては、河合、小幡、赤塚の間で張作霖と親善を保つべきであるという点で意見がほぼ一致し、張作霖支援方針が決定された。

決定の際には、東三省に実権を有する張作霖が当面の提携相手になるとして、張作霖に日本への好意を持たせ、その地位を失わせないように援助することを確認している。ただし、列強間協定を守って武器供給は行わず、張作霖が中央政界に野心を遂げようと助力を求めてきても応じないとした。こうして、以降の内閣も踏襲する張作霖支援策が開始されたのである。

3. 第一次奉直戦争と武器問題

張作霖による武器供給要請

一九二一年一一月、原敬の不慮の死により成立した高橋是清《たかはしこれきよ》内閣は、原内閣の張作霖支援策を受け継いだ。同月から翌年二月にかけて開かれたワシントン会議（アメリカが主唱して九か国が参加した会議で、中国の領土保全や門戸開放、海軍軍縮などが取り決められた）では、中国全権が提議した関東軍を含む外国駐屯軍撤退も議題とされている。中国の要請があれば駐屯の根拠である中国の外国人保護能力に関して調査することとなり、条約上根拠のない部隊の駐屯は難しくなった。関東軍駐屯の根拠が揺らぎ始めたなかで張作霖との友好関係の維持は、ますます重要性が増した。

では、張作霖は日本政府の期待通り、中央進出を抑制したのだろうか。安直戦争後、奉天派の地盤は、熱河、チャハル、綏遠に広がったが、それらの地域は当時、特別区であり、省に比べると格は落ちた。一方、直隷派の曹錕は直魯豫《ちょくろよ》三省巡閲使、呉佩孚は同副使に任じられ、直隷・山東・河南の三省を確保し、さらに江蘇、湖北、陝西《せんせい》省へと勢力を拡大させていった。張作霖としても、簡単に中央から手を引くことは考えられず、やがて奉天派と直隷派の関係は悪化していった。同年一二月、奉天派に近い梁士詒《りょうしい》が国務総理となったことをきっかけに、両派の争いは激化し、やがて第一次奉直戦争へと至る。

この第一次奉直戦争から郭松齢事件（後述）まで陸軍の張作霖支援は抑えられたとする説（前掲小林「政党内閣期の政軍関係と中国政策」）があるが、以下にみていくようにその説は成り立たない。

一九二二年初頭の時点で奉天派は東三省兵工廠《へいこうしょう》を有していたが、いまだ整備を始めたばかりで、武器生産は十分なものではなかった。そこで張作霖は日本に小銃一万挺《ちょう》、小銃弾一千万発、砲弾十万発などの支援を要請した。

同年一月一四日、于冲漢は赤塚奉天総領事のもとを訪れ、奉天軍が京津方面より引き揚げれば、呉佩孚によって東三省は圧迫を受けることとなるとして、不足する武器弾薬を日本から供給してほしいと申し出た。その際、「馬賊討伐に付《つき》東三省官憲を援助する」ことが武器供給の大義名分となることを示唆した。日本の満蒙治安維持政策を理解した上での提案であろう。この提案に対して二〇日、内田外相は赤塚に「馬賊討伐の必要云々《うんぬん》の口実を以て世間を瞞着《まんちゃく》」できないとして張作霖側の申し出を断るよう指示した。赤塚は二五日までに張作霖に対して、武器援助できないことを告げている（『日本外交文書』大正一一年第二冊）。

しかし、この問題はこれで終わらなかった。北京公使館附武官の東乙彦《ひがしおとひこ》、関東軍、町野、赤塚の間で武器密輸の計画が進んだのである。

関東軍は二一日、援助の姿勢だけでも示すために張作霖所要の武器弾薬を関東軍に集積しておくことを陸軍省に願い出た。陸軍省は参謀本部と協議し、張作霖の中央進出を促すことになるとしてその要求を満たすことには反対したが、二月には馬賊対策のために三八式銃実包百万発、三八式野砲榴霰弾《りゅうさんだん》三千発を送付することを認めた（『支那国へ供給兵器に関する綴《つづり》』）。結局、一定の弾薬が関東軍の手元に渡ったのである。

第一次奉直戦争

奉天派は同年四月関内に兵を進め、第一次奉直戦争が起こった。張作霖は総司令として軍糧城に入り、楊宇霆が参謀長を務めた。奉天軍は東西両路に分かれて、長辛店《ちょうしんてん》から馬廠《ばしょう》の線に布陣する。一方、直隷軍は滎陽《けいよう》にいた呉佩孚が総司令を務め、保定《ほてい》から馬廠周辺に布陣した。馮玉祥《ふうぎょくしょう》（陝西督軍）は鄭州で後詰《うしろづ》めを担った。

同月二九日、張作霖は総攻撃を命じ、戦闘が開始された。しかし、奉天軍は、東路では馬廠を包囲されて苦境に陥り、軍糧城、さらには山海関方面まで撤退に追い込まれた。両路の中間では、張作相配下の部隊が攻勢を仕掛けたが、反撃に遭い、敗走した。西路では、張景恵がもともと和平派で、呉佩孚とも義兄弟の関係にあったため戦意は乏しく、また隷下の部隊が以前、直隷系であったために反乱が起こり、戦線が崩壊していった。五月四日には奉天軍の敗色は濃厚となった。

張作霖への弾薬供給

高橋内閣は四月二二日、奉直戦争に対する日本政府の態度を閣議決定していた。張作霖が勝利しても敗北しても国際世論は日本にとって不利になるとみて、九か国条約（同年二月調印）の中国内政への絶対不干渉主義を確認し、列国公使と連絡を密にして誤解を生じさせないように努めるとしている。軍事顧問など奉天派に関係する軍人についても、何ら時局に関与させないことを方針とした。

関東軍は同日陸軍省に対して、張作霖側の申し出としつつ、奉天軍の部隊が満鉄線で長春より南下中であるため奉天以北の途中駅で弾薬を受け渡せば、発覚の恐れはない、と譲渡方法を示唆するような上申をした。しかし、陸軍省は武器弾薬の供給は認めず、中立を守るよう指示した（『支那国へ供給兵器に関する綴』）。

それにもかかわらず、関東軍は奉天北の虎石台《こせきたい》で夜陰に紛れ、張作霖への百万発の小銃弾供給を強行した（後述の井上晴能《いのうえはるよし》手記）。五月三日奉天派側は、長春より奉天まで兵員および小銃弾百万発の輸送を申し出、山崎平吉《やまざきへいきち》長春領事を経て、関東庁の許可（軍需品輸送のみ）を得ている（『各国内政関係雑纂《ざっさん》／支那ノ部／奉直紛争』第四巻）。この列車の貨車に弾薬を潜り込ませた可能性が高い。

秘密裏の弾薬供給は、当時、奉天督軍軍事顧問を務め、のちに北京公使館附武官となった本庄繁が阿部信行《あべのぶゆき》陸軍次官へ行った照会と回答（一九二七年一〇月）からも裏付けられる。

本庄は、第一次奉直戦争および第二次奉直戦争（後述）時に融通した弾薬の代金を奉天派側から受領したかを照会した。それに対して、阿部は本庄に特に事実関係を問い質《ただ》すこともなく、次のように回答している。

第一次奉直戦の分三八式実包百万発、第二次奉直戦の山砲榴霰弾弾薬筒二千発の代金（約十一万円）未受領なるも全部整理済と承知あり度《たし》（『密大日記《みつだいにっき》』）

また一九二三年六月には尾野実信《おのみのぶ》関東軍司令官が山梨半造《やまなしはんぞう》陸相に対して、前年二月に特別支給された小銃弾百万発は特別演習で消費したと報告していることが注目される（『支那国へ供給兵器に関する綴』）。陸軍省がどの時点で張作霖への弾薬供給を知ったのかは不明であるが、演習で消費したものとして帳面《ちょうづら》を合わせ、「整理済」としたと考えられる。すなわち関東軍が独断で弾薬供給を実施し、陸軍省が追認して秘密裏に処理したのである。陸軍省は出先に引きずられ、政府方針の裏で張作霖への武器供給承認へと向かいつつあった。

軍事顧問の作戦関与

その一方で、政府の不干渉方針に反する動きが明るみに出たのが、軍事顧問の町野および本庄による奉天軍の作戦への関与であった。軍事顧問は関東軍の隷下にあったわけではなかった。軍事顧問に対する区処権も都督府廃止後、曖昧となっており、関東軍司令部附の貴志弥次郎奉天特務機関長が町野および本庄に戦闘への関与不可の旨を伝えても統制できなかった。

町野の回想によると、奉天軍が敗走状態に陥るなか、本庄は灤州《らんしゅう》（京奉線沿線で天津と山海関のおよそ中間にある）で退却してきた兵を収束し、直隷軍を迎撃することを主張した。町野も本庄に賛同し、敵軍への突入を主張する張作霖の反対を押し切って実行させた。迎撃地点は山海関となったが、奉天軍は直隷軍に反撃して多くの死傷者を出させ、その隙《すき》に撤退することに成功したという。

五月一二日、張作霖は東三省の北京政府からの独立を宣言し、直隷派が山海関を越えて東三省に攻め込むのかが注目される状況となった。陸海軍と外務省は協議し、関東州や満鉄附属地内での戦闘を許さない（ただし安全を害さない限りは、軍隊の附属地通過を認める）とし、交戦部隊いずれに対しても中立の立場を採ることで合意した。また陸軍省は奉直持久の情勢となった場合においても、列国の誤解を避けるため、軍事顧問の一時引き揚げあるいは形式変更は、やむを得ないという認識を示した。

新聞各紙はおおむね、不偏不党を主張する点で一致していた。たとえば、『読売新聞』同月一八日付社説は、張作霖政権とは「没交渉で広東政府以下に待遇」していけばいいとし、軍事顧問には召還命令を発することを主張している。

結局、六月一七日に奉直間の停戦協定が成立し、張作霖は、しばらくの間、東三省に逼塞《ひっそく》を余儀なくされた。

高橋内閣を引き継いだ加藤友三郎《かとうともさぶろう》内閣は、七月軍事顧問に関する方針を閣議決定し、陸軍による二重外交を戒めた。同閣議決定では、中国のような政変が多く、軍閥がその主たる動力となる国では、軍閥の顧問となった日本軍人が直接もしくは間接に政変に関与することとなる。軍閥は顧問を利用し、陸軍はその宣伝に動かされて、日本外交は不利な立場に陥るとして、陸軍に反省を促した。そして軍事顧問の派遣や続聘《ぞくへい》には、外務省の同意を必要とすることとした。軍事顧問の活動に一定の制限がかけられたのである。

武器譲渡の発覚

しかし、同閣議決定にもかかわらず、同年秋には再び軍事顧問ら出先軍人の独走が問題視される事件が発覚した。張作霖へのウラジオストク保管武器の譲渡である。

ウラジオ派遣軍のもとには、コルチャーク政権(オムスクにあった反革命政権)が輸入した武器やチェコスロバキア軍(日本はじめ連合国はソヴィエト政権に反乱を起こした同軍の救出をシベリア出兵の名目としたが、同軍はすでにウラジオストクから船で帰国していた)から依託された武器などが集積されていた。

加藤友三郎内閣は同年六月、一〇月末までに日本軍のシベリア撤兵を完了させることを閣議決定した。九月には、日本とソヴィエト政府、極東共和国（一九二〇〜二二年、日本とソヴィエト政府の緩衝国として存在し、ソヴィエト政府に合流する）の間で長春会議が開催された。同会議で議題となった事項の一つが、ウラジオストクに臨時保管されている武器をいかに極東共和国に引き渡すか（日本側は武器が朝鮮人独立運動家に渡ることを恐れていた）であった。しかし、保管武器が張作霖の手に渡ったことが明るみに出て、会議が決裂した上、またもや二重外交であるとして陸軍への批判が強まることとなった。

井上晴能手記

武器輸送には、ウラジオストクと奉天の連携など大掛かりな工作が必要であり、軍事顧問だけではなく、ウラジオ派遣軍と関東軍も関与した可能性が高い。軍事顧問の町野、本庄や貴志奉天特務機関長は、関与を否定したが、その主張を覆すかのように『東京朝日新聞』は一〇月一五日から、武器譲渡交渉に関わった、井上晴能後備陸軍少尉の手記を連載した。井上は大陸浪人で、バボージャブ軍からセミョーノフ軍（チタに拠点を置いた反革命軍）に転じ、その後、沿アムール臨時政府（メルクーロフ兄弟によるウラジオストク反革命政権）に関係した人物であった。

同手記によると、井上は奉直戦が起ころうとしていた頃、同郷で奉天駐屯の植田《うえだ》照猪《てるい》中佐（独立守備歩兵第三大隊長）に張作霖がウラジオストクの保管武器を買い入れる希望がないかを打診した。しかし、植田が母親危篤のため急遽《きゅうきょ》帰国することになり、話はいったん流れた。同年五月一三日、井上は大陸浪人の石本権四郎《いしもとごんしろう》の仲介で張作霖と連絡を取り、奉天軍総司令部があった灤州に入った。途中、奉天では貴志からも芝生佐市郎《しばうさいちろう》野戦交通部長宛の添書を受け取った。井上にウラジオストクへ赴いて交渉することを依頼した。張作霖や本庄は、

同月二四日井上は、石本および橋本通訳とともにウラジオストクに入った。ウラジオ派遣軍兵器廠長の衣斐直夫《いびただお》に用件を告げると、衣斐は保管武器を管轄する軍参謀の松井石根《まついいわね》に相談するよう助言した。井上らは松井、島本正一《しまもとしょういち》、植田謙吉《うえだけんきち》ら軍参謀に面会し、協力を取り付けた。しかし、後日松井より、各方面に探知されて譲渡は難しい旨の返答があった。その一方で芝生から、実は松井は南方派びいきで張作霖支援に反対したのだが、自分と立花軍司令官は賛成しており、長春まで列車での武器輸送を計画していたと打ち明けられた。

井上が帰奉して報告すると、本庄らは武器入手の可能性の高さを再認識し、より積極的に交渉するようになった。吉林督軍軍事顧問の鈴木美通《すずきよしゆき》、大倉組《おおくらぐみ》奉天出張所長の川本静夫《かわもとしずお》、大連経済日報支局長の皆川秀孝《みながわひでたか》がウラジオストクに出張したという。井上自身はその後の交渉に関わったわけではなかったが、いずれかの交渉が成功して今回発覚の事態となったと主張している。

『大阪毎日新聞』は一〇月一八日、川本静夫の代理人とされる徳久愛馬《とくひさあいば》を買主とした米国レミントン製軍銃の売買契約書などの詳細を明らかにし、チェコスロバキア軍武器の大部分も

張作霖の手に渡ったと報道した（「張作霖の手に入った武器の出所と行方の真相を語る諸契約書」）。また『東京朝日新聞』は同月二〇日、日本軍が支援する、元チェコスロバキア軍団司令官で沿アムール臨時政府執政官のヂチェリヒス（ヂトリックス）と張作霖代表の張宗昌《ちょうそうしょう》との間で、武器売買契約が成立し、軍事顧問、奉天特務機関の手により奉天に輸送されたと報じた（「問題の武器を浦潮から奉天へ輸送するまで」）。

外務省も、町野や本庄がメルクーロフから武器を買い入れようと画策しているという情報をつかみ、陸軍に対して両顧問の引き揚げを訴えていた。

立花と武器問題

立花日記においても、井上の手記を裏付ける記述がみられる。一九二二年五月二三日、石本権四郎ほか二名が松井、島本、植田に面会し、立花は張作霖および本庄からの書面を受け取った。そこで立花は関東軍と政府の意向を探った。二五日の福原佳哉《ふくはらよしや》関東軍参謀長からの電報によれば、中央の方針に反して、河合軍司令官は独断で動いているようであり、立花は石本らの申し出拒絶を決定している。

しかし、その後も張作霖側からのアプローチは続いた。立花は六月一四日、前日に芝生野戦交通部長から貴志の電報を示され、「張の弾薬補給困難事情及鈴木来浦用向等」を知ったが、断ったと記している。七月二〇日には川本静夫が来訪し、張作霖支援を訴えたが、立花はそれに対しても「駁論《ばくろん》」を加えた。

だが、その後の記述は断片的ながら、陸軍中央の方針は、やはり武器供給を認める方向に流され、立花も供給工作に関与していったことが窺える。

八月一一日、立花はヂチェリヒスと会見した芝生から「二十万円の車代を払う」という報告を受けた。九月六日には張宗昌が来訪し、軍参謀長の柴山重一《しばやましげかず》が応接した。二四日、軍政務部長の堀義貴《ほりよしたか》は立花に、「山崎領事(長春)の送兵器の件相談」している。二五日、立花は陸軍次官電を受けて、五味為吉《ごみためきち》ウラジオ特務機関長に「貨事件進行」について質すと、「露側合意の完了、次チェと談合を着手せんとす」と回答を受けた。同日の欄外の記述から「チェ」はチェコスロバキア軍人を指すと考えられる。一〇月六日には、五味から「貨車総始末」の報告を受けている。

責任を取らされた原浄一少佐

一〇月一六日、加藤内閣は武器問題に関する声明を公表した。同声明では、武器を搭載した貨車が長春から奉天に到着したことは認めたが、日本軍の関与は否定している。またチェコスロバキア軍が残置した武器の格納貨車がすり替えられ、すべて空となっていた件に関しては、陸軍の軍法会議で明白になるだろうとした。

軍法会議で武器問題に関する責任を一身に引き受けることとなったのが、ウラジオ派遣軍で武器の管理にあたった第九師団参謀の原浄一《はらじょういち》少佐であった。同月二〇日に原は、懲役一年六か月、執行猶予二年の判決を受け、軍職を剝奪された。千代子夫人は、自分の死によって夫の罪を軽くしようとし、判決前に自殺している。

同判決によると、原は一九二三年一月二五日（この日付は疑わしい）、旧沿アムール政府吏員ミハイロフ大佐（立花日記同年九月二五日条欄外にも名前が出ている）の懇願を受け、独断で反革命軍に武器を渡すことを承諾した。貨車をすり替えたのは同大佐の発案であった。二六日原は、歩兵第三五連隊第九中隊長の山原信久《やまはらのぶひさ》大尉に対してチェコスロバキア軍の貨車を移動し、同大佐に引き渡すよう命じた。その際、師団長命令であるように信じさせ、日誌報告など書類には一切残さないようにしたとされる。

原の行為は、「適当なる独断」の範囲を超えたとされ、虚偽の命令を為した罪（陸軍刑法第九八条で五年以下の懲役とされる）に問われた。ただし、「我国軍を思ふの高潔なる至情より出でたる」（『大阪毎日新聞』一〇月二一日夕刊）として、情状酌量が認められ、前記のような判決となった。

議会での追及と関係者の処分

しかし、原少佐の処罰だけで、陸軍への責任追及がやむことはなかった。予備役陸軍少将の河野恒吉《こうのつねきち》は、一一月『東京朝日新聞』および『大阪朝日新聞』に記事を連載し、原少佐の軍法会議のあり方や陸軍の説明に関して多くの疑問を呈し、シベリア出兵に伴う「諸般の罪過を決算」するよう主張した。

同年末から始まった第四六議会においても追及がなされた。衆議院予算委員会では、一九二三年一月二九日に下岡忠治《しもおかちゅうじ》（憲政会）、三一日に中野正剛《なかのせいごう》（無所属）が山梨陸相に、原少佐の処罰は軽すぎるのではないか、そもそも原少佐だけの責任なのかと質したが、山梨は陸軍上層部の責任を認めることはなかった。二月一日、中野から質問された内田外相も、奉天に向かう武器の通過を許した長春領事の責任を認めなかった。

また貴族院予算委員会では二月一九日、江木翼《えぎたすく》が山梨に、原の行為は刑法上の窃盗（第二三五条で一〇年以下の懲役とされる）にあたるのではないかと質問したが、明確な答弁はなされなかった。江木は内田に対しても、原の恩典的な判決は、軍が表向き実行できない反革命軍支援を裏面で行ったことに報いるもので、陸軍の二重外交の片鱗《へんりん》ではないかと質したが、内田は二重外交を認めようとしなかった。さらに江木は、軍部大臣武官制の廃止（同月二三日）や陸軍将校整理の不徹底さ（三月一日）にも言及し、陸軍が「国民的陸軍」であるべきことを訴えた。

以上のような議会における追及は、ついに陸軍を動かすこととなった。三月一七日上原参謀総長が更迭され、立花ウラジオ派遣軍司令官、その前任の大井成元《おおいしげもと》も同日待命、三〇日に予備役入りとなった。また第九師団長であった松浦寛威《まつうらかんい》（前年一一月待命）も二三日に予備役入りした。

関東軍・軍事顧問の責任は追及されず

では、軍事顧問らはどうなったのか。黒龍江督軍軍事顧問は、派遣の根拠となった日中軍事協定が一九二一年一月にすでに廃止されており、外務省が継続派遣の同意を与えなかったため、二三年一月に派遣が中止された。しかし、奉天督軍および吉林督軍軍事顧問らには何ら変化はなかった。

本庄は一九二三年四月で軍事顧問の契約期限を迎えたが、契約延長を果たした。町野は同年九月で契約満了、一〇月予備役入りしたが、張作霖の私設顧問となり、依然として張作霖に密着した。鈴木美通も同年五月に契約を延長し、八月には大佐に昇進した。

また尾野関東軍司令官は予備役入りすることなく、二三年一〇月に軍事参議官に転じている。貴志奉天特務機関長も在職し続けた。

すなわち武器問題の焦点がウラジオ派遣軍に集まったことによって、関東軍や軍事顧問に対しての責任追及は、曖昧なままに終わったのである。それゆえ、張作霖への武器供給ルートは温存されることとなった。

以上のように、この時期の対満蒙政策に関して、不干渉主義が貫徹されたとみることはできない。出兵レベルでは、陸軍、関東軍は、政府の統制に服していたとしても、謀略レベルではそうではなかった。関東軍や陸軍中央は密《ひそ》かに張作霖への武器供給に関与し、軍事顧問は作戦面でも張作霖支援を実行するなど、政府方針に反する謀略の経験が積み重ねられたのである。

第2章　張作霖爆殺事件——一九二三〜二八年

1．軍縮と独立守備隊廃止

山梨軍縮と独立守備隊廃止の内定

一九二二（大正一一）年八月より山梨半造陸相は、世論の高まりを受けて、軍縮の立案を進めた。人員六万名を整理し、その浮いた予算で新式兵器整備を図る計画であった。

整理対象にはワシントン会議の影響があったとみられ、独立守備隊も含まれており、一九二三年四月より毎年二大隊ずつ、三年間で廃止されることとなった（朝鮮歩兵連隊の高定員化も廃止）。独立守備隊を廃止しても、駐劄師団を適切に配置・運用すれば、支障はないというのが廃止の理由であった。撤去の順序は、第一年は遼陽以南（第五・六大隊）、第二年は鉄嶺以南（第三・四大隊）、第三年は同以北（第一・二大隊）とされた。一九二五年四月までに、将校一三八名、准士官三四名、下士官三五三名、兵三二四〇名、合計三七六五名が削減される見通しであった。

この廃止計画に対して、満鉄沿線の居留民は、反対の市民大会を開いた。一九二二年九月五日、奉天での連合大会には二〇〇余名が来会し、反対決議文が議決されている。

尾野関東軍司令官も山梨陸相に対して、関東庁や満鉄では鉄道警衛は難しいとし、満洲の部隊を縮小する場合、むしろ駐劄師団を廃止するほうがいいとして独立守備隊の改編・存置を意見具申した。いずれが廃止されるにしても、関東軍の兵力が減少し、発言力が低下することは免れない。関東軍は危機的状況を迎えたのである。

第四六議会での審議

第四六議会では満洲駐屯部隊のあり方をめぐって、予備役陸軍少将で政友会所属の津野田《つのだ》是重《これしげ》らが政府を追及した。津野田は、一九二三年二月五日衆議院予算委員第四分科会で、独立守備隊の経営費はわずか一七〇万円であるのに、なぜ民意に反して撤廃を断行するのかと質問した。満洲を視察してきた津野田は、居留民がいかに同守備隊を信頼しているか、居留民の発展にとっていかに重要かを強調した。それに対して山梨陸相は、独立守備隊は国防上、副次的な存在であるとし、整理の妥当性を訴えた。

さらに津野田は、関東軍司令官を置く必要性にも疑義を呈し、独立守備隊司令官の地位を高めて大将なり中将なりにすれば、必要ないのではないかと主張した。山梨は、中国官憲との交渉が必要であることを挙げ、また駐劄師団が永住ではないため、永住して事務を取り扱い、防備などを計画する者が必要であると反論している。

また一宮房治郎《いちのみやふさじろう》（政友会）が、独立守備隊の撤廃について満鉄沿線居留民は不安を感じていると指摘すると、山梨は、関東州には目下兵力はさほど必要ないので、関東州から一部を出して、独立守備隊が配置されていた区域の警備に就かせると答弁した。

独立守備隊に代わって駐劄師団を使用する場合、種々の差し障りが生ずることが懸念された。第一五師団長田中国重《たなかくにしげ》は、同年一月一二日上原勇作参謀総長宛の書簡で、駐劄師団を沿線各所に分屯することとなれば、駐劄師団は教育上多大な障害を被り、野戦師団たる価値を失墜すると憂慮している。しかし、三月には予算が成立し、独立守備隊廃止が確定してしまった。

宇垣軍縮と独立守備隊廃止の中止

一九二三年四月、廃止第一年度の予定通り、独立守備歩兵第五、第六大隊（一〇八七名）が撤収された。同月一一日の田中国重より上原宛書簡によれば、満鉄沿線の治安は維持されており、居留民の不安の声は、おおむね鎮まったという。

しかし、五月以降の中国情勢は、独立守備隊廃止計画にストップをかけることとなった。同月津浦線《しんぽ》（天津―南京間）を走る列車が山東省臨城《りんじょう》で匪賊《ひぞく》に襲撃され、外国人を含む乗客が人質に取られる事件（臨城事件）が起こり、満鉄沿線の警備意識に影響を与えたからである。また中国による旅順・大連回収運動の高まりも日本側に危機感を覚えさせた。

同年一二月、関東庁事務総長の川口彦治《かわぐちひこはる》は、大連―奉天間列車の軍人便乗警戒を従来の二四名から七四名に増加して、区域も奉天より長春まで延長しつつ、独立守備隊廃止延期を陸軍側と交渉した。そして、第二年度以降の廃止延期請願が、関東長官や関東軍司令官、居留民から出されることとなった。

また同年九月一日に発生した関東大震災からの復興は、軍事費を圧迫し、軍備整理の実施にも影響を及ぼしていた。震災直後の二日に成立した第二次山本権兵衛内閣で陸相となった田中義一、陸軍次官となった宇垣一成《うがきかずしげ》は、山梨軍縮では不十分であるとした。陸軍制度審議のため、陸軍次官を委員長、陸軍省や参謀本部の局長や部課長を委員とした制度調査委員会が設置された。一二月田中は宇垣に対して、翌年六月までに陸軍整理の改正案を策定するよう命じた。

一九二四年一月には清浦奎吾《きようらけいご》内閣が成立するが、陸相に昇任した宇垣の下で引き続き、軍縮の徹底、軍の近代化が図られた。このことが独立守備隊の運命を大きく左右することとなった。朝鮮や満洲の兵力は、削減から存置・充実へと方針が転換されていく。

同年二月武藤信義《むとうのぶよし》参謀次長は津野一輔《つのかずすけ》陸軍次官に対して、独立守備隊の第二年度以降の廃止計画を延期するよう意見書を提出した。延期の理由としては、「不逞鮮人の跋扈《ばっこ》」や奉直両軍対峙《たいじ》の状況が挙げられている。

三月二六日、制度調査委員会第一回会議では、「辺境兵備充実案」が議題となり、津野委員長は、独立守備隊の存続が必要であると主張した。四月一九日、第六回会議では、独立守備隊を置かずに本国各師団から部隊を抽出派遣する参考案が審議されたが、同案を不可とする意見が大勢を占めた。ここに独立守備隊存置の必要性が確認されることとなったのである。

護憲三派内閣と軍縮

一九二四年六月、憲政会の総裁加藤高明《かとうたかあき》を首班とする護憲三派（憲政会・政友会・革新倶楽《クラ》部《ブ》）内閣が成立した。一九二五年度陸軍予算をめぐっては、六個師団削減を主張する護憲三派案と、四個師団削減の立場を採る陸軍案の対立があり、陸相に留任した宇垣の説得により四個師団削減でまとまった。これにより宇垣の政治力が軍内外に印象付けられた。また同予算では、独立守備隊存置も承認された。こうして山梨軍縮で一九二三年から三年で廃止されることが一度は決まった独立守備隊は、全廃を免れ、二個大隊削減のみで済んだのである。

しかも議会の予算審議（一九二五年二月七日衆議院予算委員第四分科会）では、朝鮮国境の情勢悪化や中国の内戦の影響が懸念されれば、独立守備隊増強を容認するような議論がなされていた。実際、逼塞を余儀なくされていた奉天派は、直隷派に対して再び攻勢に転じ、中国の内戦は新たな局面に入っていった。

2. 第二次奉直戦争と郭松齢事件

中ソ協定と守備兵駐屯権の放棄

一九二四年には、日本と張作霖の間に溝を生じさせかねない事態が起こった。同年五月に北京政府とソ連が国交を回復させるための協定（中ソ協定）および中東鉄道に関する暫定管理協定を締結し、九月には張作霖とソ連の間で、より中国側に有利となる協定（奉ソ協定）が結ばれたのである。

一八九六（明治二九）年の露清密約では、中東鉄道は営業開始から三六か年で清国に買戻しの権利が発生し、八〇か年後、無条件で清国の所有に帰するとされていた。それが奉ソ協定では、すぐにでも買戻し交渉が可能とされ、無条件での返還も六〇か年（一九五六〈昭和三一〉年まで）に短縮されている。

また注目されるのは、中ソ協定、奉ソ協定のいずれでも、軍政や警察を含めて運行以外のすべての業務を中国の管理下に置くことが認められたことである。すなわちソ連は鉄道守備兵駐屯権を放棄したのである。

一九〇五年の日清条約では、清国が自ら外国人の生命財産を保護できるようになった場合、日ロ両国は鉄道守備兵を撤退するとされた。また、ロシアが同守備兵の撤退を承諾した場合には、日本も同様に処理することが定められていた。よってソ連の駐屯権放棄は、中国が日本軍の満鉄沿線からの撤退を要求する条約上の権利を得たことを意味した。

しかし、日本側には撤兵するつもりはなかった。一九二四年六月三日、芳沢謙吉《よしざわけんきち》駐華公使は、松井慶四郎《まついけいしろう》外務大臣宛の電報で、ワシントン会議では守備隊駐屯が条約にかかわらず、外国人の生命財産の保護を目的とするものとして認められたことを挙げ、治安の状態は何ら変わらず、中国側の提議は拒否し得ると主張した。松井も既得権の留保に同意した。

参謀本部も同月中ソ協定に関する意見書を作成し、ソ連を正当な政府と承認していない点や治安の面などから撤兵を否定した。同意見書では、直隷派が張作霖圧迫のため日本に撤兵を要求し、排日運動を起こすものと予測しており、張作霖を擁護して直隷派に断乎たる態度を取ることを主張している。そのため陸軍は、第二次奉直戦争が起こると、第一次奉直戦争にも増して張作霖支援を強めていくのである。

奉天軍の改革と軍学校出身者

奉天軍では、一九二二年の第一次奉直戦争まで、張作霖の馬賊・巡防隊時代からの部下が枢要な地位を占めていた。張作霖は同戦争に敗れると、東三省陸軍整理処を設置し、正式な軍事教育を受けた部下をして軍事改革に着手させた。

軍学校出身者のうち陸士留学組は、前述のように、楊宇霆《ようう てい》に関係が近い者とそれ以外に分かれ、特に前者のグループが軍事改革に従事していった。また国内組としては、郭松齢《かくしょうれい》、張学良《ちょうがくりょう》のほか、許蘭洲《きょらんしゅう》（湖南陸軍学堂）、李景林《りけいりん》（北洋陸軍講武堂）などがいた。

時期は前後するが、楊宇霆は東三省陸軍整理処統監代理、姜登選《きょうとうせん》（陸士留学五期）および韓麟春《かんりんしゅん》（陸士留学六期）は同副統監、郭松齢は同参謀長代理、張学良は同参謀長、許蘭洲は同顧問に就任した。

張作霖は同処員を前に、先の戦争では将校の無能さが露《あら》わになったため、貴官らの新知識によって軍事を改善してほしいと訓示した。以降、奉天軍の主要部隊長は、軍学校出身者の割合を高めていった。この軍事改革は反発もみられたが、奉天軍の統合・近代化が進み、第二次奉直戦争勝利の一因となったと評価されるものとなる。

第二次奉直戦争の勃発

第一次奉直戦争後、直隷派が北京政府の実権を独占するなかで、反直勢力の提携が進み、孫文、奉天派、安徽派の同盟が成立していた。

第二次奉直戦争は、一九二四年九月、江浙戦争に連動して起こった。江蘇督軍兼蘇皖贛《そかんせん》三省巡閲使（江蘇・安徽・江西を管轄）の斉燮元《せいしょうげん》は、呉佩孚《ごはいふ》の命を受けて、安徽派最後の地盤

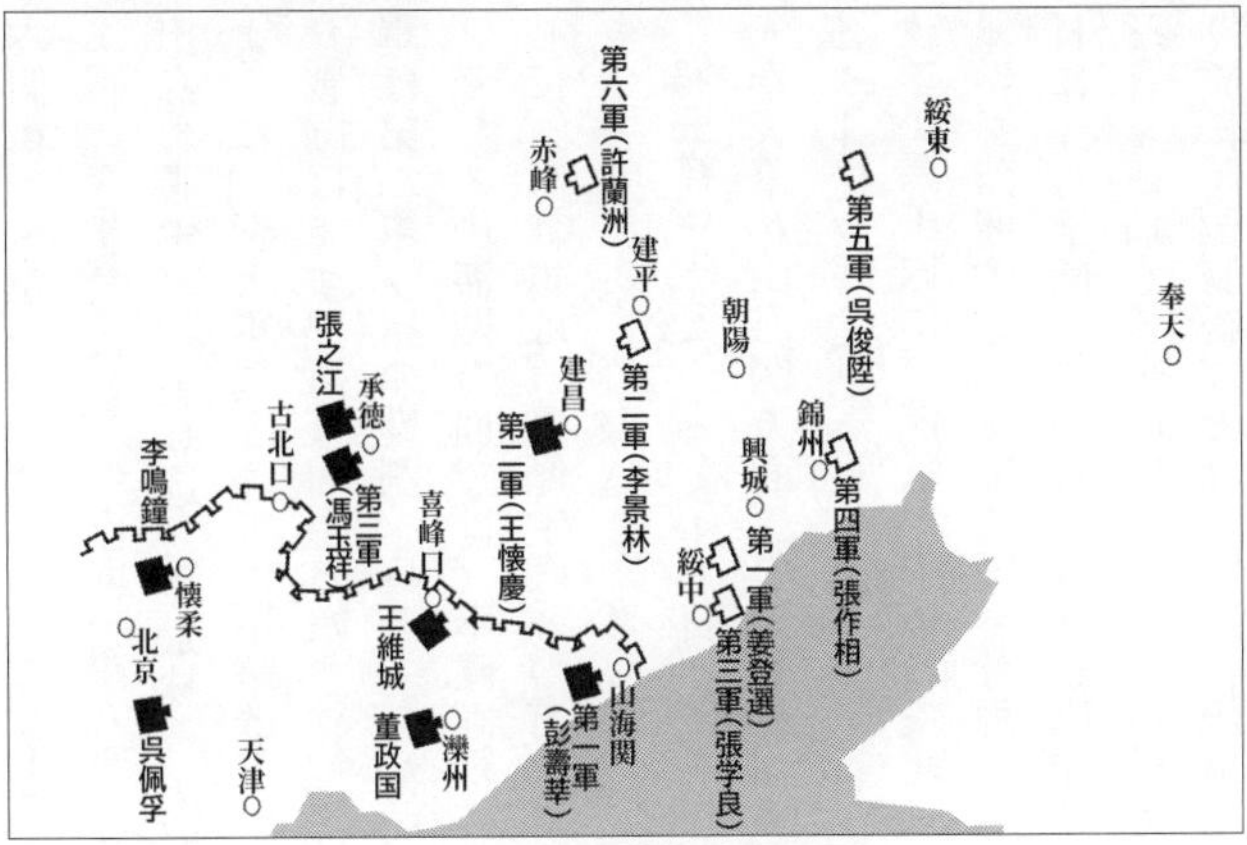

第二次奉直戦争

である上海《シャンハイ》、浙江省を奪取するため、同月三日、浙江軍務善後督辧の盧永祥《ろえいしょう》、淞滬《しょうこ》護軍使(上海地区の軍政長官)の何豊林《かほうりん》への攻撃を開始した。

張作霖は、直隷派のねらいがまず安徽派を潰《かい》滅《めつ》させ、次いで奉天派打倒に兵力を集中させることにあるとみて、先手を打って同月一五日に直隷派への攻撃を敢行する。

奉天から長城を越えて北京に向かうには、最短ルートである山海関方面のほか、喜峰口《きほうこう》方面、古北口《こほくこう》方面からの侵入が考えられた。迎え撃つ直隷軍は、呉佩孚を総司令とする三個軍からなった。第一軍(彭寿莘《ほうじゅしん》)は山海関および喜峰口方面を固め、第二軍(王懐慶《おうかいけい》)は長城外に陣取った。第三軍(馮玉祥《ふうぎょくしょう》)は第二軍の後詰めである。

奉天軍は総司令張作霖、参謀長楊宇霆のもと、六個軍からなった。第一軍（姜登選）、第三軍（張学良。副司令は郭松齢）は山海関方面、第二軍（李景林）は熱河方面、第六軍（許蘭洲）はさらに外側の赤峰《せきほう》方面に向かった。軍学校出身の張学良、姜登選、李景林らが前線、古参の張作相《ちょうさくしょう》、呉俊陞《ごしゅんしょう》が後詰めを担っているように、奉天軍にとっては軍事改革の真価が問われる戦争であった。

戦闘はまず熱河方面から始まり、奉天軍は、王懐慶ら第二軍を打ち破った。馮玉祥ら第三軍は第二軍支援の役割を負っていたが、動きは緩慢であった。

そして山海関方面では、奉直両軍の主力同士が衝突した。奉天軍精鋭の第一、第三軍に対して、直隷軍は、呉佩孚直系の第一軍が迎え撃ち、呉佩孚も前線で自ら指揮を執った。

馮玉祥によるクーデターと日本陸軍の介入

奉天軍が山海関方面への攻勢を強め、両軍の決戦が迫った際に起こったのが、馮玉祥によるクーデターであった。馮玉祥の日記によれば、一〇月一六日、丁搏霄《ていはくしょう》（のち臨時参政院参政）が馮玉祥に、作戦を中止して北京に戻り、曹錕《そうこん》（一九二三年一〇月大総統就任）の名で呉佩孚を断罪する「救国救民」計画をもたらした。馮玉祥は一九日に北京帰還を決定し、二〇日に先行部隊、二一日に本隊を出発させた。二三日には北京の要所を占領し、曹錕腹心の李《り》彦青《げんせい》を逮捕して全国に戦争中止の通電を発した。同通電を起草したのは教育総長の黄郛《こうふ》であり、一時国務総理となり、大総統職も代行する。

挟撃を恐れた呉佩孚は海路による脱出を余儀なくされ、直隷軍は奉天軍によって武装解除あるいは収容されて、大勢は決した。

この馮玉祥寝返りの裏に日本陸軍の工作があったことは、よく知られている。加藤内閣は、九月一二日に奉直戦への不干渉を閣議決定し、一〇月一三日には公使および領事を通して、両軍に不干渉の表明と満蒙権益の保全に関する注意を通告していた。

しかし、陸軍は不干渉方針には従わなかった。馮玉祥工作は陸軍中央と出先が連携してあたったと考えられる。奉天督辦（督軍を改称）軍事顧問の松井七夫《まついななお》が張作霖に働きかけて、馮玉祥の買収資金一〇〇万円を出させ、吉岡顕作《よしおかけんさく》支那駐屯軍司令官に送り、天津の段祺瑞の手を経て、馮玉祥の手に渡ったとされる。町野武馬《まちのたけま》も天津に入り、段らとの交渉にあたった。

外務省は陸軍の馮玉祥工作を承知していたが、不干渉の建前を維持するために黙認した。外務省記録の第二次奉直戦争関係の簿冊（たとえば『江浙並奉直紛擾《ふんじょう》関係／戦況』第七巻）には、領事館からの情報だけではなく、陸軍の電報も多くファイルされており、外務省が同工作の進行を把握していたことが窺える。

外務省亜細亜局長の出淵勝次《でぶちかつじ》は、早くも九月一七日に馮玉祥の政変を予言していたという。政変が伝わった一〇月二三日、出淵は「不干渉主義先《ま》づ有終の美を収むる見込」とし、翌一九二五年元日には、「昨年は支那内乱に際し略《ほ》ぼ理想に近き外交政策を行ふことを得。甚だ愉快とする所也」と日記に記している。陸軍を掌《てのひら》で転がせつつ、不干渉方針の建前を貫徹させたという自画自賛であろう。

張作霖への弾薬供給

しかし、第二次奉直戦争でも外務省の与《あずか》り知らないところで、張作霖に兵器供給しないという政府方針が破られたのである。

出淵の日記によると、一〇月一五日、宇垣陸相は閣内で張作霖への兵器供給を主張したが、加藤首相や幣原喜重郎《しではらきじゅうろう》外相、財部彪《たからべたけし》海軍大臣の反対を受けた。一六日、畑英太郎《はたえいたろう》陸軍省軍務局長や伊丹松雄《いたみまつお》参謀本部第二部長が砲弾二百発でも融通したいと「哀願」したが、出淵の反対により覆らなかった。

一方、すでに張作霖に兵器供給を約束していた児玉秀雄《こだまひでお》関東長官も、軍事顧問の松井七夫の依頼を受けて、二五日、弾薬供給を訴えたが、政府は動こうとしなかった。

そこで松井は、独断で張作霖への弾薬供給を行った。一一月四日の白川義則《しらかわよしのり》関東軍司令官より宇垣宛書簡によれば、白川が弾薬供給の準備を整え、中央からの指示を待っていたところ、松井は指示を待たず、船津辰一郎《ふなつたついちろう》奉天総領事（張作霖支援論者であった）を口止めして、一千万発の小銃弾、山砲弾の薬莢《やっきょう》二千発の供給を実行したという。さらに松井は奉天軍総司令部に入り、各軍に応聘武官を配置して作戦に参画し、また日本より飛行将校を招聘して奉天空軍の整備も行った。松井は更迭されることなく、翌年五月には少将に昇進していく。

陸軍中央は、第一次奉直戦争以来、出先とともに政府方針に反する謀略を重ねてきた。そうであるがゆえに、政府方針に反する出先の謀略を制御する説得力を失っていた。関東軍司令部も同様であり、軍事顧問の工作を否定して抑えることは困難であったのである。

在華諜報武官会議と独断出兵の発想

一九二五年一月には、北京公使館附武官室（武官は林《はやし》弥三吉《やさきち》、補佐官は板垣征四郎《いたがきせいしろう》、副補佐官は鈴木貞一《すずきていいち》）が主催し、浦澄江《うらすみえ》（関東軍参謀）、土肥原賢二《どひはらけんじ》（北京坂西《ばんざい》機関）、岡村寧次《おかむらやすじ》（上海駐在）、佐々木到一《ささきとういち》（参謀本部員）など、新たな時代を担う第二世代の支那通が多く参加した在華諜報武官会議が開かれている。

同会議では、軍部にとってすべての根底は国防用兵にあり、世間の二重外交批判に屈することなく、外務省の平時的施策と衝突しても、「統帥権の発動」により必要な施策を着々と実行しなければならないと話し合われている。中国と敵対する可能性も考慮に入れられていたが、同時点では、対中方針を武力統一援助・友邦化路線に置く判断が優勢であり、張作霖への兵器供給の必要性が再確認された。このような考え方からは、対中方針がいったん敵対路線へと変われば、政府方針に反して、謀略はもちろん、出兵をも行うという主張に繋がりかねないだろう。支那通の発想は、独断出兵に近いところまで到達していたのである。

奉天派の江蘇・安徽省進出

馮玉祥は北京を制したが、張作霖が協定を破って関内に兵を進めて天津を押さえたため、妥協して臨時執政（大総統職に相当）に段祺瑞を擁立した。

馮玉祥は、自身の部隊を国民軍と称して総司令兼第一軍長に就任し、西北や京漢線方面に勢力を伸ばしていった。一九二五年一月、馮玉祥は西北辺防督辦（チャハル・綏遠《すいえん》・寧夏《ねいか》・甘《かん》粛《しゅく》を管轄）となり、張家口に入った。第二軍長の胡景翼《こけいよく》、第三軍長の孫岳《そんがく》は、河南省に進出し、一九二四年一一月から一二月にかけて、それぞれ河南辦理軍務収束事宜《じぎ》（督辦に相当）、河南省長となった。さらに国民軍は陝西《せんせい》省へも勢力を伸ばし、一九二五年八月、孫岳が陝西督辦に就任する。

また馮玉祥は奉天派をけん制するために、孫文を北京に招請した。孫文は一九二四年一二月北京に入り、派閥を超えた国民会議開催を模索したが、翌年三月病没してしまう。

一方、張作霖は津浦線方面に勢力の拡大を進めた。一九二四年一二月、李景林は直隷督辦（のち省長兼任）、闞朝璽《かんちょうじ》は熱河都統、一九二五年一月、張宗昌《ちょうそうしょう》は山東督辦（のち省長兼任）に就任している。張学良と郭松齢は、それぞれ京榆《けいゆ》（北京〜山海関）駐軍司令部の正副司令となった。

さらに張作霖は、安徽派で前浙江督辦の盧永祥を蘇皖《そかん》宣撫使、張宗昌（のち姜登選）を蘇《そ》皖魯剿匪《かんろそうひ》総司令とし、江蘇省に進軍させた。八月には江蘇省および安徽省を勢力下に入れ、楊宇霆が江蘇督辦、姜登選が安徽督辦に就任した。孫烈臣の死後、楊宇霆に接近していた陸士留学生出身の臧式毅《ぞうしきき》、邢士廉《けいしれん》はそれぞれ、江蘇督辦参謀長、淞滬《しょうこ》戒厳司令兼第二〇師長に就任した。

しかし、一〇月に直隷派の浙江督辦孫伝芳《そんでんほう》が反撃を開始し、奉天軍は江蘇、安徽両省からの撤退を余儀なくされた。奉天派の武力統一策に陰りが見え始めたのである。

郭松齢事件

張作霖は部隊を再編し、楊宇霆を総参謀長に任命して態勢の立て直しを図った。第一方面軍（李景林）および第三方面軍（張学良）は馮玉祥の国民軍に、第二方面軍（張宗昌）および第四方面軍（姜登選）は、南方に備えた。

また張作霖は、中国軍事代表団の一人として日本陸軍の演習視察に派遣していた郭松齢を呼び戻した。郭松齢は内定していた安徽督辦に就任できず、不満を募らせていたとされる。その一方で、そもそも郭松齢は武力統一策に反対しており、安徽督辦就任を固辞したという説もある。いずれにしても張作霖との間には溝が生じていた。郭松齢は、同じく日本に派遣されていた国民軍の韓復榘《かんふくく》に対し、馮玉祥と連繫して張作霖を打倒する意思を伝えた。

一〇月二四日に帰国した郭松齢は、天津に入り、第三方面軍で国民軍との戦闘を準備するよう命じられた。第三方面軍は、第八軍（于珍《うちん》）、第九軍（韓麟春）、第一〇軍（郭松齢）から

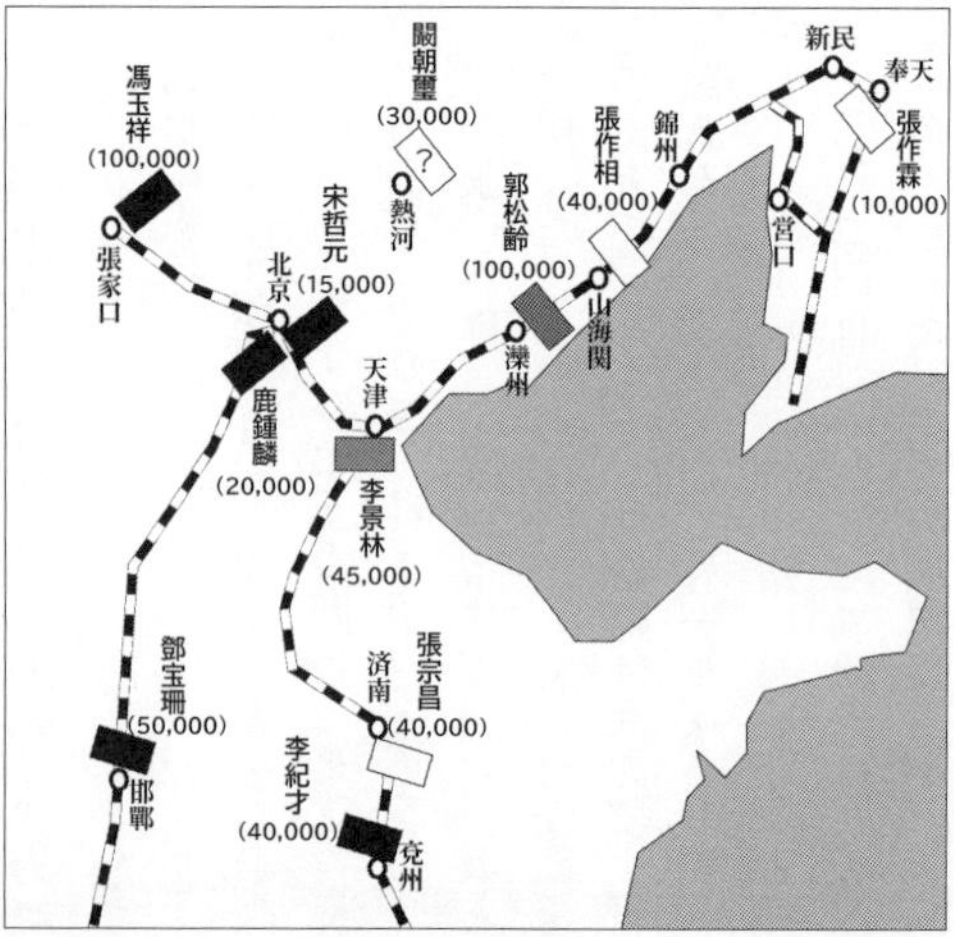

郭松齢事件

なる精鋭部隊である。ただし于珍と韓麟春は、いまだ着任しておらず、同方面軍は郭松齢の統制下に入った。

馮玉祥の日記によれば、一一月二〇日、馮玉祥配下の王乃模《おうだいぼ》と郭松齢の代表が会見している。二二日郭松齢は、ついに張作霖に反旗を翻し、兵を奉天に向けた。郭松齢とは義兄弟の李景林は中立を標榜《ひょうぼう》し、闞朝璽の去就も当初明らかではなかったため(のち錦州方面に撤退するも部隊の約半分が郭軍に内応)、張作霖は一気に劣勢となり、危機に陥ったのである。

二七日に郭松齢と会見した浦澄江関東軍参謀によると、郭松齢は武力統一策をやめるべきと考えて攻撃命令に従わなかった。奉天に戻って張学良を推戴し、張作霖を下野させて、「主戦論の奸賊《かんぞく》」(楊宇霆ら)を除こうとしたが、かえって張学良から攻撃されたため、東北国民軍と称し、自ら司令官に就いたと主張した。郭松齢は日本には厳正中立を望んだ。

張作相は、錦州南西の連山付近に陣地を築き、郭軍を迎え撃ったが、一二月五日には突破されてしまう。張学良は軍を再編して、新民《しんみん》付近に撤退し、呉俊陞、張作相とともに防衛態勢の再構築を図った。奉天軍は、勢いに乗る郭軍の前に風前の灯《ともしび》となったのである。

関東軍司令官による警告

日本陸軍は、張作霖を見捨てようとはしなかった。宇垣陸相は、日本の満蒙政策上、張作霖の破滅は不利となるので、「懲戒を受けて恐縮せる張作霖」を保持させるのが得策と考えた（『宇垣一成日記1』一一月二九日・三〇日条）。一二月三日、津野陸軍次官は、斎藤恒《さいとうひさし》関東軍参謀長に対して、軍事顧問らを通して張作霖に隠忍自重させ、東三省に実力を保存させるよう指示した。

翌四日の閣議で、宇垣は、張作霖を盛り立てるための積極的行動を取ることは軽々にすべきではないとしつつ、満鉄沿線の日本人の生命財産を保護する手段（宇垣は控え目に沿線一キロメートルの規制としている）を講じるべきと主張した。幣原外相は張作霖の積極的援助を不可とすることに賛同する一方で、前年の奉直戦時のように両軍に通告を出す必要はないとした。加藤首相らもそれに同意し、政府としては不干渉、慎重な態度を取ることで意見が一致した。

しかし、五日に郭軍が連山付近の陣地を突破すると、日本政府の態度にも変化が生じていく。六日、児玉関東長官は幣原外相に対して、関東軍への増派、両軍の調停が必要なことを訴えた。七日には陸軍・外務省間で合意がなされたとみられ、関東軍が両軍に治安維持を求める警告を発することとなった。幣原は、関東軍を治安維持任務に専念させ、外務省としては和平調停に集中しようとしたと考えられる。

一方、関東軍は奉天に兵力を集中させつつ、警告を使って実質的に張作霖を援助していった。宇垣陸相の指示を受けて、関東軍はまず、張作霖（八日）および郭松齢（一〇日）に対して、両軍の戦闘により日本の権益に危険切迫する際には必要な措置を取ると警告を発した。郭松齢は、主力に呼応して側面から奉天を突くべく、一部の兵力を営口《えいこう》に進めた。一三日に郭軍が営口まで迫ると、関東軍は再び警告を発した（正式な通告は一五日）。その内容は、満鉄より「二十支里」内の地域での軍事行動を認めないというものであった。

同警告に基づき、関東軍は、独立守備第三大隊をもって両軍の営口進入を禁止した。実害が及ぶ前に先んじて規制を実施したのである。これが郭軍の足止めに大きな効果を発揮した。郭松齢は、日中間の条約には「二十支里」規制の根拠を認め難いと訴えたが、関東軍は回答を避けた。この足止めにより、郭軍の勢いが削《そ》がれ、奉天軍は時間を得て、士気を回復させることとなったのである。

関東軍への増派と軍事顧問の関与

一五日の閣議では関東軍への増派が決定した。満洲駐箚第一〇師団は、前月中旬で二年兵が除隊帰休し、新兵が補充されていない状態にあったため、まず朝鮮より約一〇〇〇名を送り、次いで本国より約二五〇〇名の増派を行うこととなった。この措置は、関東軍の兵力不足に対して、朝鮮から派遣するという手法の先例となった。

新聞各紙はおおむね、不干渉主義を提唱しつつ、日本人の生命財産を保護するための措置は必要であるとし、軍司令官の警告や派兵に賛意を示している。

ただ、その一方で、『東京朝日新聞』同月一六日付社説は、「出先の軍司令官をして軍権のみならず外交権までも左右せしむるの事態をもたらしはせぬか」と、関東軍の存在感が増していることに懸念を表明した。実際、本事件によって満蒙を国民革命から切り離そうとする志向が定着し、対満蒙政策の中核に治安維持が置かれ、以降、満蒙問題の主導権は関東軍が握ることとなった。このような関東軍の地位、発言力の向上こそが満洲事変の前提となっていく。

郭軍主力は二〇日に新民に至った。郭松齢は兵力集中を待つことなく、二三日に遼河《りょうが》東岸の奉天軍に総攻撃を仕掛けたが、呉俊陞軍による後方への奇襲を受けるなど、次第に劣勢に陥った。郭松齢は逃走し、二四日農家に隠れているところを捕らえられ、翌日夫人の韓《かん》淑秀《しゅくしゅう》とともに銃殺された。

奉天軍勝利の裏には、郭軍の動きを封じた関東軍司令官の警告だけではなく、軍事顧問や関東軍の工作があったことが見逃せない。奉天軍事顧問の松井七夫、奉天特務機関長の菊池武夫は、張学良を奮起させて防衛陣地構築を進め、吉林軍事顧問の林大八《はやしだいはち》は張作相軍を、是永重雄《これながしげお》（予備役騎兵中佐）は呉俊陞軍を指導した。白川関東軍司令官も密かに在郷軍人の砲兵を参戦させるなど奉天軍の防戦に関与している。同事件でもまた軍事顧問や関東軍は、政府方針に反する謀略を重ねたのである。

3. 北伐と張作霖爆殺

幣原外交への批判

一九二六年一月、加藤首相が急死し、第一次若槻礼次郎《わかつきれいじろう》内閣が成立した（閣僚は留任）。第五一議会では、郭松齢事件での幣原外相の姿勢に対して批判が集まった。二月一日衆議院本会議では、小川平吉《おがわへいきち》（政友会）が、なぜ郭軍が満洲に侵入する前に警告を発しなかったのか、郭松齢や国民軍がソ連の援助を受け、満洲「赤化」の危険があったのに、なぜ満洲の統治者は誰でも構わないという態度を取ったのかを質した。小川は、中国には治安を維持する能力がないので、日本は満蒙権益を擁護する権利がある、それはワシントン会議の精神とも矛盾しないと主張した。それに対して幣原外相は、治安維持の責任は中国にあり、日本がみだりに責任を引き受けることは、ワシントン会議の精神に反すると答弁した。新聞各紙の幣原外交に対する論調は、賛否が分かれた。

その一方、日露講和条約をもとにした満蒙経営は行き詰まっているとして、根本的な方針転換を提言したのが、『大阪朝日新聞』二月二〇日付社説である。同社説は、治外法権撤廃を満蒙で各国に先駆けて実行し、日本が同問題解決の最大援助者となることを主張した。すなわち関東州を返還し、領事裁判権を撤回した上で内地雑居を実現させ、一〇年間平和が維持されれば、守備隊を撤退させる、満鉄附属地は各国の租界返還と同時に撤廃するという内容である。同時点で、権益返還・駐屯部隊撤退を正面から主張する議論が主要紙でなされていた点は注目に値する。

しかし、政府はそのような満蒙経営の根本的な方針転換を図ることはなく、独立守備隊は、かえって増加に転じていくのであった。

兵役法と満洲駐屯部隊

一九二六年夏、陸軍は徴兵令を大幅に改正して名称を兵役法とする法律案の準備を進めた（一九二七年四月公布）。同法案の主要な改正項目の一つは、在営年限の短縮である。陸軍現役兵の在営年限を二年とする一方で、青年訓練所（一六～二〇歳男子のための社会教育機関）で所定の訓練を終えた者は、歩兵で一年六か月、その他の兵科で一年八か月に短縮するというものであった。

ただし外地駐屯者に関しては、特別な配慮が必要となった。従来、満洲駐劄師団所属の現役兵の在営年限は、一年一〇か月であった。毎年一一月に二年兵が満期除隊、本国帰還となり、翌年一月に新兵が送られてくるまでの二か月間、兵力は半減する。郭松齢事件はちょうどその兵力減少期間に起こっており、この不備への対処が求められていた。

もし在営年限を一年六か月とすれば、兵力減少期間は二か月どころか、六か月にもわたることとなる。そこで満洲駐劄師団については短縮を認めず、在営年限を二年として運用することになった。

一方、独立守備隊現役兵の在営年限は、従来、二年四か月であった。もしこのままであれば、一年六か月に短縮された者と比べると、一〇か月もの差が生じ、兵役の公平さを欠くこととなる。よって独立守備隊現役兵の在営年限も二年とされた。それに伴い、新兵は本国で教育を受けてから満洲に派遣されるのではなく、直接、守備隊に入営するように改められた。そして戦力減少を抑えつつ、新兵教育に必要な人員を確保するため、守備隊定員の三分の一の増員がなされ、冬と夏の二期に分けて入営することとなった。

こうして一九二七年度予算では、四個大隊のままではあったが、独立守備隊の一個大隊強相当の増員が実現し、軍縮以前の兵力（六個大隊）に近づいたのである。

北伐と山東出兵

一九二六年七月、蔣介石《しょうかいせき》の国民革命軍は、広東から北伐を開始した。北伐軍は同月湖南を確保し、一〇月には湖北の呉佩孚、一一月には浙江・福建・江蘇・安徽・江西を支配していた孫伝芳を敗走させている。孫伝芳は張作霖に投降した。張作霖は、この機を捉えて北京政府を掌握し、安国軍総司令（張宗昌と孫伝芳は副司令、楊宇霆は参謀長）となって北伐に対抗した。

北伐軍は、津浦線および京漢線に沿って進撃を続け（陝西方面に撤退していた国民軍も洛陽西方から呼応）、張学良、張宗昌、孫伝芳は、河南、安徽、江蘇で防戦を強いられた。津浦線方面では、北伐軍によって江蘇省徐州《じょしゅう》が占領されれば、次は山東省済南《さいなん》での攻防となることが予想された。済南周辺には一九二六年一〇月時点で二七三八人の日本人居留民（朝鮮人・台湾人を含む）がいた。

一九二七年四月二〇日、金融恐慌を引き起こして総辞職した第一次若槻内閣に替わって、田中義一内閣が成立した。田中は陸軍を背景にしつつ、一九二五年四月政友会総裁に転じ、貴族院議員となっていた。首相と外相を兼任した田中は、幣原の不干渉主義からの転換を図った。陸相には、宇垣（田中と中国政策が近い）に留任を断られたため、幣原外交に不満を持っていた元関東軍司令官の白川義則を充てた。満鉄を監督する鉄道相にも、幣原を批判していた小川平吉を就けている。

田中が党運営で、高橋是清《たかはしこれきよ》（金融恐慌沈静化のため六月二日まで蔵相を務めた）ら旧政友系に対抗するため、基軸に置いたのが鈴木喜三郎《すずききさぶろう》（内相）派であった。対外強硬的な同派の鳩山一郎《はとやまいちろう》は幹事長および内閣書記官長、森恪《もりつとむ》は外務政務次官に抜擢されている。

田中内閣は五月二七日、閣議で済南や膠済《こうさい》鉄道沿線の居留民保護を決定した。青島《チンタオ》へ派遣する兵力は、高橋蔵相の反対によって陸軍案より減らされ、歩兵四大隊（約二〇〇〇名）となり、形勢を見て済南に前進することとなった。

派遣部隊は、関東軍隷下の第一〇師団歩兵第三三旅団で編成された。四月一四日、すでに参謀本部は、山東出兵に備えて、第一〇師団司令部および歩兵部隊の帰還を一時延期させ、新たに派遣された第一四師団と重複して駐劄させる奉勅命令を伝えていた。第三三旅団は海路青島に向かい、六月一日に同地に上陸している。同じ頃、奉天軍は徐州の放棄を決定した。

関東軍意見書

北伐のゆくえは、済南の居留民保護だけではなく、満蒙問題とも関係してくる。北伐の状況如何《いかん》によっては張作霖の立場に変化があり、日本の満蒙権益にも影響が及ぶからである。それゆえ、あらかじめ張作霖の処遇に関して方針を定めておく必要が生じた。

関東軍は六月六日、「対満蒙政策に関する意見」を陸軍省に提出した。同意見書で中国側への要求事項の最初に挙げられているのが、東三省（熱河を含む）に一長官を置き、自治を宣布させることであった。その上で鉄道に関する新協約を結び、土地の開墾、鉱山の採掘、牧畜、諸工業の共存共栄を図り、行財政や軍事に関して日本人顧問を置くとした。また関東庁を関東都督府に準じた組織に改編し、外交や行政を統一させることも主張している。

東三省長官にはひとまず張作霖が想定されていたが、張作霖が要求を承認しない場合には別の適任者を立てることも考慮されていた。合わせて、「我対満蒙政策の実施を拒むものは断乎として之を排斥し要すれば武力を用ゆるの準備を為す」と強硬な決意が示された。従来のように張作霖を何が何でも支援するという方針ではなくなっている。田中が張作霖に東北への撤退と蔣介石との提携を期待していた一方、関東軍は張作霖を見限り始めていたのである。

その張作霖は同月一八日、孫伝芳らの推戴を受けて、陸海軍大元帥（大総統に相当）に就任し、軍政府を組織した。閻沢溥《えんたくほ》が財政総長、張景恵《ちょうけいけい》が実業総長、常蔭槐《じょういんかい》が交通総長代理となるなど、奉天派が閣僚として直接参加している。張作霖は身の破滅が迫るなか、ついに北京政府の官職の最高位に昇りつめたのであった。

東方会議

六月二七日より七月七日まで田中首相兼外相は、原内閣の例に倣い、外相官邸で東方会議を開催した。田中を委員長とし、外務省、在外公館、植民地、陸海軍、大蔵省関係者からなる二一名の委員が参加している。

会議では、対中国、対満蒙方針が議論された。中国の内戦に関しては、ゆくゆくは国民革命側が勝利し、張作霖の立場は危うくなるという見方が支配的であった。では日本はどう臨むべきか。吉田茂《よしだしげる》奉天総領事は、張作霖の好意を買って満蒙開発を実現させようとする政策を批判し、張作霖の運命は彼自身の力に任せることとし、満蒙における日本の地位を濫用せず、中国の主権を尊重すべきと主張した。

一方、武藤信義《むとうのぶよし》関東軍司令官は、前述の意見書のような強硬な主張は抑え、東三省政権の権力を確立させて、争乱の余波を東三省に波及させないよう同省官憲を指導し、鉄道の発達、資源の開発を図るべきと述べている。また武藤は、東三省はなるべく東三省人に統治させるとしたが、張作霖支持は打ち出さなかった。

最終的に田中は、「対支政策綱領」を訓示した。その内容は、一党一派に偏せず、各地の穏健な政権と交渉しつつ、全国統一の機運を待つ。東三省の政情の安定は、自らの努力によるのが最善であり、東三省有力者（張作霖でも他の者でも可）が日本の特殊地位を尊重し、安定を図るのであれば、支持する。しかし、万一、動乱が満蒙に波及し日本の権益を侵害する恐れがあるならば、防護し、内外人安住発展の地として保持されるよう、「適当の措置」に出る覚悟が必要である、というものであった。張作霖に期待する田中の真意は、そこには示されていない。

では「適当の措置」とは何を指すのか。同綱領の起草にあたった外務省通商局長の斎藤《さいとう》良衛《りょうえ》は、遠回しに武力行使を否定する表現であったと回想している。しかし、武藤の随員として上京した河本大作《こうもとだいさく》関東軍高級参謀（第二世代の支那通）は、武力行使を是とし、張作霖の武装解除を行うことが決まったとする。河本らが会議外の席上で武力行使を協議した可能性もあるだろう。いずれにしても田中の指導には不安が残り、対中国、張作霖方針は一貫性に欠けるところがあったのである。

出兵批判と田中の動揺

青島に上陸した第三三旅団がなかなか済南へ進出せず、停滞感が漂うようになると、出兵の拙速さ、ひいては内閣・政友会の軍閥化を批判する声が高まった。政友会内外では軍部大臣文官制論も再燃した。田中は非公式ながら同文官制実施を公約していたが、偶然発見されたという伊藤博文の同文官制反対意見書（一八九九年執筆）を利用して、沈静化を図った。

七月に入り、陸軍は済南進出と増派（第一〇師団第八旅団）を主張したが、外務省が反対し、事態が紛糾した。田中は逡巡《しゅんじゅん》しつつそれらを実行に移したが、そこでもまた一貫性のなさが露呈している。参謀本部が済南進出の判断を政府の決定に委ねたのに対し、田中は参謀本部への一任あるいは第三三旅団長の独断に委ねようとした。結局、閣議で済南進出が決まったが、原内閣以来の政府優位の出兵システムが動揺していたのである。

撤兵と北伐の再開

八月には孫伝芳軍が攻勢に転じ、南京付近まで盛り返したため、九月初め日本軍派遣部隊は撤兵した。しかし、大方の予測通り、次第に北京政府は劣勢に陥っていく。孫伝芳は南京政府の政変（蔣介石が下野）に付け入り、南京に攻勢をかけたが、返り討ちに遭い、大打撃を負ってしまう。一二月には津浦線、隴海《ろうかい》線を守備していた張宗昌が敗北を喫して徐州が陥落し、済南への撤退を余儀なくされた。孫伝芳も戦線を維持できず、済南に退却した。

蔣介石は同月、宋美齢《そうびれい》（孫文夫人宋慶齢《けいれい》の妹）と結婚、翌二八年一月に国民革命軍総司令に復職する。二月には軍事委員会主席、三月には中央政治会議主席を兼任し、国民党内で地位を固めた。そして四月、閻錫山《えんしゃくざん》（山西省主席）、馮玉祥（河南省主席）、李宗仁《りそうじん》（武漢政治分会主席）と連繫して、北伐を再開した。済南方面の戦況は、再び切迫していった。

奉海線問題と河本大作

北伐への懸念の一方で、満蒙問題に対する張作霖の交渉態度に、関東軍ほか出先の不満は頂点に達していた。張作霖が借款鉄道建設を巧みにはぐらかして、利権回収、自弁鉄道網建設を進めたからである。

一九二八年四月には特に奉海線（満鉄線との接続協議が進んでいた）が焦点となった。日本側は、奉天派が京奉線延長に関する協定（一九一一年九月）に違反して奉海線を京奉線と接

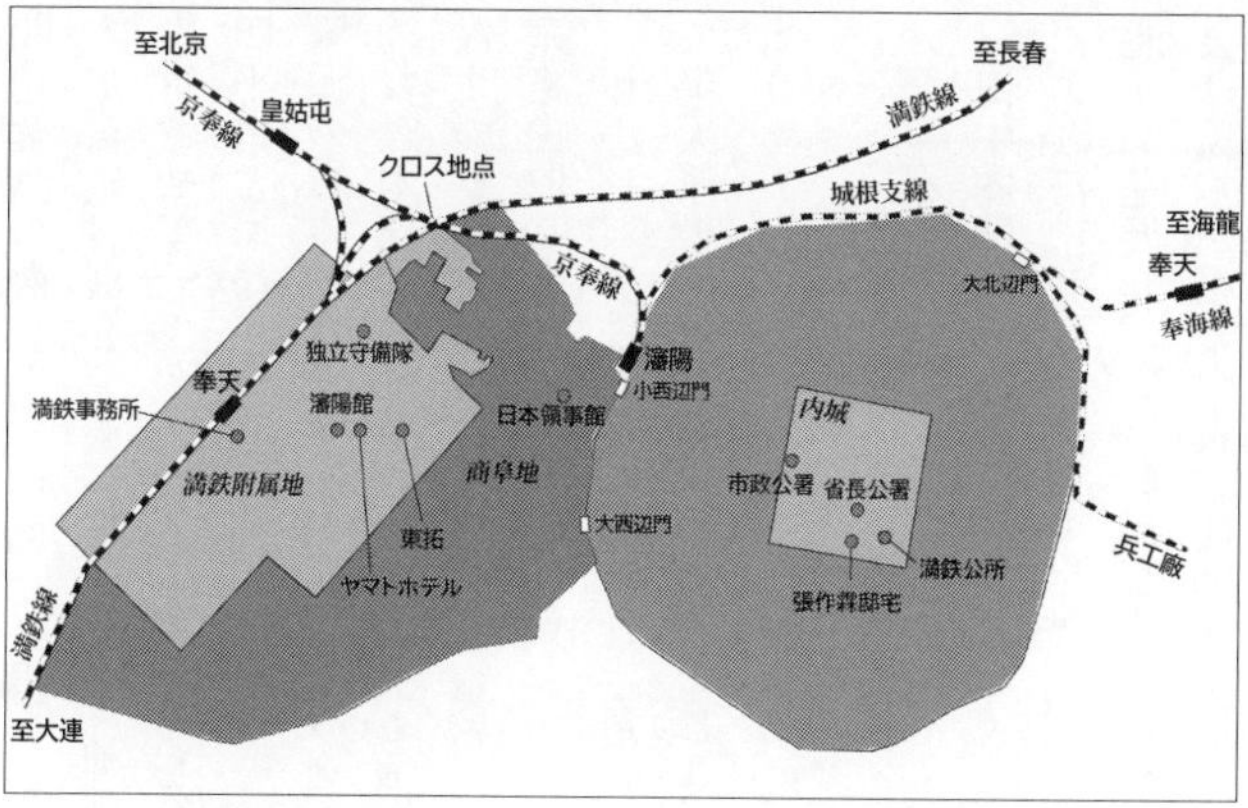

奉天市街図

続しようとし、また満鉄が建造を請け負った洮昂《とうこう》線（一九二七年七月引渡）の車両（担保物件）を債権者である満鉄の同意なしに奉海線に引き入れたとして抗議した。

関東軍の河本大作は、関東庁や満鉄と対応を協議し、四月八日、南次郎《みなみじろう》参謀次長に対して、意見を上申している。河本は、奉天派が北伐に対処している間に、迅速に行えば、現有兵力で京奉・奉海連絡線の遮断、四洮《しとう》、洮昂線押収が可能であり、それを端緒に「事件を拡大せしめ根本的満蒙

河本大作（1883～1953）
1903年陸士卒（15期）、14年陸大卒。32年満鉄理事、34年満洲炭礦理事長、38年満業理事、42年山西産業社長に就任。53年太原監獄で病死。

問題解決の機会をも作為」し得る（『上原勇作関係文書』）と主張した。同月一八日消印の河本から磯谷廉介《いそがいれんすけ》（第二世代の支那通で参謀本部支那班附）宛の書簡では、「奉天の鉄道問題を紛糾させて一つクーデターをやる心算」と述べている。大義名分がある京奉・奉海連絡線、四平街～昂昂渓《こうこうけい》沿線に兵力を展開し、武力の威嚇を加えることにより、張作霖の下野など奉天派の根本的な変革を引き出そうとしたとみられる。

参謀本部第一部長の荒木貞夫《あらきさだお》も河本同様、「東方会議議決に即し、此際、満蒙問題解決をなすの見地より張を下野せしむる」（「畑俊六《はたしゅんろく》日誌」同月二七日）と主張しており、河本らと連絡を取り合って策動していた。

しかし、満鉄のより穏和な手段（京奉線城根《じょうこん》支線の満鉄車両引上と吉林兵輸送拒否）によって奉天派の態度が軟化したことにより、田中内閣が河本の主張する強硬策を採用することはなかった。

第二次山東出兵

田中内閣は奉海線問題が片付くと、四月一九日、第二次山東出兵を閣議決定し、奉勅命令により済南派兵（支那駐屯軍約四〇〇名、本国から第六師団ほか約五〇〇〇名）を実行していく。北伐が進展し、危機感が高まるにつれて、参謀本部の発言力が強まっていった。当時、政友会は鈴木内相の引責辞任問題で揺れており、田中がもう一つの権力基盤である陸軍に軸足を移したこともその背景にあった。

北伐の勢いは衰えず、三〇日には張宗昌、孫伝芳が済南からも撤退した。五月三日に済南城外の商阜地（外国通商向け開放地）で北伐軍と日本軍の武力衝突が起こった（済南事件）。居留民に被害が生じると、参謀本部は強硬的となった。本国から第三師団（約一万三〇〇〇名）の動員派遣が実行されるが、それに先立つ部隊の急派が必要となり、再び関東軍に出番が回ってきた。満洲駐剳第一四師団から歩兵第二八旅団など約二三〇〇名が青島に急派され、その補塡のために朝鮮第二〇師団から混成第四〇旅団（約二〇〇〇名）が満洲へ派遣された。

済南事件前、田中の意向により第六師団のうち歩兵第一一旅団のみが青島から済南へ前進していたが、四日には歩兵第三六旅団も独断で済南へ向かった。ついに現地の指揮官が独断で部隊を動かしたのである。また出兵目的について田中は膺懲《ようちょう》（懲らしめること）ではなく、あくまで居留民保護とする方針を採ったが、第六師団は参謀本部の指示により謝罪や撤兵を求めて北伐軍と交渉し、済南城内への攻撃を始めた（国民政府は国際連盟に日本軍撤兵と事件調査を提訴）。居留民に実害が出たことによって、出先部隊が積極的に行動し、政府は後手に回ったのである。

山海関・錦州出兵論

奉天軍は、北京に第一軍（楊宇霆）約一二万〜一三万、保定《ほてい》に第二軍（張作相）約一〇万、

天津近郊の楊柳青《ようりゅうせい》に第三軍（張学良）約八万が駐屯しており、ほかに留守部隊（呉俊陞）として約五万の兵力があった。一方、約五〇万〜六〇万に上った北伐軍は、済南から撤退し、同地を迂回《うかい》して京津地域に迫っていった。

九日、張作霖は日本軍増派の機会を利用して、停戦和議の通電を発し、蔣介石との妥協および列国の支援を模索したが、うまくいかなかった。

この張作霖の危機に乗じて動いたのが、鉄道問題交渉を進めていた山本条太郎《やまもとじょうたろう》満鉄社長であった。山本は五月一三日から一五日にかけて、四鉄道（洮南《とうなん》—索倫《さくりん》、延吉—海林《かいりん》、敦化《とんか》—老頭溝《ろうとうこう》、長春—大賚《たいらい》）の敷設請負契約を張作霖、趙鎮《ちょうちん》交通部代理次長と締結した。

鉄道問題の進展を受けて、田中内閣は一六日、戦乱が京津地方に達して、満洲にも及ぶ場合、日本政府は治安維持のための「適当にして且《かつ》有効なる措置」を取るとした覚書を閣議決定した。同覚書は、張作霖と国民政府外交部長の黄郛《こうふ》（北伐が始まると、義兄弟の蔣介石のもとに投じていた）に通告された（一八日）。同措置は、奉天軍が北伐軍と戦闘を交えた後に撤退する場合、奉天軍、北伐軍双方の満洲進入を認めないとした一方で、奉天軍が戦闘が始まる前に満洲に撤退する場合、その引き揚げを認め、北伐軍の山海関以北進出を阻止するとしており、実質的には張作霖の保護を意図するものであった。

一七日の田中外相から芳沢駐華公使への訓令では、満鉄沿線以外への広範囲な軍隊出動がほのめかされている。ただし、これは田中の名義だが、軍と連携して張作霖下野を企図する森政務次官の意向によるものとみられる。翌一八日の武装解除方針に関する閣議決定では、広範囲な出動は否定され、張作霖・奉天軍温存という田中の意向がより強く示された。

一方、張作霖の下野を望む関東軍は、山海関または錦州付近に出兵することを目論んだ。居留民を巻き込んだ済南事件の教訓もあり、郭松齢事件の際と同様、満鉄沿線へ達する前に動き、少数の兵力で大兵を阻止できる狭隘《きょうあい》な地（山海関―錦州間は松嶺《しょうれい》山脈と渤海《ぼっかい》に挟まれ、遼西《りょうせい》回廊と呼ばれる）で待ち受け、しかもやって来る軍を問わず、武装解除しようとしたのである。斎藤参謀長は、満蒙「自治聯《じちれん》省」を設置し、日本軍が駐屯して財政援助や新軍隊指導にあたるなど日本が新政権に大きく関与する案を構想していた。参謀本部でも荒木第一部長、松井石根第二部長、畑俊六第四部長が張作霖下野論を採り、鈴木参謀総長も張作霖を見限った。陸軍中央は一七日に第九師団の山海関方面への派遣を内定した。

これまでみてきたように中国軍隊に対する規制は、「二十支里」（一二キロメートル）が通例となっていた。済南事件交渉で実行されたのも、済南商阜地や膠済鉄道沿線から「二十支里」外への撤退であった。しかし、満鉄線の終端の営口から山海関までは直線距離で約二二〇キロメートル、錦州までは同じく約一〇〇キロメートルもある。そのため、海軍からは、山海関方面への出兵は条約上の権利がなく、列国の介入を招くとする反対論が上がった。それでも、関東軍は出兵を中止するつもりはなかった。

さらに満鉄沿線を遠く離れた出兵は、国外出兵と同様であり、閣議での経費支出承認と奉勅命令を必要とするのが慣例であった。しかし、一六日、関東軍は閣議決定に齟齬《そご》しないとして、奉勅命令に先んじて独断で錦州に出兵することを計画した。

下りなかった奉勅命令

一八日、関東軍は第一四師団、混成第四〇旅団に出動準備を命じ、奉天集結を進めた。軍司令部も奉天（東拓ビル）に移動した。ただし、二〇日には参謀本部から翌日に奉勅命令が下りる予定（鈴木参謀総長と田中首相が上奏を協議したとされる）との来電があり、関東軍は出兵実行を延期してやはり奉勅命令を待つことにした。

しかし、田中の翻意があり、二一日を過ぎても待てど暮らせど関東軍に奉勅命令は下りなかった。米英の圧力によって田中が変心したとされるが、そもそも田中が鈴木に出兵を確約したか疑わしいとする説もある。

三一日、阿部陸軍省軍務局長が有田八郎《ありたはちろう》（外務省亜細亜局長）とともに田中の腹を探ると、田中の判断は、奉天軍が北伐軍の急迫を受けずに関外に撤退しており、関東軍の出兵は必要ないというものであった。六月二日、出兵実施は期待できないという参謀本部の電報を受け、関東軍は出兵を諦《あきら》めるに至った。関東軍は、いよいよ出兵レベルでの独断専行に動き出そうとして寸前で中止し、待ち望んだ奉勅命令も結局、下りなかったのである。

京奉線と満鉄線のクロス地点（『東京朝日新聞』1928年6月5日夕刊）

張作霖爆殺

そこで出兵の代わりに河本が実行したのが、張作霖爆殺の謀略であった。村岡軍司令官は同じく張作霖の暗殺を考え、河本の行動を黙認したとみられる。一方、斎藤参謀長は、河本の計画を知らなかったようである。幕僚附の川越守二《かわごえもりじ》ら関東軍内の数人が河本を支援した。

河本にとって張作霖暗殺を実行する候補地は、いくつか考えられた。北京は列国の目があって難しく、新民付近の巨流河《きょりゅうが》鉄橋は奉天軍の警備が厳重であった。そこで選ばれたのが、京奉線と満鉄線のクロス地点であった。

河本は、北京、山海関、新民に偵察員を配置し、張作霖の帰奉を待った。六月一日には三日に張作霖が出発することが判明した。

同クロス地点は満鉄線の下を京奉線が通過する陸橋となっていた。二基の橋脚（石積み）に橋桁《はしげた》

（鉄板）が架かる、三径間の橋である。皇姑屯駅より瀋陽駅に向かう列車は、三つの径間（北・真ん中・南）のうち北の径間を通る。

爆薬は関東軍兵器部より旅順工科学堂生実習の名目で持ち出され、独立守備歩兵第二大隊中隊長の東宮鉄男《とうみやかねお》、同大隊附の神田泰之助《かんだやすのすけ》、朝鮮から派遣中の工兵第二〇大隊附の桐原貞寿《きりはらさだとし》が設置を担当した。東宮はクロス地点の警備責任者であり、作業をしていても怪しまれることはなかった。三日、関東軍は奉天軍の要請に応じて、橋上は関東軍の担当とし、下は奉天軍が警備することを認めたが、爆薬はすでに二日夜に設置されていた。

爆薬の設置場所について、奉天交渉署の報告書（同月六日）は、北側の橋脚の上方、奉天総領事の報告書（同月二一日）は、北側の橋脚と橋桁の間の隙間（列車内の可能性も指摘）、関東軍（斎藤参謀長）の所見は、橋脚上部付近（列車内の可能性も指摘）と推定している。一方、事件に関与し、直前の現場を見た尾崎義春《おざきよしはる》関東軍参謀は、火薬をつめた土嚢《どのう》が橋桁につけてあったとし、橋桁の角四か所に爆薬が設置された様子を図示しつつ回想している。

張作霖が乗った二〇両からなる特別列車は、三日午前一時一五分に北京を出発した。張学良や楊宇霆は灤州《らんしゅう》に部隊を移して、北伐軍との和平交渉にあたり、張作相は熱河、その他は山海関・錦州に撤退した。孫伝芳は張学良に従った。奉天軍は毎日一〇〇〇名ほど帰奉しており、その数は五月二五日から六月一五日の間で約一万五〇〇〇名に達した。

特別列車が天津に着くと、潘復《はんふく》国務総理や町野武馬らが下車し、山海関では出迎えの呉俊陸が乗り込んだ。そして四日午前五時半頃には、クロス地点へと至る。列車は警戒のため速度を落としていた。陸橋の南方、満鉄線沿いの守備隊哨所《しょうしょ》には爆薬から繋がる導線が引かれており、東宮によって起爆スイッチが押された。

爆破によって北側の橋桁は全壊、真ん中の橋桁は半壊、北側の橋脚が被害を受け、両線が不通となった。機関車から数えて一〇両目（展望車）と一一両目（食堂車）の間が爆発の中心となり、被害は九～一二両目に及んだ。一〇両目は、前側の貫通扉周りと床しか残らないほど破壊され、そこに乗っていた張作霖は重傷を負って邸宅に運ばれ、息を引き取った。呉俊陞は、その場で死亡し、張景恵は重傷、張作霖第六夫人の馬岳清《ばがくせい》や第三子張学曽《ちょうがくそう》、軍事顧問の儀我誠也《ぎがせいや》は、軽傷を負った。少なくとも死者二〇名、負傷者五三名を出している。関東軍は、「南方便衣隊」（国民政府のスパイ）の犯行と発表した。

錦州出兵・新任務付与論

河本が爆殺後の計画として満洲占領を意図していたとは考え難い。爆殺を決心してから、関東軍内の調整、準備をする十分な時間はなく、事件時、河本自身も待合《まちあい》にいて、すぐには軍司令部に駆けつけていないからである。大義名分の観点からしても、南方派によるとされる張作霖をねらった爆破は、日本が満洲を占領する理由にはならないだろう。

新聞各紙も満鉄線に被害が生じたものの、居留民保護のための出兵を主張するようなことはなかった。奉天派は張作霖の死を秘匿し、冷静に対処したため、日本軍との衝突は起こっていない。

それでも事件の余波は国内に及んだ。六日、陸海外三省間の時局会議が開かれ、①南北両軍が京津地方で交戦し、それが満洲に波及する場合、②南北両軍が満洲内で交戦する場合、③満洲で排日運動が激化し、居留民に脅威が及ぶ場合、それぞれに備えて対策が協議された。①については前月一八日通告の声明で事が足り、②については局所で鎮圧するとされた。どちらの場合も必要があれば、京奉沿線適当の地点（錦州と解釈できる）で武装解除することが合意されていることが注目される。③については、ハルビンや吉林など各方面の主要地に居留民を集め、関東軍司令官に兵力をもって保護する新任務を与え、山東派遣部隊から増派するとしている。関東軍の積極的な行動を認める案が作成されたのである。

同案は、翌七日の閣議に提出された。ただし、白川陸相は議案説明の際、慎重意見を付加し、対日感情が険悪な状況のなか、錦州方面に出兵して奉天軍の武装解除をしようとすれば、後方の奉天で排日の動きが起こり、関東軍は挟撃されることとなると述べた。田中首相や他の閣僚も慎重論に賛同し、錦州出兵、関東軍司令官への新任務付与は否決された。指導力に不安定さをみせた田中であったが、関東軍の行動がなし崩し的に拡大していくことは防いだのである。

平時配置へ

参謀本部や関東軍は、張学良を擁立して満蒙問題を交渉・解決していく方針を採った。目論見通り、七月三日には張学良が張作霖の後を継ぎ、東三省保安総司令に就任して東三省の全権を握った。

関東軍は目下の兵力配置を維持して、政府の満蒙問題交渉を支援したが、八月七日の張作霖の葬儀を過ぎても、鉄道問題や商租権問題に何ら進展はなかった。かえって東三省は易幟《えきし》（国民政府への帰属）へと向かい始めた。参謀本部は張学良を倒すクーデターをも構想したが、田中内閣は同案を受け容れず、依然として張学良の対日接近に期待した。

同月一〇日、定期異動で荒木第一部長は陸大校長へ転出した（後任は畑俊六）。三〇日には混成第四〇旅団に朝鮮帰還が命じられ、一〇月二日には軍司令部も旅順へと戻り、関東軍の態勢は平時配置に復せざるを得なかった。

関東軍が出兵レベルでの独断専行に乗り出して張学良政権を排除し、実力をもって満蒙問題を解決していくには、石原莞爾《いしわらかんじ》の登場を待たなければならなかった。

第3章　満洲事変と満洲国―一九二八～三二年

1. 易幟後の奉天軍と日本陸軍

易幟と楊宇霆の粛清

一九二八（昭和三）年一二月二九日、張学良は全国に易幟《えきし》を通電し、北伐を完成させた蔣介石に従う姿勢を明確に示した。翌二九年一月四日、国民政府は、張学良を東北辺防軍司令長官、張作相《ちょうさくしょう》および万福麟《ばんふくりん》（黒龍江督辦）を副司令官とし、翟文選《てきぶんせん》を奉天省政府主席、張作相を吉林省政府主席、常蔭槐《じょういんかい》を黒龍江省政府主席、湯玉麟《とうぎょくりん》を熱河省政府主席に任命したことを発表した。

吉林省の張作相、熱河省の湯玉麟のほか、東省特別行政区長官（ハルビン）には張景恵《ちょうけいけい》が就いており、最古参の重臣（張作霖の義兄弟）は、張学良の代になっても各省長官級のポストを占め続けた。ただし、黒龍江省では、軍政は呉俊陞《ごしゅんしょう》の配下であった万福麟が、民政は楊宇霆と関係が深い常蔭槐が掌握しており、世代交代が進んでいた。

張作霖の後継候補としても名の挙がった楊宇霆は、依然として実力を有しており、張学良は放っておくことができなかった。同月一〇日、楊宇霆と常蔭槐が張学良邸宅を訪れた際、張学良は、私党を組んだという罪状で両者を銃殺してしまう。黒龍江省政府主席は万福麟が継いだ。

重臣の動向と東三省割拠への期待

田中内閣は国民政府との関係正常化に舵《かじ》を切り、五月には済南撤兵、六月には国民政府正式承認へと至った。

一方、関東軍は、張学良と最古参の重臣との間には付け入るべき隙があると判断していた。そして中国本土で動乱が起こる際、張作相が東三省割拠の態度を取るとみて、それを援助し、東三省が「南方化」する前に満蒙問題交渉を進めるべきと主張した（「畑俊六日誌」同年一月二一日条）。やがて関東軍は、張作相は性格的に張学良を裏切る可能性は低いとみて、むしろ張景恵や湯玉麟の動向、合わせて日露戦争以来の関係がある洮遼《とうりょう》鎮守使の張海鵬《ちょうかいほう》、東辺鎮守使の于芷山《うしざん》の動向に注目するようになる。鎮守使は、省長官から一段格が落ちるポストであり、彼らが現状に不満を抱いていたからである。湯玉麟が将来、張学良と対立した場合、湯玉麟と関係が深い張海鵬、于芷山も策応するものとみられていた。

陸士留学組の動向

八期生を中心とする陸士留学組は、張学良と関係が深い国内軍学校組に対して次第に劣勢になり、重要な地位から外されていった。亡くなった楊宇霆や呉俊陞に近かった者は、なおさら立場が不安定となった。

もっとも陸士留学組でも張学良の下で重用される者もいたが、張学良との間の隙はあった。たとえば、臧式毅《ぞうしきき》は楊宇霆に関係が近かったが、張学良の歓心を得、遼寧省政府主席、留守総司令となっている。ただし、臧式毅は、蔣介石への協力に強い賛意は有していなかったとみられる。

邢士廉《けいしれん》は、奉天派と国民党との交渉役として活躍し、易幟後、遼寧省政府委員になっている。しかし、楊宇霆の暗殺は自身の先行きを憂慮させることとなった。

熙洽《きこう》は張作相の庇護下にあり、引き続き、吉林軍参謀長の地位を確保している。吉興《きっこう》や丁《てい》超《ちょう》も吉林省で旅長・鎮守使としての地位を維持していることから張作相の庇護を受けていたと考えられる。しかし、熙洽や吉興は愛新覚羅《あいしんかくら》氏の末裔《まつえい》であり、丁超は関内で職歴がないことなど国民政府、中国本土との関係の遠さがあった。関東軍にとって陸士留学組もまた、張学良に揺さぶりをかけるべく接近していく対象となったのである。

独立守備隊の増設

陸軍は、張作霖爆殺事件後、東三省の政情が不安定なため馬賊が横行しているとして、一九二九年度予算案に独立守備隊の二個大隊増設を計上し、第五六議会での審議に臨んだ。

一九二九年二月二七日、貴族院予算委員第四分科会で白川陸相は、独立守備隊増設の理由として、郭松齢事件や山東出兵の際にみられたように朝鮮から補塡する必要があるほど兵力が不足していることを挙げた。これに疑問を呈したのが、予備役陸軍大将で貴族院議員となった大井成元《おおいしげもと》であった。陸軍にとって内情を知る大井は、手強い相手である。大井は、軍縮の際に守備可能と判断したことが今になってできないとは理解し難く、兵力の不足は、駐劄師団で対応すべきと反論した。また大井は、張作霖爆殺事件に関して、独立守備隊の警備状況をしっかり調査すべきとし、事件の真相を国民に説明することなく、増設に必要な経費だけを要求するのは、納得できないと主張した。

大井ら同分科会委員は、政府の答弁に満足しなかったものの、三月五日、張作霖爆殺事件に関して政府に調査を求める希望を付しつつ賛成し、結局、予算案は成立する。独立守備隊増設は四か年の継続事業とされた。同年一二月入営期より二個大隊（約一七〇〇名）増員が実施されることとなり、ついに独立守備隊は、軍縮前の規模への復帰を果たしたのである。

また同年八月には同隊勤務令が改正され、守備範囲が「南満洲鉄道」から「南満洲に在る鉄道線路」へ拡大している（『密大日記』）。

河本大作の転任

河本大作《こうもとだいさく》は張作霖爆殺事件の直後、荒木貞夫《あらきさだお》や小磯国昭《こいそくにあき》、小畑敏四郎《おばたとしろう》らに事情を打ち明け、政府内でも河本が事件に関与した話が広まっていたが、更迭されることなく、関東軍高級参謀の地位にとどまっていた。

一九二九年五月四日、陸大戦史旅行（校長荒木貞夫の引率）で学生が旅順見学に訪れた際に、河本は満蒙問題に関する講話を行っている。河本は、日本の発展をけん制しようとするワシントン体制（ワシントン会議で成立した極東の国際秩序）への反感を露わにした。「我国は多額の国帑《こくど》〔帑〕と多数の国民とを犠牲にして満蒙に対する外国の勢力を駆逐し」、開発に従事してきた。「幾多の犠牲を払って居るにも係《かかわ》らず、之に対し無謀或は侵略と称するは、満蒙の事情を理解せざるも甚だしきもの」である。こうして河本は、国防上、資源豊富な満蒙には絶対的な価値があるとしつつ、満蒙を発展させる権利が日本にあると主張した（『満蒙問題に就て』）。ただし河本は、満蒙を武力占領すべきとまでは明言しなかった。

同月一四日、ついに河本の第九師団司令部附（金沢）への転任が発表された。爆殺事件に関する何らかの処分の前触れであるとみられ、その去就が注目された。

爆殺事件処分と田中内閣総辞職

この爆殺事件処分問題こそが、田中内閣崩壊の原因となる。前年一二月、事件が河本の首謀によるものと知った田中は、天皇に対して、軍法会議で厳然たる処分を行い、事件を公表することを上奏していた。しかし、陸軍や小川平吉鉄相ら閣僚は、真相の公表を避け、行政処分で済ますことを主張したため、閣内で孤立した田中は、妥協を余儀なくさせられた。六月二七日、田中は、関東軍が事件に関与した確証はないが、陸橋下の警備を奉天軍側に許した責任、また満鉄線が破壊された責任により行政処分を行うという陸相報告の線で幕引きとしたいと上奏し、天皇から前言を翻したことを叱責《しっせき》されてしまう。ただし、天皇は、田中の食言には怒りを爆発させたが、行政処分自体には反対せず、翌日、行政処分に関する白川陸相の上奏を裁可した。

七月一日、村岡関東軍司令官は予備役編入、斎藤恒《さいとうひさし》元参謀長（当時東京湾要塞司令官）と水町竹三《みずまちたけぞう》独立守備隊司令官は、重謹慎（ともに八月予備役）、河本は停職（一年後に予備役）となった。なお、東宮らには何ら処分は下されていない。

田中は、もう一度参内して事情を説明したいと願ったが、天皇に拒絶された。天皇の信用を失った田中内閣は七月二日に総辞職し、浜口雄幸《はまぐちおさち》民政党内閣が成立するに至る（田中は九月失意のうちに死去した）。浜口内閣も陸軍との関係の安定を優先させて、事件の真相の公表を控えた。そのため、国民は当時、関東軍の事件への関与を知ることはなかったのである。

二葉会

同じ頃、陸軍内では新たな時代を切り開いていく中堅軍人の同志的結合が進んでいた。その中心にいたのは、陸士一六期の永田鉄山《ながたてつざん》、小畑敏四郎、岡村寧次《おかむらやすじ》、一七期の東條英機《とうじょうひでき》である。

一九二一（大正一〇）年一〇月、任務でヨーロッパに渡っていた永田、小畑、岡村は、ドイツで合流し、長州閥の専横を改め、国民と一体化した陸軍に改革することを話し合った（バーデン・バーデンの盟約）。帰国後、三人は同志の輪を同期の土肥原賢二《どひはらけんじ》、板垣征四郎《いたがきせいしろう》、磯谷廉介《いそがいれんすけ》や、一五期の河本、一七期の東條、一八期の山下奉文《やましたともゆき》らにも広げていった。その会合は河本を座長格とし、馴染みの店である渋谷の二葉亭《ふたばてい》の名を取って、二葉会と呼ばれた。

会内で満蒙問題解決が急務であるとの認識を深めさせたのは、河本であったとみられる。一九二七年六月に河本が東方会議に参加する武藤関東軍司令官に随行して上京してきた際にも会合が開かれている。爆殺事件後、陸軍内に事件の真相が伝わると、一九二八年一一月、岡村らは中堅幕僚の意見として、事件の真相公表に反対することを申し合わせた。翌二九年に入ると、岡村らは爆殺事件の善後策、河本の救済策を議題とし、頻繁に会合するようになった。

石原莞爾（1889～1949）
1909年陸士卒（21期）、1918年陸大卒。参謀本部第1部長、第16師団長などを歴任。東亜連盟運動を指導。47年東京裁判に証人として出廷。49年病死。

木曜会

一方、陸士二二期の鈴木貞一（参謀本部作戦課員）と二四期の深山亀三郎《みやまかめさぶろう》（同要塞課員）による軍装備改善の研究会をもとに、石原莞爾《いしわらかんじ》ら二一～二四期の幕僚が加わり、さらに永田、東條、岡村の参加により、やがて二葉会と合流していくのが、木曜会であった。

一九二八年一月、第三回目の会合では、石原（当時陸大教官）が国防方針について報告している。石原は陸大成績が優秀なため、漢口駐在経験後、ドイツに回されたが、もともとは支那通を志していた。石原の構想は、東西文明論、戦争史、日蓮信仰に基づく独特なもので、日米による「世界最終戦争」論としてよく知られている。石原は、日本が東洋での主導的地位を確立するには、国内諸問題の解決、朝鮮統治の安定、中国に対する指導的地位、ソ連への対処が必要で、そのためには満蒙領有が必要である。満蒙領有がアメリカの介入を招くのは必至であり、消耗戦争（持久戦争）が起こるため、講和条件を定めて、ある程度のところで戦争を終結させ、その後の殲滅《せんめつ》戦争となる日米最終戦争（二〇世紀後半と想定）に備えなければならないとした。

石原の見解に皆が納得したわけではなかっただろうが、満蒙領有については、意見が一致した。三月第五回目の会合（石原は参加せず）では、根本博《ねもとひろし》（陸軍省軍務局課員）の報告後、討論がなされ、次のように方針が決まった。

　帝国自存の為満蒙に完全なる政治的権力を確立するを要す。之が為国軍の戦争準備は対露戦争主体とし、対支戦争準備は大なる顧慮を要せず。但本戦争の場合に於て米国の参加を顧慮し、守勢的準備を必要とす（「木曜会記事」）

「完全なる政治的権力」とは、「取る」ことであると確認された。中国との戦争は心配するまでもないとされ、ソ連やアメリカに備えることが共通理解となっていたことがわかる。石原莞爾は同年一〇月、関東軍参謀（作戦主任）として赴任した。

一夕会

一九二九年五月一四日、河本の金沢への異動発表は、中堅軍人たちに危機感をもたらした。一六日には二葉会と木曜会が合流して一夕会が発足し、陸士一四期から二五期の結束が強化された。

同日の会合では、①陸軍人事の刷新、②満蒙問題の解決、③荒木貞夫・真崎甚三郎・林《はやし》銑十郎《せんじゅうろう》の三将軍擁立が決議された。同三人は上原派の系譜を引き継いだ九州閥の中心であり、長州閥打倒のために推されたのであった。一九三〇年一二月、林は朝鮮軍司令官、一九三一年八月、荒木は教育総監部本部長、真崎は台湾軍司令官となる。

一夕会は大佐以下の人事を掌握するため、一九二九年八月岡村を陸軍省人事局補任課長に就任させることに成功した。一九三〇年八月には永田が陸軍省軍事課長、一九三一年八月には東條が参謀本部動員課長、武藤章（二五期）が同作戦課兵站《へいたん》班長、磯谷廉介（一六期）が教育総監部第二課長に就任している。満洲事変までに、陸軍中央では上層部を占める宇垣派（後述）の下、主要な課長職や班長職は、一夕会員によって占められることとなったのである。

こうして成立した出先と陸軍中央の一夕会ラインは、必ずしも意見の一致をみていたわけではないが、満蒙武力解決へ向けて動き始めたのである。

2. 謀略の計画と実行

石原と板垣

石原の日記によれば、一九二八年一一月一日、石原は関東軍作戦計画の起案に着手した。有事の際の奉天ほか占領計画とみられる。一九二九年一月一九日には村岡軍司令官の点検がなされた。二月、石原は同計画を携えて上京し、荒木や小磯国昭（陸軍航空本部総務部長）に会った後、計画を訂正し、二三日に小磯、東條、岡村と会って確定させたとみられる。三月には鈴木荘六《すずきそうろく》参謀総長が関東軍作戦計画を朝鮮軍、台湾軍の作戦計画とともに上聞（天皇の耳に入れること）に達している（『参謀本部歴史』）。

七月には前述のように関東軍司令官の更迭があり、軍首脳は、司令官畑英太郎《はたえいたろう》（中将）、参謀長三宅光治《みやけみつはる》（少将）、高級参謀板垣征四郎（大佐）という体制となった。河本は石原（中佐）と相談し、後任に駐劄第一六師団隷下の歩兵第三三連隊長（奉天駐屯）であった板垣を推したという。板垣は第二世代の支那通で、石原とは一九二〇年頃漢口駐在で同僚となり、関係を深めていた。

畑英太郎の弟の畑俊六《しゅんろく》（当時参謀本部第一部長）は、板垣は謀略家の石原に踊らされ、参謀長の三宅は、主義も方針もない「石原一派のロボット」であったとし、下剋上の傾向が盛んななかで、兄は統率に一方ならぬ苦心を要しただろうと回想している。石原といえども一人では関東軍を動かすことはできない。謀略に関係する諜報業務は、高級参謀の担当であり、軍首脳に影響力を及ぼすためにも石原にとって板垣との連携は欠かせないものであった。

北満参謀旅行と満蒙占領計画

一九二九年七月、長春、ハルビン、満洲里などを回る北満参謀旅行が実施された。旅行の計画は石原が立案し、板垣が統裁官となり、軍参謀らに有事の満蒙占領計画の徹底が図られた。

石原は旅行二日目、長春の名古屋ホテルの一室で「戦争史大観」(日米戦争が人類最後の戦争となるという主旨)を講話し、三日目には車中で石原作案の「国運転回の根本国策たる満蒙問題解決案」を討議に付した。同案は、「満蒙問題の解決は日本が同地方を領有すること により て始めて完全達成せらる」とする。その実現のためには対米戦争を覚悟し、経済封鎖を乗り切るために中国本部をも占領する。中国各地に総督を置くことが計画され、満蒙には長春総督を置き、他地域とは異なり、中国軍隊を利用するのではなく、日本軍が治安維持にあたるとされた。

同月には張学良が中東鉄道の実力回収を進めたためにソ連との対立が激化し、ソ連軍が密《みつ》山《ざん》、満洲里、ハイラルなどを占領して東北軍が敗北する事件(中ソ紛争)が起こった(一二月停戦)。陸軍中央や関東軍は、中国の利権回収策が進展するのを懸念し、北伐のときのように介入することはなかった。同紛争によりソ連が再び鉄道守備のための駐兵を要求するようになり、駐兵の正当性を主張してきた日本にとっても追い風となった。またソ連の満洲赤化に対する危機感が増すとともに、砲爆撃に対する弱さなど東北軍の脆《もろ》さが露呈した。板垣、石原らは紛争中の一〇月、遼西地方での参謀演習旅行を行い、このときの錦州兵営偵察がのちの爆撃実施に活かされることとなる。

一九三〇年に入ると、石原は、満鉄調査課や戦史旅行で訪れた陸大学生、資源局事務官などに対して持論を説いて回った。満鉄での講話では、満蒙領有に際して、駐劄師団を四個、守備隊を四〇から五〇個大隊置くとしている。

同年五月に畑軍司令官が急死し、軍司令官は鹿児島出身で上原と関係が深い菱刈隆《ひしかりたか》に替わった。菱刈は、すべて参謀任せであったと言われる。

九月には軍司令部附の佐久間亮三《さくまりょうぞう》が板垣、石原から作成を命じられていた「満蒙に於ける占領地統治に関する研究」を完成させた。同研究では、満洲軍司令官が占領地統治にあたるとされ、軍政の実施が計画されている。統治区域は、八軍政管区と満鉄附属地および関東州に分けられ、それぞれ武官からなる軍政長官を置き、中国軍隊や警察は廃止して、日本軍守備隊および憲兵がそれらに代わるとされた。満蒙占領計画の構想は、着実に進行していたのである。

第二次若槻内閣と陸軍改革

一九三〇年五月、浜口内閣は統帥権干犯問題（若槻礼次郎《わかつきれいじろう》ら政府全権が海軍軍令部の承認を得ずにロンドン海軍軍縮条約に調印した問題）の渦中にあった。政軍関係に注目が集まるなか、宇垣陸相の議会病欠が長引くと、浜口首相による陸相事務管理論、ひいては軍部大臣文官制論が高まった。

しかし、浜口内閣は六月、阿部信行《あべのぶゆき》陸軍次官を無任所大臣に就けて陸相代理とするという強引な方法を採って、陸軍と事を構えるのを回避した。浜口内閣は統帥権干犯問題を乗り切ると、一一月、いよいよ行財税制整理に乗り出し、陸軍整理にも手をつけようとする。しかし、その矢先、浜口が右翼青年に狙撃《そげき》され、重傷を負ってしまう。

一九三一年四月、健康が戻らなかった浜口首相は辞職し、第二次若槻民政党内閣が成立した。陸相は宇垣から南次郎《みなみじろう》へと替わったが、幣原外相や井上準之助《いのうえじゅんのすけ》蔵相ら多くの閣僚が留任している。

若槻内閣は浜口内閣を引き継いで、行財税制整理に取り組んだ。若槻首相は急進的な陸軍改革案を抑えようとしたが、井上蔵相は陸軍の満蒙政策を統制するための軍縮を公言し、民政党内でも軍部大臣文官制実現に向けて積極的に会合が重ねられた。関東軍が内閣や民政党の動きに警戒を強めたとしても不思議ではなかった。

出兵を可能にするための謀略計画

石原は引き続き、満蒙占領の研究を進めた。四月策定の「満蒙問題解決の為の戦争計画大綱」では、満蒙占領に伴う中国、アメリカ、イギリス、ソ連との戦争計画について言及されている。中国に対しては、なるべく威嚇により参戦を防止し、それが難しければ、南京を攻略して華中以北の要所を占領するとされた。計画段階とは言え、あまりに簡単に戦線を広げすぎる印象を受けるが、実際の戦況はほぼ石原の言う通りに展開していくのであり、すこぶる予言的である。

なお、石原は、関東軍の単なる独断出兵を計画したわけではなかった。五月二二日作成の「満蒙問題私見」は、謀略と出兵を結びつけている点で注目される。石原は、ソ連の復興やアメリカの海軍力増強の状況に鑑《かんが》み、一九三六年以前に、対米戦争を覚悟して満蒙問題の解決を図るのが有利とする。そして日本の国情からして、まず対外発展に突進し、それから戦争遂行のための国内改造を断行するのが適当である。政府が満蒙問題の真価を正当に判断して、韓国併合の要領で満蒙併合を実行すればよいが、それが望めない場合、軍部が団結すれば、「謀略により機会を作製」して政府を強制できるとした。すなわち政府・軍が一体となって、軍事力で威圧しつつ外交交渉で中国から満蒙併合の了承を引き出すのが一番であるが、それができないなら謀略を梃子《てこ》に軍主導の武力行使に乗り出すということであろう。

すでに有事の際の関東軍作戦計画は、陸軍中央、天皇の了承を得て、確定していた。あとは、何か事が起これば、その計画を発動させることができる（状況により占領地拡大も可能となろう）。同じ頃、軍司令部（板垣案とみられる）で作成された「満蒙問題処理案」では、その手段として、「蒙古独立、間島独立、北満騒擾」や「排日大暴動」の謀略を挙げ、張学良政権を動揺させ、また「治安の破壊となるを以て武力使用の口実を得、進んで膺懲の師を起し、一挙に解決の機会を得」としている。結論としては情勢的にそのような謀略は、いまだ

「機運に到達せず」、なお研究が必要であるとされたが、非常の場合には「関東軍独断を以て学良政府を顛覆《てんぷく》して満蒙占領を企図するの覚悟」が示されている。石原や板垣らは、関東軍内の一部で内々に謀略構想を進めていった。

同月三一日に石原は、板垣、花谷正《はなやただし》（関東軍司令部附・奉天特務機関員。第三世代の支那通）、今田新太郎《いまだしんたろう》（奉天軍事顧問。同）と「謀略に関する打合せ」を行った。そこで「満鉄攻撃の謀略」が案として出たとみられる。六月八日には石原、板垣、中野琥逸《なかのこいつ》（若手満鉄社員が中心の右翼団体大雄峰会《だいゆうほうかい》を主導）の話し合いが持たれ、「奉天謀略に主力を尽すこと」が決まった（石原日記）。

こうして満鉄線が爆破されたことにして、まず奉天を占領し、陸軍中央の中堅幕僚の支援を受けつつ、列国の干渉を受けないうちに迅速に各地を占領するという計画が固まる。花谷は、在奉天部隊の中堅幹部一人一人に酒を飲ませて言いたいことを言わせ、爆破の実働部隊となる同志を募った。そのため、陸軍中央にも関東軍が何かを画策していることが伝わっていった。

満洲問題解決方策の大綱

では、陸軍中央はどのような対満蒙方針を採ったのだろうか。陸軍中央の要職は、南陸相、杉山元《すぎやまはじめ》陸軍次官、小磯国昭軍務局長、金谷範三《かなやはんぞう》参謀総長、二宮治重《にのみやはるしげ》参謀次長、畑俊六第一部長（作戦）、建川美次第二部長（情報）と、宇垣派によって占められていた。宇垣派が長州閥に替わるかたちで陸軍本流となっていたのである。ただし、宇垣自身は六月に予備役入りしており（朝鮮総督に就任）、宇垣派内の見解も宇垣の指導下に統一されていたわけではなかった。

参謀本部では、トルコ駐在であった橋本欣五郎《はしもときんごろう》が一九三〇年六月に帰国し（参謀本部第二部ロシア班長となる）、国家革新を目的とする桜会（会員は参謀本部の幕僚を中心に一〇〇名ほどに達する）を結成して以来、第二部を中心に満蒙熱が先鋭化していた。宇垣は満蒙問題の平和的解決を目指したが、建川第二部長（一九三一年八月第一部長に転じ、両部の実権を掌握）は、実力行使による解決を決心するに至った。南も強硬論に感化されていった。

第二部では毎年度、行動の基準とする情勢判断を策定しており、建川のもとで一九三一年三月に情勢判断、四月にはそれに基づく対策が立案された。原本は失われているが、対策として、①国民政府下の親日政権樹立、②独立国家建設、③満蒙領有の三段階を想定したと考えられる。石原らは一足飛びに③の実行を計画したのに対して、同対策は、情勢をみながら①から順に進めていく方針であった。②から③への移行は、韓国併合がモデルであるならば、独立から統治権移譲まで長期にわたることが想定されていただろう。

六月には同対策を具体化させるため、陸軍省の永田軍事課長、岡村補任課長、参謀本部の山脇正隆《やまわきまさたか》編制課長、渡久雄《わたりひさお》欧米課長、重藤千秋《しげとうちあき》支那課長を委員とする五課長会議が開かれ、

「満洲問題解決方策の大綱」が策定された。今村均《いまむらひとし》の回想によれば、同大綱は、張学良の排日行動が拡大すれば、武力を発動させることを想定しつつ、内外の理解を得ることを優先し、関東軍には一年間（一九三二年春までを意味するが、今村の記憶違いの可能性がある）は隠忍自重させ、万一紛争が生じたとしても拡大させないとした。三宅参謀長は七月に東京に召致され、同方針を伝達されている。八月に作戦課長となった今村は、一か月で同大綱の作戦上の立案を進め、金谷総長、南陸相の同意を得た。

陸軍中央は、武力発動自体は認めるものの、世論工作や閣内の理解を得る下準備に時間が必要であると判断しており、政府を差し置いてもすぐに動くべきとしていた石原らが納得できるものではなかったのである。

本庄繁の軍司令官就任

八月一日には陸軍の定期異動があり、関東軍司令官は、決断力がないと石原に評価されていた菱刈から本庄繁に替わった。満蒙問題の平和的解決を望んだ宇垣が真崎甚三郎《まさきじんざぶろう》の就任を避けるため、陸相辞職前に内定し、南へ引き継がせた人事であった。しかし、石原らからすれば、本庄は張作霖に密着してきた、考え方の古い支那通であったが、「話の分かる」上官でもあっただろう。なぜなら軍事顧問時代には関東軍とともに政府方針に反する多くの謀略を重ねてきた張本人であったからである。

本庄の日記によれば、第一〇師団長であった本庄は、七月一五日、陸軍省軍務局附の鈴木貞一から軍司令官転任の内報を受けている。三一日には師団司令部のあった姫路に板垣がやって来て、ともに上京した。翌八月一日、首相官邸で軍司令官の辞令を受け、他の親任親補された者とともに葉山《はやま》で天皇に拝謁した。

三日には本庄、林朝鮮軍司令官（参謀の神田正種《かんだまさたね》も随行）、真崎台湾軍司令官、杉山陸軍次官、小磯軍務局長、永田軍事課長、二宮参謀次長、建川第一部長、橋本虎之助《はしもととらのすけ》第二部長、重藤支那課長、渡欧米課長などが参加した会合が開かれ、満蒙問題が議題とされた。根本博（支那課支那班長）の回想によれば、建川や根本には、三軍司令官合同の席で集団心理により慎重な本庄をその気にさせるねらいがあった。林や真崎の積極的な発言を受けて、本庄も呼応したというが、本庄がその場ですぐに武力解決の決意を固めたとは考えにくい。

本庄繁（1876〜1945）
1897年陸士卒（9期）、1907年陸大卒。参謀本部支那課長、北京公使館附武官、第10師団長などを歴任。45年戦犯として逮捕令が出るが、自決。

神田正種の回想によれば、会合での主流意見は、武力解決の目標を一九三五年に置き、準備を進める方針だったようである（後述の二宮より本庄宛書簡の記述とも符合する）。二次会で橋本欣五郎ら部課員級の者は神田と、「中央の指令を待つて居たのでは到底駄目だ、出先でやれ、やつた以後はおれ達が頭を動かす」と話し合った（「鴨緑江」『現代史資料7』）。橋本ら桜会は関東軍に呼応して、荒木貞夫政権の樹立を企てたクーデター未遂事件（十月事件）を起こすこととなる。

すでに神田は、石原から朝鮮軍越境計画を打診されており、林軍司令官であれば「有望」と答えていた。上京中、板垣から秋頃決行と聞かされたという。その板垣は、謀略計画について意見交換を行ったのか、同三日に岡村と会っている。

四日、本庄は鈴木貞一、板垣の訪問を受けて、「論議長時に亘《わた》る」と日記に記している。また九日にも板垣が会いに来ており、武力解決の必要性（ただし謀略計画については伏せただろう）を訴える板垣の説得攻勢が続いたと考えられる。一五日に本庄は、東京駅で前任の菱刈の帰着を迎えて申し継ぎを受け、梅子夫人らに見送られ、旅順へ出発した。軍司令部に着いたのは、二〇日であった。板垣が本庄の着任早々、万一突発事件が発生した場合、本国への請訓によって処理するか、独断で事にあたるかを質すと、本庄は後者と答えたため、板垣は喜んだという。

柳条湖事件

ちょうどその頃、注目を集めていたのが、中村大尉事件であった。中村震太郎《しんたろう》大尉らが同年六月関東軍の指示を受け、身分を隠して興安嶺《こうあんれい》方面（日本人の旅行は禁止）を調査していたところ、中国兵に怪しまれ射殺された事件である。陸軍省は八月一七日、諜報活動の事実を伏せて、中村らが殺害されたことを公表し、陸軍は組織を挙げて戦争熱をあおった。関東軍は兵力を伴う調査を計画したが、陸軍中央は承認しなかった。石原は永田軍事課長宛の書簡（同月一二日）で、軍が直接中国側と交渉し、短期間に解決すれば、国民の信望を高め、軍主導の満蒙問題解決の第一歩となり得たと残念がっている。

陸軍中央も九月一五日頃になると、外交交渉が進まない場合の実力行使を考えるようになる。石原にとって同事件は六、七月の万宝山《まんぽうさん》事件（長春付近に移住した朝鮮人入植者と中国人農民の衝突をきっかけとする事件。中国側は朝鮮人の間島以外の雑居を認めず、一方日本側は日本臣民としての商租権を主張した）と合わせて、謀略実行へのはずみとなった。

『東京朝日新聞』は八月五日付社説で、軍が満蒙外交を引きずっていくことに警鐘を鳴らしており、九月一三日付社説でも中国側の対応を批判しつつ、満蒙問題は「一時の憤激や、発作的硬論によって断じて解決さるべきものではない」と注意を喚起したが、事態はその逆を行こうとしていた。

九月七日、本庄（石原も同行）は、各地守備隊視察のため旅順を発った。連山関に入った九日、石原は本庄に、謀略で機会を作ることに言及した前述の「満蒙問題私見」などを提出した。本庄らは一〇日奉天に入り、その後、公主嶺《こうしゅれい》、長春を回り、一五日再び奉天に引き返した。同日建川第一部長が視察に来る（ただし建川には関東軍を強いて止める意思はなかった）という電報が来て、石原らはいったん爆破計画の中止を決める。しかし、今田や中野ら現場が収まらなかったようであり、やはり一八日に決行することとなった（石原日記）。

一八日午後二時、本庄ら一行は、奉天で建川に応対する板垣を残して、遼陽を発ち、午後一〇時旅順に戻った。一息ついたのも束の間、午後一一時過ぎ、板垣から日中間の衝突が起こり、独断で部隊を出動させたという急報が軍司令部に飛び込んでくる。

同日夜、虎石台《こせきたい》駐屯の独立守備歩兵第二大隊第三中隊長川島正大尉《かわしまただし》は、夜間演習と称して、文官屯《ぶんかんとん》駅南側へ中隊を移動させていた。同中隊附の河本末守《かわもとすえもり》中尉は、六名の部下を率いて、柳条湖《りゅうじょうこ》へ赴き、満鉄線に爆薬（今田が用意）を仕掛けた。午後一〇時二〇分に爆破し、中国軍の攻撃を受けたとして、川島大尉が部下を率いて北大営《ほくだいえい》を攻撃したのである（柳条湖事件）。石原が永田に要請し、本国から密かに独立守備隊兵営に運び入れ、据えつけていた四五式二四糎《センチ》榴弾砲も北大営へ向けて火を噴いた。

石原や板垣は、謀略計画について本庄や三宅参謀長、ほかの参謀には明かさなかったが、幕僚附の片倉衷《かたくらただし》は参謀部内の空気から謀略の進行を察知し、ほかの参謀も「どうもこれは謀略臭い」（『戦陣随録』）と疑ったという。しかし、片倉らは、自分たちは謀略には関係なく、関東軍が組織として謀略を実行したわけでもないと考えることによって、満鉄爆破事件を所与のものとし、作戦計画の遂行という職務に注力していった。本庄も、次第に片倉と同様の姿勢で事件に臨むようになっていったとみられる。「凱旋」後に本庄は、天皇から同事件が関東軍の謀略かを質されて、「軍人並びに民間人の一部において謀略をやった」と聞いているが、「本職並びに関東軍としては謀略をいたしておりません」(『片倉衷氏談話速記録』第二回)と回答することとなる。

戦闘開始

事件発生の報告を受けて三宅参謀長以下、参謀は至急登庁し、本庄に中国軍への反撃の裁可を求めた。本庄は最初、なかなか決心がつかず、奉天に主力を集中し、武装解除を行う程度の処置を考えたが、第二報が届き、交戦で負傷者が出たことなどが伝わると、石原が起案した、満鉄沿線の広域にわたる出動命令を認めた。ここに謀略が出兵へと結びついたのである。

こうして第二師団(同年四月より駐劄)に奉天城攻撃が命じられたほか、営口、鳳凰城の武装解除、長春の監視が実行に移された。一九日午前三時半、本庄は石原ら幕僚を連れて臨時列車で奉天へと向かった。

奉天では、午前六時までに独立守備歩兵第二大隊が北大営、歩兵第二九連隊が奉天城を占領し、午後二時頃までに付近の中国軍を退却させた。

長春では、監視命令を受けた長谷部照俉《はせべしょうご》歩兵第三旅団長が独断で寛城子の中国軍を攻撃した。多くの死傷者を出したが、苦戦を知って森連《もりむらじ》独立守備隊司令官が独断で向かわせた同第一大隊主力の救援を得て、午前一一時頃には寛城子、午後四時半頃には南嶺を占領している。

営口、鳳凰城は、独立守備歩兵第三大隊と第四大隊によって、ほとんど戦闘を交えることなく、午前一〇時頃までに武装解除を終えている。

朝鮮軍への増援要請

陸軍中央では一九日午前七時、杉山陸軍次官、小磯軍務局長、二宮参謀次長、梅津総務部長、今村第一部長代理、橋本第二部長が対策を協議した。関東軍の行動を適切とし、関東軍の兵力増援のため閣議提出案を準備することで意見が一致している。

既定の対中作戦計画では、まず増援にあたるのは、朝鮮軍とされていた。関東軍としても朝鮮軍の増援がなければ、行動を拡大させることは不可能であり、張作霖爆殺事件の「二の舞程度」(「満洲事変機密政略日誌」『現代史資料7』)に終わってしまうと懸念した。

本庄は、大石橋《だいせっきょう》に着いた午前八時四〇分頃、林朝鮮軍司令官から飛行隊に出動を命じ、混成第三九旅団が出発準備中という電報を受け取った。本庄ら軍司令部は正午、奉天に到着し(瀋陽館に入る)、午後零時半、奉天の治安維持、満鉄沿線付近の掃蕩《そうとう》継続を命じた。午後五時四〇分には、陸相、参謀総長に対して全満洲の治安維持を献策し、三個師団の増援を要請している。しかし六時、陸相、参謀総長から閣議で事態不拡大方針が決まったと訓電された。また朝鮮軍の増援が飛行隊を除いて、国境の新義州《しんぎしゅう》で止められたことも伝わった。関東軍は早速、壁にぶつかることとなったのである。

吉林攻撃と朝鮮軍の独断越境

二〇日に軍司令部を訪れた建川第一部長は、長春以北への出動には反対したものの、吉林、洮南への攻撃は一刻も早いほうがいいと唆《そそのか》した。吉林では軍事顧問の大迫通貞《おおさこみちさだ》が裏で動いており、都合よく同日午後九時四五分、吉林居留民会長から吉林の情勢が急迫し、保護を希望するという電報が届く。

二一日午前零時過ぎ、三宅参謀長以下、軍参謀は、独断での吉林派兵を合意して本庄に建言し、本庄も午前三時になってようやく決心を固めた。関東軍としては、吉林派兵によって満鉄沿線を手薄にし、朝鮮軍の増援を引き出すというねらいがあった。

午前九時五〇分、第二師団が長春から吉林へと前進を開始すると、一〇時五〇分、林は独断で新義州にとどまっていた混成第三九旅団に越境を命じた。正午過ぎ、その情報が関東軍に伝わると、軍司令部は歓喜に包まれた。夕刻には、吉林省政府主席代理の熙洽《きこう》が降伏し、第二師団が吉林入城を果たしている。

朝鮮軍の独断越境に対しては、政府内外で大権干犯であると非難の声が上がった。陸軍中央は、越境が閣議で追認されない場合、南陸相や金谷参謀総長、二宮参謀次長の辞職も覚悟した。しかし、それは杞憂《きゆう》に終わった。意外にも翌二二日午前の閣議で越境が追認されたのである。元老の西園寺公望は、独断越境について処分するよう宮中に注意したが、天皇は牧《まき》野伸顕《のぶあき》内大臣との間で穏便に処理する方針を決め、特に咎《とが》めなかった。午後には天皇の裁可が下り、朝鮮軍の越境部隊を関東軍の指揮下に入れる奉勅命令が伝えられている。関東軍は最初の壁を突破した。

なお、吉林派兵については、比較的あっさりと承認された。吉林は、長春から約一〇〇キロメートル離れており、派兵には閣議決定および奉勅命令が必要と考えるのが自然であるが、それらを経た形跡はない。一九二八年に出兵の是非が問題となった錦州は、イギリス資本が入っていた京奉線上にあったのに対して、吉長線は、日本が全額出資していた。そのため、吉林は事実上、満鉄線の延長であるとみられたと考えられる。同じ理屈で関東軍は、二二日鄭家屯、新民、二三日敦化、二五日洮南に兵を進め、陸軍中央が撤兵を指示しても、うやむやのまま、引き延ばした。

また関東軍は、居留民保護を理由にハルビンへの出兵も行おうとしたが、二四日参謀本部より中止の指示を受け、こちらには素直に従っているのが注目される。中止理由としては、首相によってすでにハルビン居留民引き揚げの方針が上聞済みであることが挙げられている。すでに天皇の耳に入って方針が固まっている以上、関東軍としても簡単に動くことはできなかった。

国内主要紙は、謀略を疑うことなく、連日、軍に好意的に報じており、独断専行を批判することもなかった。『大阪朝日新聞』は、在郷軍人らによる不買運動を懸念し（実際に売れ行きが落ちていた）、黒龍会《こくりゅうかい》（玄洋社の系譜を引く国家主義団体）の内田良平《うちだりょうへい》の脅迫もあり、軍部支持に転向していった。片倉は、石原が同紙の武内文彬《たけうちあやよし》奉天通信局長に情報をリークして支持を働きかけたことが同紙の転向に寄与したと述べている。関東軍は、新聞の統制を通して世論を味方に付けつつ、占領地を広げていったのである。

3．独立国家樹立

満蒙領有の放棄

武力発動まで漕《こ》ぎ着けた石原らであったが、満蒙統治方針に関しては妥協を余儀なくされた。九月二二日、三宅、土肥原（奉天特務機関長）、板垣、石原、片倉が集まり、「満蒙問題解決策案」が策定された。同案は、「我国の支持を受け東北四省及蒙古を領域とせる宣統帝《せんとうてい》（溥儀）を頭首とする支那政権を樹立」することを方針としており（「満洲事変機密政略日誌」）、それまで計画してきた満蒙領有が断念されていることがわかる。一九、二〇日と連日、建川が関東軍幕僚と会談した際、陸軍中央を代表して、情勢は親日政権樹立の段階にあると力説したため、関東軍が譲歩したからであった。

ただし、同案には日本が国防外交を掌理《しょうり》するとあり、曖昧にされているものの、実質は独立国家樹立方針に近い。治安維持に関しては、各省長官・準長官級の要人である煕洽（吉林）、張海鵬《ちょうかいほう》（洮南）、湯玉麟《とうぎょくりん》（熱河）、于芷山《うしざん》（東辺道）、張景恵《ちょうけいけい》（ハルビン）を起用するとされた。直接領有しない以上、現地勢力を前面に出すことが必要となったのである。ここに日露戦争以来の現地勢力との人脈が活きることとなった。

二八日には橋本虎之助（参謀本部第二部長）、遠藤三郎《えんどうさぶろう》（作戦課員）らが来奉した。石原は同郷の遠藤に対してはやや友好的であったが（やがて遠藤は石原の論に感化される）、橋本一行を邪険にした。石原は完全に図に乗っていた。板垣は橋本らに対して、関東軍の考える新政権の絶対的要件として、「支那人を盟主とするも満蒙を支那本土より切り離し、満蒙の統一を図り表面は支那人に依り収むるも実質は我手裡《しゅり》に掌握する」ことを挙げ、新政権の中国からの分離独立を強調している。

そして一〇月二日、石原らによって協議された「満蒙問題解決案」では、「満蒙を独立国とし之を我保護の下に置」くことを明確に打ち出した（「満洲事変機密政略日誌」）。宇垣朝鮮総督も独立国家樹立論へ転じており、本庄を激励した。

煕洽はすでに前月二八日に日本に帰順して独立を宣言しており（吉林省長となる）、さらなる各省要人へのアプローチが続けられた。五日には溥儀との連絡のため、川島浪速が天津に派遣された。関東軍は、なし崩し的に独立国家路線へ進もうとしたのである。

遼寧省政府の移転と錦州爆撃

満洲事変は、東北軍が多くの兵力を入関させているなか、張学良および各省長官の不在を見計らって起こされていた。張学良および万福麟は北平《ほくへい》（北京を改称）、張作相は父の葬儀で錦州に滞在していた。張景恵も張作相の父の葬儀および南京会議参加のため、任地を離れ、奉天滞在中に事変に遭遇している。

張学良は、東北軍が満鉄線爆破に関与していないことを全国に通電しつつ、蔣介石の指示を受け、不抵抗命令を出した。国際連盟の仲裁に委ねる方針であった。これは関東軍が事前に予測していた通りで、東北軍は関東軍が各所を占領するに任せ、撤退を続けた。

遼寧省政府主席の臧式毅《ぞうしきき》は、撤退できず、関東軍の軟禁下に置かれた。そこで張学良は、九月二三日、東北辺防軍長官公署、遼寧省政府を錦州に移転させ（錦州政権と呼ばれた）、張作相を同長官、米春霖《べいしゅんりん》（東三省兵工廠総辦）を同政府主席代理とした。

関東軍にとって、独立国家樹立のためには錦州政権の打倒が必須《ひっす》であったが、前述のように錦州に兵を送ることは困難であった。そこで関東軍は、一〇月四日、東北軍の残虐さを非難する軍司令部布告を発表しつつ、八日には石原の独断で錦州爆撃を敢行して、米春霖ら省政府を北平に撤退させた。

石原のねらいは、錦州政権に打撃を与えるとともに、国際的に不拡大方針を表明していた若槻内閣の顔をつぶし、また陸軍中央首脳に覚悟を決めさせることにあった。

そのねらい通り、九日の閣議は、爆撃は当然のことで何ら違法ではないと決議し、陸軍当局も偵察中の飛行機が攻撃を受けたので応戦したまでと談話を発表し、爆撃を追認した。

一一日、板垣と片倉は国際法顧問の松木侠《まつきたもつ》(満鉄出身で石原と同郷)と新国家建設に関する協議を開始した。二一日には「満蒙共和国統治大綱案」、さらに研究を続け、一一月七日には「満蒙自由国設立案大綱」を成立させている。関東軍は、奉天省、吉林省、黒龍江省、熱河省、東省特別区、モンゴル自治領を範囲とする独立国家樹立を目指した。

三宅・石原更迭論

しかし、それでも事態は、関東軍の思い通りに進んだわけではなかった。若槻内閣は、南陸相・金谷参謀総長との連携を維持し、妥協して、満鉄沿線外を占領している現状や満蒙新政権樹立への関与を認めることによって、関東軍の北満進出や錦州侵攻、独立国家樹立を阻止しようとしたからである。小林道彦の研究(『政党内閣の崩壊と満州事変』)は、以下でみていくように、関東軍がたびたび行き詰まりながらも、手を変え品を変え、さらには運も味方につけて状況を打開し、独立国家樹立を実現させていった経緯を明らかにしている。

一〇月二三日、白川元軍司令官、今村作戦課長が来奉し、関東軍首脳部と会談を行った。白川らは、満蒙問題解決の大綱を国民政府との間で定めることを主張し、国民政府下での新政権樹立を目指すべきという認識を示した。

視察後、白川は、関東軍の下剋上の雰囲気に対して憂慮を深めた。会談では石原の失礼な態度に今村が立腹して退席するという一場面もあった。関東軍の内部でも、多門《たもん》二郎《じろう》第二師団長が三宅参謀長と石原の更迭を主張し、森連独立守備隊司令官も石原ら軍参謀のやり方に不満を示すなど、石原らの独断専行に対する非難の声が上がっていた。

そこで南・金谷は、三宅参謀長を更迭し、独立国家樹立に反対する田代皖一郎《たしろかんいちろう》を起用することによって、関東軍の粛清を図ろうとしたが、本庄が反対したため、実現には至らなかった。本庄は軍内の統制の緩さを自覚していたものの、外部に対してそれを認めることはできなかったのである。

北満作戦の開始

張海鵬（1867～1949）　奉天省蓋平出身。奉天派に所属。満洲国侍従武官長となる。満洲国崩壊後、潜伏するが、北京で発見されて処刑された。

陸軍中央は、ソ連を警戒して北満進出に慎重な態度を取っていたが、関東軍は一〇月、独立国家樹立のために北満作戦を始動させた。黒龍江省の省都であるチチハルを押さえるため、利用したのが張海鵬である。張海鵬に対して、元満鉄奉天公所長の鎌田弥助《かまたやすけ》（日露戦時特別任務班に参加）などが帰順工作に従事した。張海鵬は、撤退することも可能であったが、日本側の誘いに応じて、同月二日独立宣言を行った。現状に不満がある張海鵬にとって、関東軍が提示した黒龍江省長就任は、出世欲を満たすことができる魅力的な帰順条件であった。

張海鵬の部隊は、洮南からチチハルに向けて北上を開始した。しかし、馬占山《ばせんざん》（黒龍江省政府主席代理となる）が嫩江《のんこう》に架かる橋梁を破壊して防戦し（江橋抗戦と呼ばれる）、一六日張海鵬は退却を余儀なくされた。

同橋梁は、満鉄が出資した洮昂線上にあった。そこで関東軍は、満鉄による鉄道修理護衛の名目で部隊（嫩江支隊）を送りこむことによって、軍事介入のきっかけをつかもうとした。この措置には、幣原外相も満鉄並行線問題解決の観点から賛成した。思惑通り、一一月四日嫩江支隊と馬占山軍が衝突し、関東軍は第二師団から増援を派遣する大義名分を得ることとなった。

「臨参委命」とチチハル占領

しかし、肝心のチチハル進出は、参謀本部によって抑えられてしまう。一一月五日、参謀本部は、「臨参委命《りんさんいめい》」を用いて、作戦行動を嫩江を渡った先にある大興の占領で止めるよう命令したのである。臨参委命とは何か。金谷参謀総長は、その使用の裁可を求める上奏で次のように説明している。

関東軍司令官麾下《きか》部隊の作戦行動に関しては、時々参謀総長より必要の指示を与へ、以て準拠を示し来りたるも、軍の行動は事の性質上、一に軍司令官の専行に委ねられたり。〔中略〕適時軍の行動を統制々御するを要するに当り、一々之に関し上奏　允裁《いんさい》を仰ぎ奉るは、啻《ただ》に万機の御政務を累《るい》し奉る虞《おそれ》あるのみならず、区処至急を要する場合に於て或《あるい》は機を失する事なしとせず。因《よっ》て先例に準じ、今後時局終了する迄《まで》関東軍司令官に対する重要なる命令等を除く外、細小の事項は之を参謀総長に於て決定命令する如く御委任あらせられ〔後略〕（『満洲事変作戦指導関係綴　其一』）

すなわち、①参謀総長が軍司令部条例の規定する区処権に基づいて軍司令官に与える指示、②参謀総長が天皇の裁可を経て軍司令官に伝える奉勅命令に加え、③参謀総長が天皇から統帥権を一部委任されて軍司令官を指揮命令する、臨参委命を用いるというのである。①は指示、②と③は命令と区別されていることが注目される。参謀本部は関東軍の行動について、①で準拠を示し得るが、軍司令官の独断専行に委ねられ、完全な統制はできないことを認めている。かといって作戦開始など重要な場面で用いるべき②を細々とした行動方針に用いるのは憚《はばか》られる。そこでそれに準ずる③の形式を採ることにしたのである。

関東軍が奉勅命令による任務の明示を要求しても参謀本部は返答しなかった。この臨参委命に対して関東軍は、「統帥権を紊《みだ》せし命令来る」（『本庄繁日記』同日条）と反発した。そして馬占山軍主力に一撃を与えることを主張し、作戦行動の一任を要求する。しかし六日、参謀本部が再度命令してきたため（臨参委命第二号）、関東軍は大興付近で一度、進軍停止を余儀なくされた。大興から帰って来た石原は、「中央の爺どもの私物命令だ。ほおっておけ」（『満洲建国』）と憤慨したという。

両軍衝突の危機的状況は変わらず、一三日陸軍中央は外務省と協議し、関東軍に対して、馬占山軍がチチハルまで撤退するよう同軍との交渉を指示した。その上で一四日参謀本部は、関東軍に対して、馬占山が要求を承諾すれば、鄭家屯以東へ撤退し、承諾しなければ自衛的行動に出るよう命じた（臨参委命第三号）。

関東軍は独断で、撤退地域をチチハル以北、回答期限を一六日正午として交渉し、馬占山側の回答がないまま期限を迎える。参謀本部はもはや戦闘は避けられないと判断し、関東軍に対して、作戦上、チチハルへの一時進入を認め、ただし占領はせず、速やかに鄭家屯以東へ撤退するよう命じた（臨参委命第四号）。石原は、それまでチチハル進入を絶対に認めないとしてきた参謀本部の変節ぶりに「もう中央なんかまじめに対手《あいて》になるな」（『満洲建国』）と、ますます反発を覚えた。

参謀本部は命令を徹底させるため、一七日夜、二宮参謀次長を奉天に派遣した。二宮は本庄宛の書簡（一六日付）で、北満や錦州に対する武力行使は控え、まずは中国本土との関係が曖昧な「ぬえ」のような地方政権を成立させ、のちに第二段階の独立国家に導くべきと主張した。

関東軍は一七日午後二時、第二師団に攻撃命令を出した。第二師団は一八日チチハルへの進軍を開始し、一九日にはチチハルを占領して、馬占山を海倫に撤退させた。

二〇日奉天に入った二宮は、関東軍に同調するようになり、二二日金谷に対して主力のチチハル撤兵に二週間ほどの猶予を与えるよう上申した。しかし、金谷はそれを認めず、二四日関東軍に対して「第一六三号」電で、直ちに主力を鄭家屯まで撤退させ、チチハル付近に残す歩兵一個連隊内外の兵力も二週間で撤収するよう指示した。関東軍は、なおも撤退に関して一任を希望したため、金谷は翌二五日、臨参委命第五号を発し、「第一六三号」電の指示を服行《ふっこう》するよう命令した。同命令は、万一、従わない場合、軍司令官以下の更迭をも想定しており、参謀本部の強い意志を示したものであった。

第二次天津事件

関東軍は、参謀本部に従わざるを得ない状況へと追い込まれ、幕僚更迭寸前（石原は休暇願を作成）までいった。しかし、その窮地を打開し得る機会が生じた。土肥原奉天特務機関長の工作により、二六日天津で日中両軍の衝突（第二次天津事件）が起こったのである。

同事件を受けて、関東軍は、包囲されつつある支那駐屯軍を救うとして、チチハルに一部を残留させ、錦州攻撃に焦点を移そうとした。二七日午前五時半、先鋒を務める独立守備隊第二大隊が奉天から装甲列車で錦州方面へ向かい、午前八時には、朝鮮から派遣されていた混成第三九旅団の交代部隊である混成第四旅団（第八師団）が続いた。

参謀本部は午前一一時、関東軍の錦州作戦を停止させようとしたが（臨参委命第六号）、暗号の組み間違いがあり、午後零時半あらためて作戦を停止して遼河以東へ撤退するよう命じた（同七号）。午後二時本庄は前線との通信手段が杜絶《とぜつ》したことを理由に、すぐの撤収は不可能であると報告する。しかし、参謀本部は断乎たる意志を示し、午後五時半、状況如何にかかわらず撤退するよう厳命した（同八号）。本庄はそれを受け容れざるを得ず、午後八時には部隊に撤退命令を出し、翌日求め（同九号）に応じて撤退を参謀本部に報告した。さらに若槻内閣は二八日閣議決定を経て、関東軍の一個大隊を直接天津に派遣する奉勅命令を伝え、天津と錦州を結びつけようとする関東軍の動きを封じた。

それでも石原らは諦めなかった。再び北満に目を向け、馬占山軍がチチハルを奪還しようとしているとして、三〇日混成第四旅団のチチハル派遣を進めた。チチハル残留部隊は損耗が多く、二宮もその措置を支持した。

スティムソン談話事件と馬占山工作

金谷はこの混成第四旅団のチチハル派遣を阻止できなかった。錦州作戦中止をめぐって、参謀本部の権威が著しく凋落《ちょうらく》する事態が生じていたからである。二八日にアメリカのスティムソン国務長官が手違いにより、機密扱いであった幣原の言明（金谷に錦州攻撃の意志がないことを確認したこと）を記者会見で話してしまったのである。幣原と金谷の意志確認は、作戦開始前の二三日に行われていたため、国内世論は、参謀本部が幣原との確約だけではなく、幣原を通してアメリカとの確約によって、錦州作戦を中止させたのではないか、軍機の漏洩《ろうえい》、統帥権の干犯であると沸き立った。

この事件によって、金谷更迭の機運が高まり、臨参委命を利用して関東軍を抑えていた参謀本部の権威は崩壊した。南陸相も関東軍に対して一層妥協的となった。

関東軍は、ハルビン特務機関を使って、張景恵（九月二七日東省特別区治安維持会の成立を宣言）をして馬占山を懐柔させようと動いた。張景恵に対する恩義があった馬占山は、一二月一日、張景恵を通じてチチハルを警備する歩兵第三旅団長の長谷部照俉に謝罪を打診した。三日には張景恵の黒龍江省長就任の見通しがついた。七日、海倫で板垣、駒井徳三《こまいとくぞう》顧問と馬占山の会見が行われ、軍事協定が締結された。こうして黒龍江省の掌握が一気に進展したのである。

錦州占領

一二月一一日、第二次若槻内閣は、協力内閣（政民連立内閣）運動をめぐる閣内不一致で総辞職し、一三日に犬養毅《いぬかいつよし》政友会内閣が成立した。内閣書記官長には森恪、陸相には荒木貞夫が就いた。参謀総長は閑院宮載仁親王《かんいんのみやことひと》に替わったが（二三日）、翌年一月九日には荒木の盟友である真崎甚三郎が次長に就き、真崎が参謀本部の実権を握った。外相は当初、犬養が兼任し、一月一四日より犬養の娘婿の芳沢謙吉《よしざわけんきち》が就任する。

関東軍は独立国家樹立の動きを加速させていった。一二月一三日、板垣は、軟禁三か月に及んだ臧式毅にようやく奉天省長就任を了承させた。一五日には臨参委命第一〇号で関東軍のチチハル駐留継続が認められた。いまや臨参委命は、関東軍の希望に沿う内容で出されるようになり、同号をもってその役割を終えた。

片倉が主導するモンゴル人工作も進展し、一四日および一五日にはチチハル南方の泰来県《たいらい》でチムトシムベロ（ジリム盟長でのちの満洲国興安総署総長）らが参加した会議が開かれ、遼源（鄭家屯）に内蒙自治準備処が設置された。三〇日の遼源会議を経て、ジリム盟の各旗（行政区域の盟旗については後述）代表を中心とする蒙古自治籌《ちゅう》備《び》委員会が成立する。

また関東軍は錦州攻撃の実行を企図し、一二月一三日陸相および参謀総長に意見具申した。一五日参謀本部は錦州攻撃を了承する。閣議決定、上奏を経て、一七日第一〇師団から混成第八旅団、さらに二八日朝鮮から混成第三八旅団（第一九師団）、第二〇師団司令部（混成第三九旅団は同師団隷下に復帰）などを増派し、関東軍隷下に入れることが命じられた。二九日臧式毅が遼西一帯の匪賊討伐を関東軍に請願して、錦州攻撃のための形式が整えられ、一月三日には第二〇師団が錦州占領を果たした。関東軍はまた一つ大きな壁を突破したのである。

板垣の上京と地方政権樹立論

錦州を掌握し、張学良勢力復権の可能性を排除したことにより、独立国家樹立の前提が整った。関東軍と陸軍中央は、歩調を一致させて施策を進めるべく合意に達する。一月五日上京した板垣が携帯した関東軍の方針は、各省より奉天に代表者を出して、溥儀を推戴させ、おおむね二月中旬、遅くとも二月下旬または三月上旬、満洲事変調査のための国際連盟派遣員（リットン調査団）が到着するまでに、奉天省、吉林省、黒龍江省、熱河省、蒙古省（興安省）を範囲とする独立国家を建設してしまうというものであった。

六日、板垣と陸軍中央の懇談後、陸、海、外相間で「支那問題処理方針要綱」が成立する。しかし、同要綱は、一気に独立国家樹立を目指すとはしなかった。前月二三日陸軍中央が策定した「時局処理要綱案」同様、まずは各省政権を統合させて統一地方政権を成立させ、逐次独立国家へ導くという方針であった。

荒木陸相は、河本大作の働きかけを受けており、考えは関東軍の方針に近かったが、同時点では陸軍内を掌握できておらず、今村や永田らの慎重論が反映された。犬養首相は、今村らとともに関東軍を抑えて地方政権の段階で止め、国民政府と交渉しようとしたのである。芳沢外相も新国家の早急な樹立を望まない方針に賛同した。

しかし、一月末には上海で日中両軍が衝突する第一次上海事変（板垣の依頼を受けた田中《たなか》隆吉《りゅうきち》上海駐在武官による謀略がきっかけとされる）が起こった。世論の高まりを受けて犬養内閣は、二個師団派遣（海軍部隊は先に派遣）へと動き、国民政府との交渉の余地を失していった。

二月初め頃、荒木の使者として奉天に派遣された田中新一《たなかしんいち》（教育総監部課員）が早期の新国家樹立宣言を促したことにより、関東軍は勢いづいた。前陸相の南が渡満して関東軍の奮起を促したことも関東軍を心強くさせていただろう。

満洲国建国宣言

奉天省山城鎮《さんじょうちん》（奉天から直線距離で東北東約一七〇キロメートル）にいた于芷山は、関東軍より硬軟両様の揺さぶりを受けており、一月ようやく奉天を訪れて帰順の意を示し、奉天省警備司令官に就任した。

吉林省では、前年一一月熙洽に対抗するため張作相の指示でハルビン近隣の賓県《ひんけん》に吉林省仮政府が成立していた。一月熙洽は于琛澂《うちんちょう》（のちの満洲国治安部大臣）を主力とする部隊で同政府を攻撃した。関東軍はその戦闘による混乱から居留民を保護するためと称して、第二師団をハルビンに派遣し、二月五日同地を占領してしまう。吉林省警備司令官には、吉興《きっこう》が就任する。

黒龍江省では、馬占山がチチハルに入らず、反吉林軍に呼応するような不穏な動きをみせつつも、日本側との連絡は維持していた。

東部内モンゴルでは、いくつかの勢力が日本側に呼応する姿勢をみせていた。ジリム盟（おおむね興安南分省となる）では、バボージャブの息子で陸士留学組のカンジュルジャブ（粛《しゅく》親王の子で川島浪速の養女の川島芳子と一時期結婚）、ジョンジュルジャブ（畑英太郎の子英一と陸士同期）らからなる「内蒙古自治軍」が挙兵しており、熱河省開魯《かいろ》方面に進出しようとしていた。フルンボイル（興安北分省となる）では、陸士に留学した郭文林《かくぶんりん》が関東軍とフルンボイル副都統貴福《きふく》の息子凌陞《リンション》を繋ぎつつ、ハイラルの部隊の基盤形成にあたっていた。ブトハ地区（おおむね興安東分省となる）でも、「蒙古自治軍」が編成された。

一方、熱河省では、関東軍より誘いを受けていた湯玉麟がなかなか独立を宣言せず、静観的態度を持続していた。

二月一六日、張景恵、馬占山、熙洽、臧式毅が奉天に集まり、建国のための会議が催された。また同日には関東軍幕僚会議で、モンゴル人提出の体裁を取る「蒙古民族の建白」（二一日提出）の骨子が作成された。

一七日に東北行政委員会が成立し、右記四名に加え、湯玉麟（湯本人は勝手に名前が使われたと声明）、凌陞、チムトシムベロが委員に名を連ねた。一八日同委員会は、国民政府からの独立を宣言する。

二二日には上京した石原と陸軍中央首脳の協議が行われたが、既成事実が固められ、もはや反対は出なかっただろう。すでに荒木・真崎により、参謀本部穏健派の建川第一部長（四日）、今村作戦課長（二〇日）、河辺虎四郎作戦班長（一七日）が立て続けに更迭され、それぞれ荒木に近い古荘《ふるしょう》幹郎《もとお》、小畑敏四郎、鈴木《すずき》率道《よりみち》が就任していた。

二四日に関東軍は、国首を「執政」、国号を「満洲国」、国旗を「新五色旗」、年号を「大《だい》同《どう》」とすることを定め、ついに三月一日満洲国建国宣言がなされるに至った。柳条湖事件から約半年、紆余曲折《うよきょくせつ》がありながら、関東軍はついに独立国家樹立へと漕ぎ着けたのである。

第4章 在満機関統一と満洲国統治——一九三二〜三五年

1. 在満機関統一問題と軍首脳人事

統治部から特務部へ

関東軍司令部内で占領地行政を担当したのは、参謀部第三課（総務課は政戦両略、第一課は作戦、第二課は情報、第四課は宣伝を担当）だったが、軍参謀だけでは政治や経済に関する知識、経験の面で限界があった。そこで、占領地業務は文官に任せたほうがいいという石原莞爾の意見により、第三課を廃止し、一九三一（昭和六）年一二月一五日、財政顧問の駒井徳三（元満鉄地方部地方課員）を部長とする、統治部が設置された。

統治部は、顧問を通じて、奉天、吉林、黒龍江の各省や東北交通委員会、自治指導部などの各機関を指導する権限を有した。部長の駒井のほか、次長は武部治右衛門《たけべじうえもん》（元満鉄地方部次長）、財務課長は五十嵐保司《いがらしやすし》（元満鉄商工課長）、産業課長は松島鑑《まつしまかん》（元満鉄農事試験場長）、交通課長は山口重次《やまぐちじゅうじ》（元満鉄社員・満洲青年連盟役員）と、満鉄出身者が要職を占めている。

しかし、陸軍中央は、統治部長を文官としたことに異議を唱えた。一九三二年一月八日には編制動員課長の東條英機らが奉天に派遣されたが、石原や片倉と意見の一致をみることはなかった。結局、二月二日、統治部は特務部に改組された。石原らの意見が通ったものの、三月に駒井が満洲国総務長官（後述）に就任し、部員の多くも満洲国官吏として転出すると、特務部長職はやはり参謀長の兼任となっていった。第三課もやがて再設置された。

第三課参謀であった岩畔豪雄《いわくろひでお》は、特務部を日本本国の企画院（一九三七年に設置された内閣直属の総合国策立案機関）になぞらえ、立案された政策を実践する各省庁にあたるのが満洲国政府、また情報を提供するのが満鉄経済調査会（特務部の補助機関）、軍参謀長が統轄し、その幕僚役を担ったのが自分たち参謀であったと回想する。こうして第三課、特務部の武官が中心となって満洲国を指導する体制が成立したのである。

在満機関統一問題と「三位一体」制

また満蒙の新情勢に合わせ、日本の在満機関の統一を図るべきとする議論が一九三一年末より政府内外で高まった。統一を図る場合、大きく分けて①新機関設置、②既存機関の長官併任という二つの方法が考えられる。

新機関に関しては、すでに総辞職直前の若槻内閣が、満鉄総裁を会長とし、関東長官、軍参謀長、奉天総領事、満鉄副総裁らを委員とする臨時満洲事務委員会に、純軍事以外の案件を調査・審議させる構想を研究していた。

一方、関東軍では、同構想に対抗して顧問の松木《まつき》俠《たもつ》が、以下を要点とする満洲都督府官制を起案した。第一に、都督府に民政庁と鉄道庁を置き、前者は関東州と満鉄附属地の民政を所管し、後者は満洲全体の鉄道を統制する（満鉄は単に営利企業となる）。第二に、都督が陸軍部隊を統率し（都督の任用資格は武官に限定されないが、候補に南次郎の名前が挙がった）、軍司令部業務の大部分は駐劄師団に移す。以上により四頭政治（関東庁・関東軍司令部・領事館・満鉄）の弊害を一挙に除こうとする画期的な内容であった。しかし、都督や総督のような名称の機関を置くことは、独立国家樹立路線と両立するものではなかった。石原も同様の理由で反対し、同案は進展をみなかった。

一九三二年五月、満洲国正式承認に消極的態度を取り続けていた犬養首相が五・一五事件（海軍青年将校らによるクーデター事件）で殺害され、斎藤実《さいとうまこと》（退役海軍大将）内閣が成立すると（二六日）、事態が動く。政党内閣には終止符が打たれ、斎藤内閣は各勢力に配慮した挙国一致内閣となった。陸相は荒木貞夫、蔵相は高橋是清（政友会）が留任し、拓相には永井《ながい》柳太郎《りゅうたろう》（民政党）が就いている。外相は当初斎藤が兼任したが、七月六日には関東軍に同調する内田康哉《うちだこうさい》が満鉄総裁から転じた。

陸軍・外務・拓務三省は、満洲国正式承認の基礎作業として四頭政治の統一に乗り出した。六月二五日には、陸軍・外務・拓務・大蔵四省次官会議で「駐満特派総監府官制案」が策定される。同案は、在満四機関のうち関東軍司令部以外を特派総監府に統合する内容であった。総監は文官の就任が可能であり、首相、外相、拓相の監督を受けるとされた。

しかし、関東軍は同案もまた満洲国の独立性を害するとして反対した。関東軍は、文治機関の設置を嫌い、各機関を改廃して軍司令部内の政治指導機関（第三課・特務部）が満洲国指導を担当し、外交に関しては軍司令官に駐満大使を併任させることを構想していた。関東軍は、自身に権限を集中させて指導にあたることが独立国家の理念を毀損《きそん》するとは夢にも思っていなかった。

特に石原は、磯谷廉介《いそがいれんすけ》（陸軍省補任課長）宛の書簡（六月二五日）で、在満機関を必要最小限度に縮小して、満鉄附属地と関東州を満洲国へ譲与すること、また、当面は関東軍司令官を最高決定者としつつ、民衆の代表機関である協和会が発展すれば、権限を移譲する方針を示した。極端から極端に振れるのが石原の特徴である。身勝手な論理であるが、石原は、「日支両民族全く同一の立場」での新国家運営こそが日中親善に功を奏し、「世界争覇戦」のために必要な華北の資源を確保できると考えていた。

結局、在満機関統一問題は、新機関設置を断念し、現行制度のまま、満鉄総裁を除いた長官併任でとりあえずの解決をみることとなる（海軍は別に満洲海軍特設機関〈のち駐満海軍部〉を設置）。

七月二二日、陸軍・外務・拓務三省次官会議は、現役陸軍大中将に関東軍司令官、駐満全権大使、関東長官を併任させる案を成立させ、二六日同案が閣議決定された。文官が関東軍司令官職に就くことができない以上、必然的に武官が三職を併任する形となったのである。

その「三位一体」を実現した最初の関東軍司令官となったのは、無口で「沈黙将軍」と呼ばれた、再任の武藤信義《むとうのぶよし》大将であった。武藤は、八月七日に特命全権大使、関東長官、八日に関東軍司令官に就任した。

武藤信義（1868～1933）
1892年陸士卒（３期）、99年陸大卒。駐露公使館附武官補佐官、参謀次長、教育総監などを歴任。1933年駐屯部隊巡察から帰還後、新京で発病し急逝。

満洲国正式承認とリットン報告書

八月二六日に奉天に着任した武藤は、三一日に板垣を上京させて満洲国正式承認の準備を進めていく。

同時期、リットン報告書の公表が目前に迫っていたが、斎藤内閣が躊躇《ちゅうちょ》することはなかった。九月一〇日の閣議決定を経て、一五日、武藤は全権大使として日満議定書に調印した。同議定書では、日本が満洲国を正式に承認したほか、満洲国が日本や日本人が有する権利を尊重し、共同防衛のため日本軍の満洲国駐屯を認めることが確認された（同時に日満守勢軍事協定を締結）。

一〇月一日にはリットン報告書が通達され、翌日公表された。満洲国の自発的独立を否定した上で、日中両国および満洲住民の代表で構成する会議で、中国主権下の東三省自治政府や日本の権益に関する条約について協議することを提案し、日中両軍の撤退（外国人教官が協力する特別憲兵隊が東三省唯一の軍隊となる）を求めるものであった。関東軍としても同自治政府や憲兵隊に顧問や教官などを通じて関与できる余地（後述の満洲国軍人脈も使えただろう）はあったが、聞き入れることはなかった。武藤は、満洲国は住民の意思に基づいて独立し、日本が承認したものであり、変更を加えることは不可能であると声明を発表した。日本と国際連盟、中国の対立は、一段と深まったのである。

軍首脳人事

ここで、以降の関東軍首脳人事についてみておくと、軍司令官には、武藤を含めて六人が就任している。就任時の列次は、後述のように、二・二六事件を受けて急遽就任することとなった植田と、ノモンハン事件後の統制を期待されて中将で就任した梅津を例外とすれば、大将上位であり、満洲事変以前に比べて地位が向上していることがわかる。陸軍三長官経験

表4

軍司令官（1932年以降）

	階級（列次）	任期	陸士	出身	主な前職	主な後職	備考
武藤信義	大将（5）	1932. 8 ～ 1933. 7	3	佐賀	教育総監	—	再任
菱刈隆	大将（4）	1933. 7 ～ 1934. 12	5	鹿児島	台湾軍司令官	軍事参議官	再任
南次郎	大将（3）	1934. 12 ～ 1936. 3	6	大分	陸軍大臣	朝鮮総督	
植田謙吉	大将（11）	1936. 3 ～ 1939. 9	10	大阪	朝鮮軍司令官	参謀本部附	
梅津美治郎	中将（2）	1939. 9 ～ 1944. 7	15	大分	第1軍司令官	参謀総長	
山田乙三	大将（9）	1944. 7 ～ 1945. 8	14	長野	中支那派遣軍司令官	—	

参謀長（1932年以降）

	階級（列次）	任期	陸士	出身	主な前職	主な後職	備考
橋本虎之助	少将（47）	1932. 4 ～ 1932. 8	14	愛知	参謀本部第2部長	参謀本部総務部長 陸軍次官	ロシア通
小磯国昭	中将（35）	1932. 8 ～ 1934. 3	12	山形	陸軍省軍務局長 陸軍次官	朝鮮軍司令官 首相	支那通
西尾寿造	中将（42）	1934. 4 ～ 1936. 3	14	鳥取	参謀本部第4部長	参謀次長 教育総監	
板垣征四郎	少将（6）	1936. 3 ～ 1937. 3	16	岩手	関東軍参謀 関東軍参謀副長	陸相 朝鮮軍司令官	支那通
東條英機	中将（58）	1937. 3 ～ 1938. 5	17	岩手	参謀本部動員課長 関東憲兵隊司令官	陸相 首相	
磯谷廉介	中将（37）	1938. 6 ～ 1939. 9	16	兵庫	陸軍省軍務局長 第10師団長	参謀本部附	支那通
飯村穣	中将（?）	1939. 9 ～ 1940. 10	21	茨城	ポグラニチナヤ駐在参謀本部 欧米課長	第5軍司令官 第2方面軍司令官	
木村兵太郎	中将（58）	1940. 10 ～ 1941. 4	20	埼玉	陸軍省兵器局長 第32師団長	陸軍次官 ビルマ方面軍司令官	
吉本貞一	中将（47）	1941. 4 ～ 1942. 8	20	徳島	参謀本部庶務課長 第2師団長	第1軍司令官 第11方面軍司令官	
笠原幸雄	中将（?）	1942. 8 ～ 1945. 4	22	東京	参謀本部 ロシア課長 同総務部長	第11軍司令官	ロシア通
秦彦三郎	中将（?）	1945. 4 ～ 1945. 8	24	三重	関東軍参謀副長 参謀次長	—	ロシア通

参謀副長（1932年以降）

	階級（列次）	任期	陸士	出身	主な前職	主な後職	備考
岡村寧次	少将（115*）	1932. 8〜1934. 12	16	東京	陸軍省補任課長 上海派遣軍参謀副長	参謀本部第２部長 支那派遣軍総司令官	支那通
板垣征四郎	少将（43）	1934. 12〜1936. 3	16	岩手	関東軍参謀 軍政部最高顧問	陸相 朝鮮軍司令官	支那通
今村均	少将（96）	1936. 3〜1937. 8	19	宮城	陸軍省徴募課長 参謀本部作戦課長	陸軍省兵務局長 教育総監部本部長	
笠原幸雄	少将（？）	1937. 8〜1937. 9	22	東京	ソ連大使館附武官 参謀本部ロシア課長	参謀本部総務部長 関東軍参謀長	ロシア通
石原莞爾	少将（？）	1937. 9〜1938. 12	21	山形	関東軍参謀 参謀本部第１部長	舞鶴要塞司令官 第16師団長	
矢野音三郎	少将（？）	1938. 12〜1939. 9	22	山口	関東軍司令部附 支那駐屯軍参謀副長	北支那憲兵隊司令官 第26師団長	
遠藤三郎	少将（？）	1939. 9〜1940. 3	26	山形	関東軍参謀 参謀本部演習課長	第３飛行団長 航空本部総務部長	
秦彦三郎	少将（？）	1940. 3〜1941. 5	24	三重	ソ連大使館附武官 ハルビン特務機関長	参謀次長 関東軍総参謀長	ロシア通
吉岡安直	少将（？）	1941. 5〜1941. 7	25	佐賀	関東軍参謀 関東軍司令部附	関東軍司令部附	
綾部橘樹	少将（？）	1941. 7〜1942. 7	27	大分	関東軍参謀 参謀本部第４部長	第１方面軍参謀長 参謀本部第１部長	
秦彦三郎	少将（？）	1941. 7〜1942. 7	24	三重	ソ連大使館附武官 ハルビン特務機関長	参謀次長 関東軍総参謀長	ロシア通
池田純久	少将（？）	1942. 7〜1943. 7	28	大分	企画院調査官 関東軍参謀	内閣総合計画局長官	
田村義富	少将（？）	1943. 8〜1944. 9	31	山梨	陸軍省軍務局課員 関東軍参謀	大本営参謀 第31軍参謀長	
松村知勝	少将（？）	1945. 3〜1945. 8	33	福井	参謀本部ロシア課長 関東軍参謀	―	ロシア通
四手井綱正	中将（？）	1945. 7〜1945. 8	27	京都	第94師団長 ビルマ方面軍参謀長	―	

＊1932年９月時点

者が軍司令官となるのも以前にみられない傾向であった。

参謀長には一一人が就任している。まだ参謀副長が置かれていない時期の橋本、抜擢を受けた板垣を除けば、中将中位のポストであった。省部の主要な部課長職を務めた者が就任し、その後に首相（小磯国昭・東條英機）や陸相（板垣征四郎・東條）となるなど、華々しい経歴を歩む者が多く含まれている。

また新設された参謀副長には、のべ一五人が就任している。同職は、少将下位のポストであったと推定され、参謀長同様、支那通やロシア通が就いているほか、石原莞爾あたりまでは、省部の主要な部課長職を経て就任している。参謀長とは違い、関東軍参謀や軍司令部附を務めた者が多くを占めており、関東軍生え抜きの牙城《がじょう》といった趣を有していた。

中央統制の強化

荒木陸相は、宇垣系を転出させて自身に近い人材の要職起用を進めた。一九三二年八月に関東軍司令官の本庄繁が軍事参議官へと転じて武藤が就任し、一九三三年七月に菱刈隆が引き継いだのもその文脈で理解される。宇垣系の南次郎は武藤の後任となることを望んだが、叶《かな》わなかった。

また荒木は一九三二年八月の異動で、関東軍から満洲事変を主導した石原ら「建国派」の転出を図った。石原は陸大教官兼参謀本部附となり、一〇月にはリットン報告書を審議するジュネーブでの国際連盟総会に日本代表松岡《まつおか》洋右《ようすけ》の随員として派遣された。花谷は済南駐在、片倉は第一二師団（久留米《くるめ》）参謀となっている。ただし、板垣は軍司令部附の溥儀顧問・奉天特務機関長となり、依然として満洲に残った。

小磯国昭（1880～1950）
1900年陸士卒（12期）、10年陸大卒。39年に拓相、44年に首相となった。48年A級戦犯として終身禁固の判決を受け、50年巣鴨刑務所で病死。

新参謀長には陸軍次官であった小磯国昭、参謀副長には陸軍省補任課長を務めた岡村寧次が就任した。小磯は宇垣系とみられていたが、荒木陸相の下で次官に就任しており、単なる宇垣系あるいは荒木系ではないとして、政治的手腕の高さが評価されていた。いずれにしても陸軍省要職からの異動であり、関東軍に対する中央の人的統制が意図されたとみられる。しかし、謀略に慣れ親しむ支那通である小磯は、関東軍の利害で動き、その目論見は外れることとなる。

日系官吏の入れ替え

岡村寧次参謀副長によれば、参謀副長は主に作戦・治安・情報など純軍事分野に従事した一方、参謀長は政治・経済・文化等の重要事項にあたった。小磯参謀長の献策を受けて、武藤軍司令官は満洲国指導方針として、①治安の回復維持、②交通通信の整備、③産業開発を定めた。

ただし、関東軍の政治的基盤は、必ずしも盤石なものではなかった。関東軍は当初、特務部員や満洲国日系官吏の供給源として、満鉄や満洲青年連盟（在満青年による啓蒙《けいもう》団体）、大雄峰会（満鉄若手社員の会）などに頼った。しかし、彼らは実務経験や能力に欠ける「大言壮語」型が多く、専門官僚の反発を招いて行政に混乱を生じさせたため、関東軍は対処を迫られることとなった。

本庄軍司令官の代にすでに大蔵官僚の派遣が始まっており、武藤信義の代になると、日本の各省庁から派遣された専門官僚によって日系官吏の入れ替えが進んだ。派遣される官僚の人選は、主に陸軍次官があたり、各省庁も対満蒙政策を積極化させていった。こうして本庄の代にみられた、財閥の参入排除といったような観念的で理念的な満洲国統治方針は、より現実的なものへと修正されていった。

満洲国軍と軍事顧問・日系軍官

また満洲国では、国軍の整備も進んだ。一九三二年四月には「陸海軍条例」が制定され、執政（のち皇帝）が陸海軍を統率することが定められた。満洲国軍は、国家の正規軍であったが、日本政府の閣議決定（三月）を受けて、関東軍は当初、国内治安維持のための警察的部隊とする方針を採った。

満洲国軍は、日露戦争で日本に協力した経緯を有する張海鵬や于芷山ら旧東北軍の兵力が中心となり、馬賊出身の古参軍人のほか、日本陸士留学組などが参加して軍官（将校）や兵士となった。

満洲国の民族別人口構成（一九三五年末現在）は、漢人（大部分は山東や河北から移住）は約七八％、満洲人（清朝を建てた民族だが、漢化して一体性は失われていた）は約一七％、モンゴル人（多くは漢化して農業や牧畜を営んだ）、朝鮮人（教育に関心が強く、稲作技術に優れていた）はそれぞれ約二％、日本人は約〇・三％となっていた。興安地区では、漢人・満洲人とモンゴル人の比率はおおむね七対五であった。

満洲国軍も多くを満系（漢人、満洲人）が占める多民族混成となったが、実権を握ったのは日本人（朝鮮人は満系に準じた）であった。関東軍司令部附の軍事顧問が軍政部（満洲国の軍事を所管する中央官庁）や各部隊に派遣され、平戦両時を通じて指導する体制が採られた。満洲国以前の東三省軍事顧問が奉天省二人、吉林省一人、黒龍江省二人と、多くとも五人程度であったことと比べると、満洲国軍事顧問は、最大で五〇人ほどとなり、大幅な増員が図られている。

軍事顧問を担ったのは陸軍支那通であり、陸大出の天保銭組のほか、主計（経理担当）将校や語学将校（東京外国語学校などで中国語やモンゴル語の研修を積んだ者）、張作霖爆殺事件や満洲事変で「功績」を挙げた者など多くの無天組（天保銭組ではない者）が含まれた。

軍の外部から軍事顧問やそれに準じる軍事教官（予備役将校が就任）が統制した一方で、内部では日系軍官が統制にあたった。日系軍官としては、陸士出身の予備役将校が高級軍官となったほか、一年志願兵・幹部候補生出身者などが採用されて奉天の中央陸軍訓練処（中訓）で訓練を受け、下級軍官として任官し、部隊附の指導官的役割を担った。日本軍で少尉だった者が満洲国軍では中尉として任官するなど、日本軍の階級より上級での任官が一般的であり、関東軍が満洲国軍を日本軍より一段低く見ていたことがわかる。

それでも関東軍にとって満洲国軍は、兵員を部隊にとどめて抗日ゲリラに流れるのを防ぐほか、日満議定書に基づき、日満共同出兵という名目で関東軍の行動を正当化できる点で存置しておく意味があったのである。

2．熱河・長城作戦

熱河省編入工作

一九三二年七月、関東軍は満洲国の一部と見なしていた熱河省を編入すべく動き始めた。関東軍は一個師団と騎兵一旅団の増派を要請したが、参謀本部は直ちに武力解決を行うことは認めなかった。

そこで小磯参謀長は一〇月「熱河経略平定案」を策定し、程国瑞《ていこくずい》（張宗昌の配下）による熱河省平定や省長湯玉麟の秘書謝呂生《しゃりょせい》を通じた帰順工作を企図する。合わせて長城線を越えて、関内へ進出させることも構想していたとみられる。参謀本部はそのような謀略に同意しなかったが、小磯は工作を続けた。

遠藤三郎（1893〜1984）
1914年陸士卒（26期）、22年陸大卒。メス防空学校、仏陸大でも学んだ。参謀本部演習課長、航空本部総務部長などを歴任。戦犯として巣鴨に拘置されるも不起訴。

　対熱河方針に関しては、関東軍内でも見解が分かれ、第二課（情報）が謀略に積極的だった一方、第一課（作戦）主任の遠藤三郎《えんどうさぶろう》は、軍による純粋な作戦を主張した。

　一九三三年一月一日、支那駐屯軍守備隊によるとみられる謀略で、山海関の日本軍守備隊と中国軍兵士の衝突事件が起きた。関東軍は第八師団から応援部隊を派遣して、山海関市街を占領し、熱河作戦の準備を加速させた。遠藤が上京すると、一四日、真崎参謀次長は、天皇が熱河作戦の成功を願っていることを伝え、一七日、荒木陸相も状況によって関内へ進出することをも容認した。陸軍中央は、熱河作戦実施を支持するようになったのである。

対日勧告案と熱河作戦

国際連盟ではリットン報告書を受けて、連盟規約第一五条第四項を適用し、対日勧告案を作成するか否かが焦点となっていた。同項適用と対日勧告案の起草が決まると、二二日、陸軍は連盟脱退も辞さないと表明した。しかし、斎藤内閣は、いまだ連盟脱退の決心がつかず、二月一日の閣議では、勧告案の内容によって態度を決すると定められた。

天皇は一月中には熱河進出への憂慮をみせていたが、二月四日、閑院宮参謀総長に対して、内閣の方針を確かめないまま、長城線を越えないという条件で熱河作戦を許可してしまう。

しかし、八日、斎藤首相が連盟との関係上、熱河作戦は不可と上奏したため、天皇はやはり作戦許可の取り消しを考えた。斎藤が陸軍を止めようとしても、陸軍は天皇から許可を受けたことを楯《たて》に中止に応じない。閣内も陸軍の主張を是とする者が多かったとみられる。一一日、斎藤の再度の訴えを受けて、天皇は大権を発動して中止を命じようとするが、奈良武次《ならたけじ》侍従武官長（皇太子時代以来の武官長）から内閣が本当に作戦を中止したければ、閣議決定をすればよいのであって、陛下が先んじて中止を命じれば倒閣を引き起こすことになると諫《いさ》められた。

結局、天皇は一二日、参謀本部に対して長城線を越えた場合には作戦中止を命ずると念を押すことしかできなかった。陸軍を抑えるために御前会議を開くという天皇自身や牧野伸顕内大臣らの案もあったが、天皇親政強化路線を嫌う元老西園寺公望の反対があり、実現しなかった。天皇の「意思」の発露は、天皇と側近の関係はもちろん、側近同士の力関係にも影響を受けたのである。

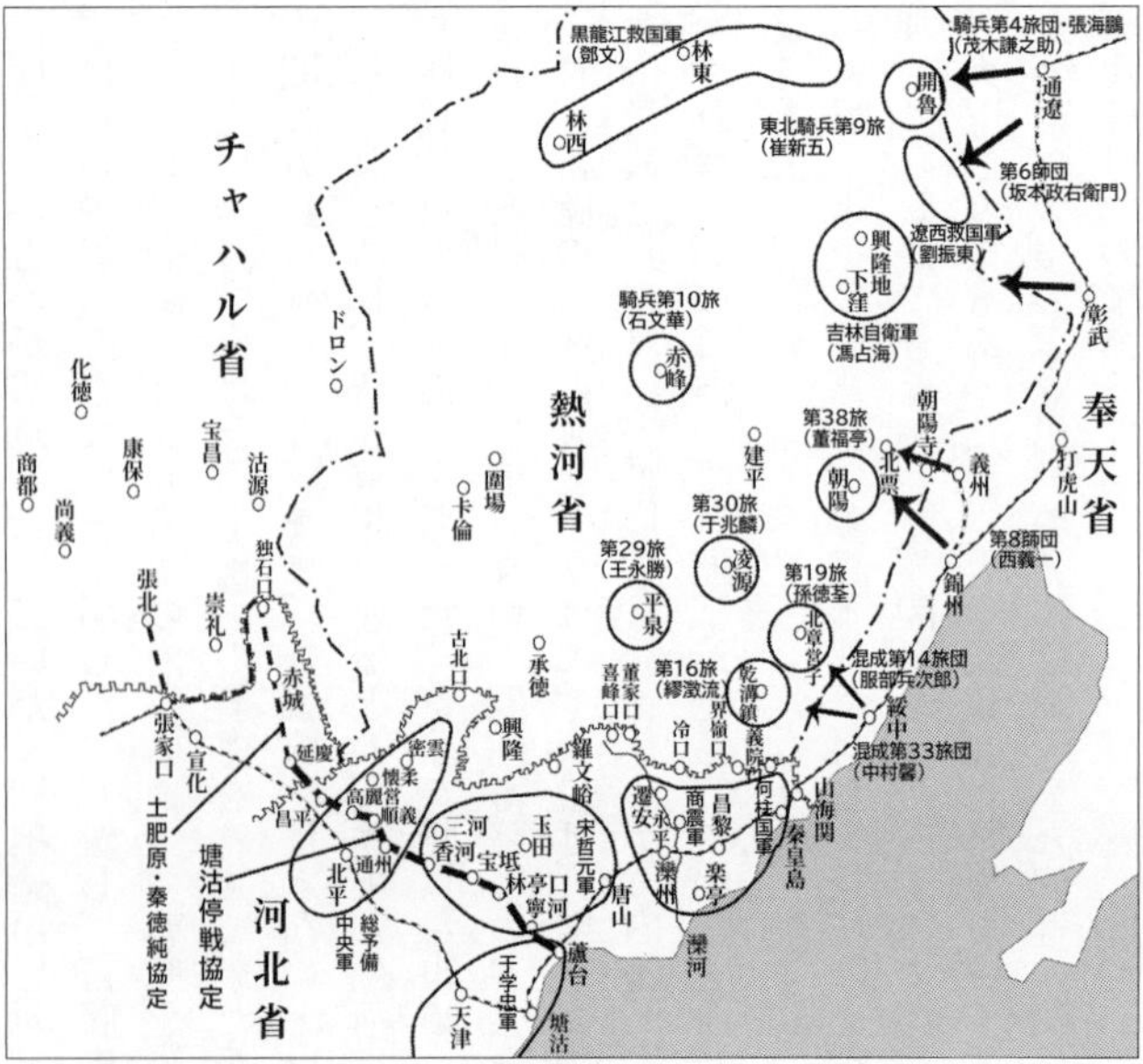

熱河作戦

熱河作戦は既定方針となり、斎藤内閣は一三日、長城線を越えない範囲での作戦実施を閣議決定した。そして対日勧告案の内容（リットン報告書をもとにした日本軍の満鉄附属地外からの撤退勧告）が明らかになると、閣内は強硬論が優勢となり、二〇日には、連盟総会で勧告案が採択された場合、連盟を脱退する方針が定められた。

真崎参謀次長は、奈良から長城線を越えないようにとの天皇の意向を伝えられた際、決して聖旨に背かないと言明し、自ら出張して関東軍と協議したいと答えた。そのため真崎は一七日に作戦発令の延期を関東軍に指示したが、関東軍では、天皇や荒木の支持を確信する遠藤が主導し、作戦を発動させてしまう。

関東軍は、連盟総会前日の二三日、熱河省への侵攻を開始した。天津特務機関長となった板垣は、華北親日政権を樹立して南方との緩衝地帯とすることを構想しており、熱河作戦に呼応する華北謀略工作にあたっていった。

二四日、日本の立場が決定的に悪化したなか、連盟総会で勧告案が賛成多数で採択される。二五日、斎藤内閣は連盟脱退手続きの協議を進めた（三月二七日に脱退通告）。総会で反対票を投じて退場した日本主席全権の松岡洋右は、四月に帰国すると、歓喜をもって国民に迎えられることとなる。

承徳占領

熱河省で迎え撃つ国民政府軍は、湯玉麟（華北第五軍団）が赤峰《せきほう》―建平《けんぺい》―朝陽線を、万福麟（華北第四軍団）が北票《ほくひょう》―朝陽―凌源《りょうげん》―平泉《へいせん》線を、孫殿英《そんてんえい》（華北第九軍団）や馮占海《ふうせんかい》、鄧《とう》文《ぶん》、劉振東《りゅうしんとう》などの義勇軍が開魯《かいろ》―林東《りんとう》線の防衛を担当した。

関東軍は、第六、第八、第一〇、第一四師団、混成第一四旅団（第七師団）、騎兵第一、第四旅団、独立守備隊、飛行部隊を有していた。そのうち、第六、第八師団が中心となり、南北二方面から熱河省に侵攻していった。また日満共同出兵の建前から、満洲国軍の張海鵬部隊が第六師団に随行した。そのほか、劉桂堂《りゅうけいどう》（元韓復榘《かんふくく》配下）、程国瑞、丁強《ていきょう》（本名李際《りさい》春《しゅん》、元張宗昌配下で李香蘭《りこうらん》〈山口淑子〉の養父）ら山東系勢力（川島芳子も元張宗昌配下の方永《ほうえい》勝《しょう》とともに参加したとされる）が動員されて、それぞれ北、中央、南正面に配置されており、当初から関内まで進出させることが企図されていたと考えられる。

なお、熱河省はアヘンの産地として有名であった。第二課はケシ（アヘンの原料）栽培に損害を与えないよう前線部隊にケシの生態についての情報を伝えており、関東軍が主要な財源となるアヘンをいかに重要視していたのかがわかる。ケシの播種《はしゅ》は四月初旬であり、それまでに熱河作戦を完了させたいと考えたことであろう。

騎兵第四旅団は二三日、通遼《つうりょう》付近から進軍し、開魯を守備していた崔新五《さいしんご》第九旅の団長李守信《りしゅしん》を投降させるなどして、三月二日赤峰を確保した。また第六師団も同日、赤峰に入城した。そして騎兵第四旅団と協力しつつ、西進し、九日には卡倫《そうりん》付近の孫殿英軍を敗走させた。

張海鵬部隊は遅れて七日、赤峰に入っている。進出の遅さが批判されたが、第六師団によって補給用の自動車を強引に押収されたことが影響していた。関東軍の満洲国軍蔑視はひどく、「日満協和」とは言い難い状況にあった。

一方、第八師団は、すでに二一日、機先を制して北票を占領しており、三月二日には凌源を占領した。また混成第一四旅団も同日、凌源に入った。西進を続けた第八師団は四日、省都承徳を陥落させ、七日には張海鵬の熱河省長任命が決まった。

北平にいた張学良は、承徳陥落直前、指揮を執らせるため張作相を同地に派遣したが、兵力が集中する前に関東軍の攻撃を受け、張作相は北平に撤退した。湯玉麟は、古北口を守ることなく、一部の部隊を引き連れ、沽源《こげん》まで撤退してしまう。三月一一日張学良は、東北四省すべてを失った責任を取って、軍事委員会北平分会長を辞職し、何応欽《かおうきん》が同職を代理することとなった。

こうして関東軍は熱河省を手中に入れたが、さらに進軍を続け、長城線へと迫っていった。

長城作戦と灤東前進

関東軍は、三月一五日までに主要な関門を押さえたものの、本来、長城線は北向きの防御線であり、補給の困難さもあって、関内からの中国軍の反撃に苦戦を強いられた。なかでも喜峰口《きほうこう》の戦闘で活躍し、名声を高めたのが、宋哲元《そうてつげん》（元馮玉祥の配下）であった。

そこで関東軍は、関内に一時進出し、長城線を完全に確保することを決意した。ただし、天皇や参謀本部の意向から増兵は望めない状況であり、当初は、さほど深入りしない方針であった。しかし、北平で張敬尭《ちょうけいぎょう》（元湖南督軍兼省長で、張宗昌の配下）を擁立するクーデター（四月二一日を予定）を企てる板垣ら天津特務機関の要請を受けて、その支援のため、灤《らん》東《とう》（灤河東岸）に部隊をとどまらせることを決意した。四月一七日までに前線部隊は、軍司令部の設定した進出線を越えて、遷安《せんあん》、永平《えいへい》、昌黎《しょうれい》にまで至った。

一八日、小磯参謀長は天津特務機関の要請に応え、さらに古北口方面での陽動攻撃を命じた。しかし同夜、小磯は突然、参謀の遠藤に各部隊の長城線帰還命令を起案させ、翌一九日武藤軍司令官の決裁を経て発令した。この方針転換は、天皇が本庄繁侍従武官長（同月就任）に対して、関東軍の灤東前進を中止する命令を下してはどうかと下問したことに起因していた。天皇は本庄に対しては、前任の奈良武次より強くものが言えただろうし、満洲事変の経緯を知って本庄の就任にはそもそも不満があった。そのため余計に語気も強くなったのだろう。本庄から話を聞いて恐懼《きょうく》した真崎参謀次長は、小磯に撤退しなければ、奉勅命令が下ることになると電報した。関東軍としては、行動の余地を残すため、奉勅命令に先んじて撤退したと考えられる。

灤東の各部隊は二一日より長城線へ帰還した。ただし、帰還命令には、第八師団の脅威的態勢保持が併記されており、同師団による南天門（古北口の南約四キロメートル）への陽動攻撃だけは続けた。それでも北平でのクーデターは、起こることはなく、徒労に終わった。こうして関東軍は、いったん関内進出を抑え込まれたのである。

停戦の模索と関内再進出

日中両軍の戦闘が停戦に至る過程は、①上海での交渉（三月中旬以降）、②関東軍の関内再進出と黄郛《こうふ》の北平出馬（五月三日以降）、③正式な停戦交渉（五月二五日以降）の三段階に区分される。

三月中旬より上海で根本博（公使館附武官補佐官）らと陳儀《ちんぎ》（軍政部政務次長）らの間で停戦への模索が開始され、根本は文書や公開談判による停戦ではなく、黙契による相互撤退を打診した。しかし、国民政府側が英米に停戦仲介依頼を試みているうちに、日本側の方針は五月初め頃になり、対等な黙契停戦から威嚇停戦（中国軍の片務的撤退）へと転換していった。そして威嚇停戦のために関東軍の関内再進出論が浮上したのである。

威嚇停戦論の急先鋒は、北平駐在の永津佐比重《ながつさひしげ》（公使館附武官補佐官）であり、密雲《みつうん》まで進出した上で交渉に臨むことを主張し、軍事委員会北平分会と協議を始めた。関東軍（特に第一課）も関内再進出へ動き始め、小磯が上京し、陸軍中央への説明にあたった。真崎参謀次長は天皇の意を体して、部隊をすぐに長城線外に撤退させるよう主張した。しかし、小磯は戦術上、中国軍に一度徹底的な打撃を与えることが必要と判断していた。そこで小磯は、攻撃された場合は反撃していいという言質を真崎から得たことを利用し（陸軍の教範でも防御戦闘時の臨機的な逆襲、攻勢移転が認められていた）、遠藤が起案した作戦命令案に自身の意見を加えて武藤の決裁を得、五月三日、関内作戦を発令した。

国民政府は、隙に乗じて反撃を強める中国共産党との内戦を優先することとし、対日妥協へと転じた。指導部の期待を一身に受けた黄郛（日本留学経験があった）は、永津が言及していた黙契停戦の可能性に賭《か》けた。同日、黄郛は華北各省政府主席などからなる行政院駐平政務整理委員会（政整会）の委員長に就任（一七日北平着任）し、交渉に臨むが、日本側に裏をかかれることとなる。

参謀本部は関東軍に追随し、六日「北支方面応急処理方案」を策定した。同案は、関東軍の関内再進出を黙認して、呼応する謀略の実行も支持し、中国軍が宣化《せんか》—順義《じゅんぎ》—三河《さんが》—玉田《ぎょくでん》—灤州—楽亭《らくてい》の線以南・以西に自発的に撤退して、排日活動取締りが保証されれば、停戦に応じるという内容であった。

関東軍は七日、作戦行動を開始した。同日、張敬尭が暗殺され、謀略面では痛手を負った。天皇は一〇日、関内再進出に憤慨したが、始まった作戦は仕方ないとして、追認するに至った。一度は関東軍を抑え込んだ天皇であったが、今度は作戦中止まで求めなかったのである。

前線部隊は一一日から一二日にかけて灤河を渡り、一七日には玉田を占領した。さらに参謀本部が定めた前記の停戦想定ラインを越え、薊《けい》運河の線（蘆台《ろだい》—三河）まで進軍した。古北口方面でも一九日に密雲、二三日に懐柔《かいじゅう》まで進出している。

関東軍は一五日、軍司令官声明を発して、中国軍を長城線から遠ざけたことに満足し、撤退する意思があることを示した。一七日には停戦交渉に臨むべく立案を開始する。二二日には交渉要領に関して参謀本部の承認を得、永津に中国側から正式に停戦を申し込ませるよう指示した。参謀本部や外務省は、黄郛を交渉相手の主軸とするよう主張した。関東軍は当初、それに反対していたが、二五日賛成へと転じ、黄郛周辺（劉桂堂らの合流も考慮）に親日的華北政権の役割を期待するようになった。

塘沽停戦協定

二三日、永津、中山詳一《なかやましょういち》（公使館書記官）、藤原喜代間《ふじわらきよま》（公使館附海軍武官補佐官）と黄郛の間で停戦に向けて合意がなされた。二五日、何応欽（軍事委員会北平分会長）代理の徐燕《じょえん》謀《ぼう》（同分会参謀）らは、北平から密雲まで永津、藤原と同道し、西義一《にしよしかず》第八師団長に対して正式に停戦を申し入れた。中国側は、黙契ではなく、成文協定の容認を余儀なくされた。

三〇、三一日には塘沽《タンクー》で停戦の本交渉が行われた。日本側の代表は岡村参謀副長、随員として永津（三〇日より関東軍参謀を兼任）、遠藤ら、オブザーバーとして中山、藤原らが参加した。中国側の代表は、熊斌《ゆうひん》（軍事委員会北平分会総参議）、随員は銭宗鐸《せんそうたく》（同参議）、李択一《りたくいつ》（黄郛秘書）らである。

合意に達した停戦協定の内容は、①中国軍は延慶—順義—寧河—蘆台の線以南および以西に撤退し、以後同線を越えて前進せず、一切の挑戦攪乱《かくらん》行為を行わない、②日本軍は、中国軍の撤退線遵守を飛行機などで確認できれば追撃せず、「概《おおむ》ね長城の線に帰還」する、③長城線から撤退線までの非武装地帯（戦区）の治安維持は、中国側警察機関（日本軍の感情を刺激する武力団体は使用しない）が担当する、という日本軍の戦区残留の余地を残すものであった。

そのほか日本側は、中国側に満洲国を承認させることを目論み、満華両地域の交流修復など政治的協定に関する口約を黄郛から取り付けた。六月以降、小磯、岡村らは引き続き、黄郛との善後交渉（列車運行や郵便などについての取り決め）へ臨むこととなる。

こうして一九三一年九月の柳条湖事件に始まる軍事行動に、一応の区切りがつけられた。しかし、中国側にとっては、満洲国は認められないものであり、日本側でも、対中強硬派が戦区を単に満洲国保護のための緩衝地帯と見なした岡村の思惑を越え、華北、内モンゴル進出のための足掛かりとして利用し、手を緩めることはなかった。永田鉄山（参謀本部第二部長）は、総力戦・国家総動員の観点から華北・華中を含む資源自給圏形成（軍事的強制も想定）を構想していたとみられ、関東軍や陸軍中央で要職に就く武藤章、東條英機、田中新一らへ影響を与えた。

戦区の治安維持を担う保安隊は、関東軍に従った李際春軍を改編した部隊や、于学忠《うがくちゅう》（河北省政府主席）直系の張硯田《ちょうげんでん》、張慶余《ちょうけいよ》などの部隊から編成された。日本の影響力が残る前者の部隊は、楽亭や昌黎などに配置され、日本製品の密輸の便宜を図るために使われた。また日本側は挑戦攪乱行為の不可規定を戦区のみならず、華北すべての抗日運動を禁止するものと拡大解釈していった。日中間は停戦後も決して安定したとは言えなかったのである。

3.「二位一体」制と建国派の復帰

反満抗日運動と独立守備隊増設

関東軍は、塘沽停戦協定後、反満抗日軍の封じ込め作戦に注力していった。満洲国内では旧東北軍や民間自衛集団、中国共産党指導下のパルチザン部隊など、さまざまな勢力からなる反満抗日軍が累増しており、治安悪化によって鉄道の運行が支障を来し、税金の送金が滞っていた。

一九三三年六月、武藤軍司令官は反満抗日軍対策のため、兵力を要所に集中させる重点主義的態勢から小部隊単位の分散配置態勢へと移行させた。七月には菱刈軍司令官が同方針を引き継ぎ、独立守備隊の増設を図った。一〇月までに、従来の独立守備隊を第一独立守備隊（司令部は奉天）と改称し、第二独立守備隊（吉林）、第三独立守備隊（チチハル）が編成された。

分散配置は功を奏し、反満抗日軍勢力は、一九三三年六月時点の一〇万五〇〇〇人から一九三四年三月時点では一万八四〇〇人にまで減少している。一九三四年四月には一度、分散配置を撤収させるが、勢力を伸長させた共産党パルチザン部隊が果敢にゲリラ戦を展開するようになり、局地的な分散配置態勢が取られた。独立守備隊はさらに増設され、同年一二月には第四独立守備隊（牡丹江《ぼたんこう》）、一九三六年四月には第五独立守備隊（ハルビン）が編成された。中国人蔑視のもとで治安戦は住民全体を敵とした殺戮《さつりく》に発展しがちであった。

なお、独立守備隊除隊兵の就職は、満鉄や警察、企業など引く手あまたであった。独立守備隊の兵員は、主に第一（東京・埼玉・山梨・千葉）、第二（宮城・福島・新潟）、第三（愛知・岐阜・静岡）、第八（青森・岩手・秋田・山形）師管から集められており、農村出身者も少なくなかった。在満部隊の除隊兵は、百万戸の送出が計画された満洲移民政策のなかで、基幹移民（先行して入植し、本隊到着後は模範となる）として重要な役割を担うようになっていった。

満鉄改組問題

また武藤から菱刈の代にかけて取り組まれたのが、満洲国の経済財政基盤確立のための満鉄改組、治安体制確立のための関東庁解体という課題であった。軍司令官は三位一体を実現していたが、関東長官としての業務は拓相（政党が掌握）の監督を受け、満鉄の監督権についても拓相が依然として握っていた。また警察行政に関しては、領事館警察と関東庁警察の並立が治安体制整備の遅れの原因となっていた。これらの課題をめぐって、関東軍・陸軍省と拓務省の間で対立が先鋭化していく。

最初に焦点となったのは、満鉄改組問題である。第三課参謀の沼田多稼蔵《ぬまたたかぞう》（特務部総務課長を兼任）や岩畔豪雄らが立案を主導したとみられ、特務部案として、一九三三年四月「満洲産業開発方針要綱案」、五月「満鉄改造拡充実施要綱案」が作成された。それらは、リットン報告書でも提議されていた治外法権撤廃や満鉄附属地行政権の返還を含み（ただし関東州の譲与は盛り込まれていない）、満鉄本体の持株会社化と事業別の子会社化を方針としていた。陸軍省は五月、特務部案中の満鉄改組部分を受け容れ、「満洲産業開発方針要綱」を策定した。

八月には関東軍と満鉄幹部の懇談会が開かれ、協議が続いたが、一〇月、沼田が新聞記者に情報を漏らしたことから満鉄改組問題が明るみに出る。すると満鉄社員会や財界から改組反対の声が上がり、関東軍への風当たりが強くなった。拓務省は監督官庁として懸念を表明し、関東庁も満鉄に肩入れした。陸軍内でも荒木陸相や柳川平助《やながわへいすけ》（陸軍次官）、小畑敏四郎（前参謀本部第三部長で近衛歩兵第一旅団長に転じた）らが改組に反対した。

それでも関東軍は、一二月、従来案の延長線上にある「満洲産業開発要綱」を現地案として陸軍省に上申する。同案は一九三四年一月、内閣の対満蒙実効策案審議会で審議されたが、結局、拓務省の強い反対を受け、満鉄改組構想は一度頓挫《とんざ》を余儀なくされた。

「二位一体」制と対満事務局

参謀本部内では、対満蒙政策に関して陸軍が主導権を握る研究のため、満蒙問題研究会が作られた。参謀本部附の板垣征四郎が会長、部員（第二部）の片倉衷が幹事となり、満鉄改組問題の折衝にあたった陸軍省満洲班の平井豊一《ひらいとよいち》らが参加した。一九三四年四月から五月にかけて同会でまとめられた構想が、拓務省や関東庁の権限を奪う内閣直属の対満事務局の設置と、軍司令官・駐満大使の「二位一体」制であり、やがて陸軍省案としてまとまっていった。

七月に岡田啓介《おかだけいすけ》内閣が成立すると、陸軍に好機が訪れた。岡田首相は組閣にあたり、専任拓相を置かないという林銑十郎《はやしせんじゅうろう》陸相（同年一月就任）の留任条件を承諾し、自ら拓相を兼任したのである。関東軍も「二位一体」制の導入を上申し、前記の陸軍省案が政治日程に上っていった。

陸軍・外務・拓務三省間での折衝は難航したが、九月七日に上京した西尾寿造《にしおとしぞう》関東軍参謀長が陸軍省案を支持し、現地の治安状況に鑑みて「陸軍が主体となってやって行かねばならない」（『東京朝日新聞』同月八日）と表明して以降、合意が進んだ。駐満大使を首相監督下に移すことは認められなかったものの、一四日にはおおむね陸軍の主張が受け容れられた改革案が閣議決定された。

関東庁職員・警察官が改革反対の声を上げ、事態は一時紛糾したが、その後、沈静化し、一二月、改革が実行に移された。関東庁を縮小して駐満大使館内に関東局が設置され、駐満大使が関東州、満鉄、同附属地を管轄することとなった。同時に、内閣には対満事務局が設置され、関東局や満鉄に関する事務を職掌した。

対満事務局、関東局の官制立案に際しては、関東軍が主導権を握った。陸相の対満事務局総裁兼任、関東憲兵隊司令官の関東局警務部長兼任が実現し、また武官（特に関東軍関係者）が現役のまま文官職（事務官）に就任・兼任する道が開かれた。一九三五年から三七年にかけて対満事務局事務官には、関東軍参謀であった岩畔豪雄、片倉衷、石本寅三《いしもととらぞう》が就任していく。こうして関東庁解体を実現させつつ、満鉄改組のための準備が進んだのである。

南次郎の軍司令官就任と建国派の復帰

一九三四年一二月、「三位一体」制への移行とほぼ同時に、軍司令官は南次郎に代わった。林の陸相就任の頃から、荒木・真崎・小畑ら皇道派（国家改造の断行を迫る青年将校運動を擁護）と永田・東條ら統制派（軍内の統制を重視する省部幕僚）の間には疎隔がみられるようになっていた。永田ら統制派は、南ら陸軍本流と提携し、皇道派の追い落としを図った。南は宇垣とともに首相候補と目されていたが、宇垣との競合を避けるために渡満を考え、一方、皇道派も南内閣の誕生を阻止するため、南を満洲に出すほうがいいと判断したとみられる。そのため、菱刈の後任として南が浮上したのである。南は、関東局司政部長（のち同局総長）を務める武部六蔵から「政治、外交、経済各方面に一セキ〔隻〕眼を有し、頭脳明快、社交上手、弁舌爽快《そうかい》」（『武部六蔵日記』一九三五年七月一日）と評されたように、歴代軍司令

南次郎（1874～1955）
1895年陸士卒（6期）、1903年陸大卒。支那駐屯軍司令官、陸相、朝鮮総督などを歴任。48年A級戦犯として終身禁固、54年仮釈放、55年死去。

官のなかでも随一の政治力を備えていた。南の頃になると、夫婦での渡満も一般的になり、カク夫人は愛国婦人会満洲本部長に就任した。

林陸相、永田軍務局長（一九三四年三月就任）の下で、南の軍司令官就任とともに、建国派が関東軍復帰を果たしていった。板垣は、同年八月軍司令部附兼満洲国軍政部顧問として、いち早く関東軍に戻っていたが、一二月には南によって参謀副長兼駐満大使館附武官に抜擢された。一九三五年三月には板垣と関係の深い田中隆吉が第二課主任参謀、今田新太郎が軍司令部附兼満洲国軍事顧問、八月には板垣の奉天特務機関長時代に補佐官であった専田《せんだ》盛寿《もりとし》が第二課参謀、花谷正が第三課政策主任となった。

陸軍中央では、永田の軍務局長就任を働きかけた片倉衷（陸夫人は南の姪《めい》）が前述のように対満事務局事務官（兼陸軍省軍務局附満洲班長）となった。また石原莞爾（歩兵第四連隊長）は、南が望んだ関東軍高級参謀への就任は叶わなかったが、一九三五年八月には中央の花形ポストである参謀本部作戦課長に就任する。

片倉は、武藤・菱刈期に治安や経済面では進歩したものの、協和会問題など建国当初の理想から逆行したことに不満を抱いていた。南の赴任に際して、片倉、板垣、石原、岩畔らは

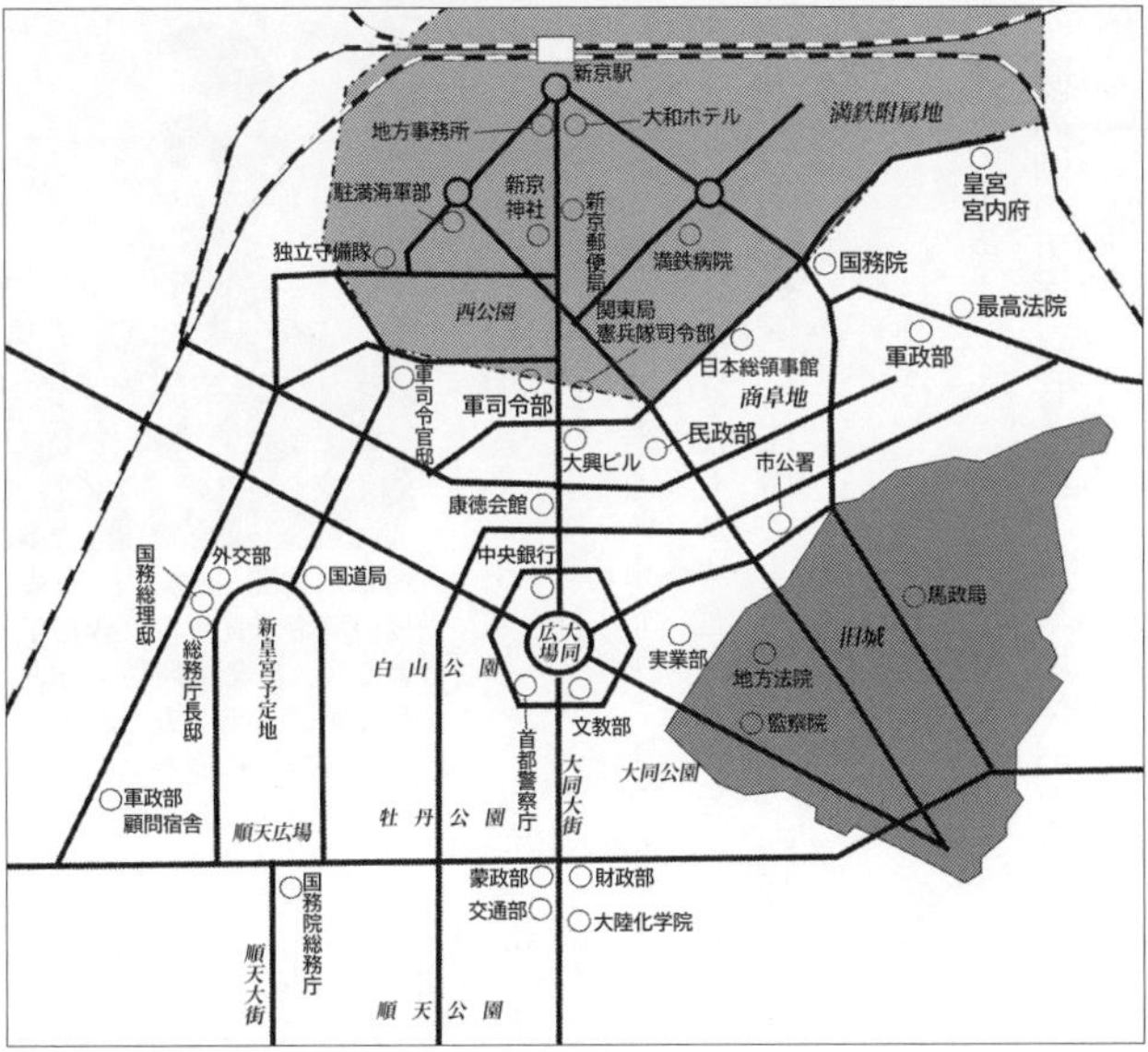

新京

協議して、満洲国の独立国としての発展助成を謳《うた》う「対満政策遂行に関する意見」を作成し、携行させた。南軍司令官期には、本庄期の理念的な路線が復活し、満鉄改組だけではなく、附属地返還問題が進展していくのである。

新京市街地と新軍司令部庁舎

新京に着任した南が入ったのは、一九三四年八月に竣工《しゅんこう》した軍司令部庁舎であった。長春の市街地は、最初に形成された旧城、ロシアが開設した中東鉄道附属地（長春駅の北側）、日本が開設した満鉄附属地、旧城と満鉄附属地を繋ぐ商阜地が先にあり、新京期にそ

溥儀（1906～67）　清朝最後の皇帝。宣統帝。1912年退位後、紫禁城居住を許されたが、24年退去、25年天津日本租界に移った。32年満洲国執政、34年皇帝即位。59年特赦。

れらから南あるいは南西方向に市街地が拡大していった。軍司令部庁舎は、メインストリートである大同大街に面し、満鉄附属地と新たに広がっていった市街地の接点に位置した。地上三階、地下一階半で、頂部の中央および両翼に天守風の望楼が載せられている。敷地面積は七万五六〇〇平方メートル、建築面積は一万三四〇〇平方メートルに及ぶ。大使館は、庁舎内の片隅に部屋を割り当てられた。

また同年に竣工した軍司令官邸は、軍司令部から西に一〇〇メートル余りのところにあった。敷地面積一〇万平方メートル、建築面積三二四九平方メートル、地上二階、地下一階、ドイツの城館に倣ったレンガ造りである。一階には応接間や娯楽室などがあり、二階は軍司令官とその家族の居住用に使用された。内装の豪華さは、溥儀の皇宮を上回っていたと言われる。

溥儀の皇宮

満洲国の主要な官庁は、商阜地や旧城内、あるいは大同大街沿い、大同広場周辺に設置されていった。

溥儀の皇宮、宮内府（当初は執政府）は、市街地の外れにある。もともと吉黒権運局《きっこくかくうんきょく》（塩の専売を職掌）であった建物を改修し、溥儀や婉容（正妃）の寝宮である緝熙楼《しゅうきろう》、公務を執る勤民楼《きんみんろう》などを設け、臨時的な皇宮とした。勤民楼の西側には宮内府が置かれた。北側には懐遠楼《かいえんろう》が設けられ、尚書府《しょうしょふ》や侍従武官処（長官は張海鵬）などが入った。のち勤民楼の東側に同徳殿《どうとくでん》（執務室や居住空間などが一体となった施設）が竣工する。

一九三四年三月一日には溥儀の皇帝即位式が執り行われた。郊祭の儀は新皇宮建設予定地の順天広場で、その後、登極の儀は勤民楼に戻って行われた。溥儀側近は、帝制を清朝の復《ふく》辟《へき》としたいと望んだが、小磯参謀長は、あくまで満洲国第一代皇帝の即位であるとし、郊祭式場から清朝歴代皇帝の位牌《いはい》を撤去させた。また礼服についても、郊祭の儀では龍袍《ロンパオ》（清朝皇帝の礼服）の着用を認めたが、登極の儀では陸軍式の大礼服に着替えさせた。

新皇宮は一九三八年に基礎工事が始まる。それに合わせるように同地南の順天大街沿いには、国務院や治安部（軍政部を改称）、交通部などが移転した。しかし、新皇宮工事は、資材不足のため一九四二年に中止となった。

内面指導

南が携行した「対満政策遂行に関する意見」には、特務部を廃止して、満洲国側を経済建設に参与させることが挙げられていた。一九三五年初頭には特務部が廃止され、その権限は満洲国総務庁企画処に移譲された。

とはいうものの、関東軍が満洲国の統制権を完全に手放したわけではない。満洲国の統治方式については、山室信一の研究に詳しい（『キメラ—満洲国の肖像』、「『満洲国』統治過程論」）。軍司令官は、日系官吏や参議の任免権を握っており、参謀部第三課が総務庁を通して、政策を実現させた。その手法は、内面指導と呼ばれ、満洲国が独立国であるという建前を損なわずに関東軍の統制を機能させるものであった。

満洲国は、立法、行政、司法に監察を加えた中国伝統の四権分立を謳ったが、実際には立法院が設けられず、監察院も廃止され、権限は行政府の国務院に集中した。皇帝は国務総理（一九三五年五月までは溥儀側近の鄭孝胥《ていこうしょ》、それ以降は張景恵）の輔弼《ほひつ》（政治を助けること）に依らずに大権を行使できないとされた。国務総理のほか、各部には満系やモンゴル系からなる大臣がいたが、国務院内で実権を握ったのは、庁長をはじめ官吏の多くを日系が占めた総務庁であった。国務院会議は形式的なものとなり、総務庁長（一九三七年より総務長官）が主宰し、各部の日系次長、総務司長、関東軍参謀らが参加した定例事務連絡会議での決定通りに、政策を進めていく仕組みが作られた。

その一方で、軍司令官と皇帝や国務総理が定期的に会見する機会も設けられている。皇帝や国務総理にとっては、軍司令官に直接働きかけ得るチャンネルとなった。たとえば、一九三五年一月、鄭孝胥は南と軍司令官官邸で会見した際、清朝復辟は却下されたものの、溥儀の父親（愛新覚羅《あいしんかくら》載灃《さいほう》）を皇族として認めることについては、南の承認を引き出している。

同年三月には、一九二九年に支那駐屯軍参謀として天津に駐屯して以来、溥儀と交流があった吉岡安直《よしおかやすなお》が軍司令部附の帝室御用掛に就任し、敗戦まで軍司令官と皇帝の調整役を務めた。

満鉄改組問題の決着

また南は「対満政策遂行に関する意見」に基づいて、日本の治外法権撤廃、満鉄附属地行政権返還、満鉄改組の立案作業を本格化させた。

一九三五年二月、西尾参謀長を委員長とし、大使館、関東局、満洲国の代表者が参加した治外法権撤廃の現地委員会が発足し、原田熊吉第三課長、永津佐比重同課主任（八月課長昇任）は、それぞれ委員、幹事を務めた。本国でも、関係官庁の代表者による委員会が外務省に設置され、陸軍省からは大城戸三治《おおきどさんじ》（満洲班長）や片倉衷が幹事として参加した。

陸軍首脳の一部などには、満洲併合論に基づく反対論もあったが（『武部六蔵日記』同年七月一七日）、同年八月に閣議決定がなされ、

植田謙吉（1875～1962）
1898年陸士卒（10期）、1909年陸大卒。支那駐屯軍司令官、参謀次長、朝鮮軍司令官などを歴任。生涯独身で「童貞将軍」として親しまれた。

漸進的な治外法権撤廃と満鉄附属地行政権移譲の基本方針が確定した。同月には南の主導により満鉄総裁に松岡洋右が就任している。二人は一九〇六〜〇七年に同じく都督府に勤務（陸軍部参謀と外事課長）して以来の友人であった。副総裁も関東軍交通監督部長であった大《おお》村卓一《むらたくいち》に交代し、実行の準備が整えられた。

実行は、一九三六年三月に就任した植田謙吉軍司令官のもとでであった。同年二月の二・二六事件（皇道派青年将校が率いる反乱部隊が中央諸官庁を占拠して政府首脳や重臣を襲撃し、南や宇垣らの拘束、荒木の関東軍司令官就任などを要求したが、奉勅命令により鎮圧された）発生時点で現役陸軍大将は一三人いた。皇族の閑院宮参謀総長と梨本宮《なしもとのみや》を除く一一人のうち、教育総監の渡邊錠太郎《わたなべじょうたろう》が反乱部隊に殺害され、事件の責任を取って七人（南・林・真崎・本庄・阿部・荒木・川島）の辞職・予備役編入が決まったため（ただし南と本庄は遅れて四月に編入。南は八月朝鮮総督となる）、列次一一〜一三位の西義一、植田、寺内寿一《てらうちひさいち》の三人のみが残った。西は教育総監、寺内は陸相に充てられ、植田が関東軍司令官に回ったのである。

四月、参謀長に昇任した板垣のもとで現地委員会が治外法権撤廃の細目案を決定し、花谷正第三課長が上京して陸軍中央と協議を行った。

そして六月、日満間でまず「満洲国に於ける日本国臣民の居住及満洲国の課税等に関する条約」が締結された。日本人が満洲国内を自由に居住できる代わりに、満洲国の法令に服するという趣旨である。治外法権撤廃、満鉄附属地行政権移譲の期限を翌年一二月末に設定しつつ、先行して課税・産業などに関する満洲国の法令適用が実行された。注目されるのは、附属協定第一条である。

満洲国政府は従来日本国臣民の有する商租権を其の内容に応じ、土地所有権其の他土地に関する権利に変更する為、速に必要の措置を執るべし

すなわち一九一五（大正四）年以来の土地商租権をめぐる日中間の紛糾は、満洲国成立により事実上解消していたが、商租権が所有権に転換されて、日本人の土地所有が完全に合法化され、移民本格化に向けての法整備が進んだのである。

板垣参謀長は、教育・神社行政の移譲を主張し、さらに関東州還付まで構想したが（『武部六蔵日記』九月二四日）、政府や陸軍中央の同意を得ることはできなかった（関東州は満洲国の管轄には入らず、日本の租借地として継続した）。一九三七年三月の定期異動で板垣は第五師団長に転じ、東條英機と替わった。

そして同年一一月にはついに「満洲国に於ける治外法権の撤廃及南満洲鉄道附属地行政権の移譲に関する日本国満洲国間条約」が調印された（一二月実施）。神社・教育・兵事行政を駐満大使あるいは関東軍に温存し、また日本人の裁判にも特例を設けつつ、原則的には治外法権が撤廃され、満鉄附属地行政権が満洲国に移された。

合わせて、満洲産業開発五か年計画（後述）を受け、産業部（実業部を改編）次長の岸信介《きしのぶすけ》の主導で、第三課主任となった片倉衷も関与し、満洲重工業開発株式会社（総裁は鮎川義介《あいかわよしすけ》）が設立された。同社には満鉄の多くの社員や子会社の昭和製鋼所が引き渡され、満鉄改組問題が一定の決着を見たのである。満鉄は新たな使命として華北進出に注力していった。

第5章　華北・内モンゴル工作の推進―一九三五〜三八年

1. 石原莞爾と対ソ戦計画

日ソ間の兵力差

一九三五（昭和一〇）年八月、石原莞爾は参謀本部第二課長（作戦課長）に着任早々、課の大金庫に秘蔵されていた作戦計画、極東ソ連軍の戦力推移表（第四課ロシア班調製）を見て、極東ソ連軍と在満（朝鮮を含む）日本軍の兵力差に愕然《がくぜん》とした。

一九三一年九月時点では、極東ソ連軍六個師団に対して、関東軍・朝鮮軍三個師団であったが、一九三二年九月には、極東ソ連軍八個師団、関東軍・朝鮮軍六個師団となり、拮抗《きっこう》する。しかし、その後、極東ソ連軍は毎年三個師団ずつ増強された一方で、関東軍は一個師団を本国に帰還させたため、一九三五年末には一四個師団（二四万人）対五個師団（八万人）と、三倍にまで差が開いた。戦車についてもソ連八五〇両に対して日本三〇両、航空機についてもソ連九五〇機、日本二二〇機と、大きな格差が生じた（『帝国陸軍師団変遷史』）。一九三二年にソ連は不可侵条約を提案したが、斎藤内閣は荒木陸相ら対ソ強硬派の反対もあって締結を拒否しており、ソ連から攻め込まれても不思議ではない状況となっていた。

対ソ戦準備計画

石原は、海軍との意見調整に苦慮しつつ、対ソ戦を優先する国防計画の策定を急いだ。一九三六年六月、石原の主導により参謀本部の改編が行われ、総務部（庶務・人事）、第一部（作戦）、第二部（情報）、第三部（交通・通信）、第四部（戦史・演習）のうち、第一部にほとんどの権限が集中することとなった。第一部の下、新たに各部課の関係業務を集めて、戦争指導と情勢判断を主務とする第二課（戦争指導課）が設置され、石原が課長に就いた。従来の第二課（作戦）と総務部第一課（編制・動員）は合同して第三課に、従来の第三課（防衛・防空）は第四課になった。

同年六月から九月までに戦争指導課が作成した一連の計画案（「国防国策大綱」「戦争準備施策」「戦争計画（第一案）」「対支政策の検討（案）」）には、石原の考えが色濃く反映されている。それらによれば、まず全力を傾注すべきは、ソ連打倒であり、戦争準備のために少なくとも米国とは親善関係を維持する。ソ連を屈服させることができたら、米国の参戦を覚悟しつつ、アジアの英国勢力打倒を目指す。ソ連に続き、英国を屈服させれば、日中親善の基礎は固まり、アジア諸国を指導して実力を高め、米国との決戦に臨むとしている。

そして対ソ戦争準備体制の構築に関しては、次のように述べている。

> 対蘇戦争準備の為戦争持久に必要なる産業は、昭和十六〔一九四一〕年迄を期間とし、日満北支（河北省北部及察哈爾《チャハル》省東南部）を範囲として之を完成し、特に満洲国に於て之が急速なる開発を断行することを要望す（「戦争準備施策」）

満洲・朝鮮に極東ソ連軍の八割にあたる兵力を置くことが必要であるとされ、航空機および兵器産業の発展が目指された。飛行機は年三〇〇〇機、戦車・特殊自動車は年三〇〇〇両の生産が目標とされた。

しかし、華北を勢力圏に組み入れる以上、中国とのより一層の軋轢《あつれき》は避けられない。そこで日本の利益のみを追わず、「俠義仁愛《きょうぎじんあい》」の理想実現が必要であるとされる。これは、満洲国の理想的な発展こそが日中親善をもたらすという、例の石原の発想である。石原にとって「俠義仁愛」の象徴としての意義を有したのが、関東軍の友軍としての満洲国軍の整備であった（「対支政策の検討（案）」）。そのため石原は満洲国軍の発展に留意し続けた。

対中政治工作については、英米との親善を維持できる範囲に制限し、やむを得ず中国と開戦するにしても、できるだけ時期を遅らせ、対ソ作戦が一段落ついた時点が想定された。

このような陸軍の対ソ優先方針に対して、「北守南進」を主張していた海軍は、「南北併進」まで譲歩し、八月、広田弘毅《ひろたこうき》内閣（同年三月成立）の下、五相会議（首・陸・海・外・蔵）で「国策の基準」、四相会議（首・陸・海・外）で「帝国外交方針」が決定された。これらにより、南進、海軍軍備の充実と合わせて、ソ連に対抗するための在満・朝鮮兵力充実が国策として裏付けられたのである。

「一号軍備」

一九三六年時点で日本陸軍の兵力は、平時一七個師団、戦時三二個師団であった。陸軍省は同年一一月、一九四二年度までに平時二七個師団、戦時四一個師団に拡充する軍備充実計画（「一号軍備」と呼ばれる）を策定した。関東軍に一〇個師団、朝鮮軍に三個師団、計一三個師団（高定員制でほぼ戦時編制）を配置する計画である。

新たに師団を捻出《ねんしゅつ》するために採られた手段が、師団編制の四単位制から三単位制への変更（一九三九年四月開始）であった。これは各師団の歩兵連隊数を四個から三個にし、浮いた一個連隊（合わせて砲兵一個大隊も抽出）を組み合わせて新たに師団を編成するというものであった。

しかし、同計画で関東軍・朝鮮軍計一三個師団が達成されるにしても、極東ソ連軍は毎年二個師団ずつ増強され、一九四〇年で二四個師団、一九四三年で三〇個師団に達するとみられており、対ソ八割を望む石原の憂慮は続いた。

満洲産業開発五か年計画

石原は早くも一九三五年秋、満鉄経済調査会東京駐在員の宮崎正義《みやざきまさよし》（満洲国樹立の際、経済政策立案に従事）を、参謀本部の外郭団体として設置された日満財政経済研究会の主事とし、軍需産業拡充計画の立案作業を進めさせていた。

同研究会は、一九三六年九月「満洲に於ける軍需産業建設拡充計画（昭和十二年度以降五年間）」（総額二八億一二〇二万円）を作成し、陸軍省、参謀本部関係者に説明するとともに、宮崎が渡満して板垣関東軍参謀長、松岡満鉄総裁への説明を行った。同案は広く政財界にも配布された。特に積極的に賛同したのは、林銑十郎、近衛文麿《このえふみまろ》（貴族院議長）、池田成彬《いけだしげあき》（三井）であり、鮎川義介（日産）、津田信吾《つだしんご》（鐘紡）らも好意的な反応をみせた。

陸軍省軍務課満洲班の片倉衷や平井豊一らは、同案に修正を加え、「満洲開発五ヵ年計画に対する目標案」（総額二三億八六〇〇万円）を作成し、関東軍に提示した。

一〇月関東軍は鞍山《あんざん》の湯崗子《とうこうし》温泉で、満洲国政府、満鉄関係者とともに、陸軍省案、満鉄経済調査会案（関東軍の要請で作成）、満洲国側の研究を合わせて検討し、一つの基礎案（総額約二五億円）を策定した。

関東軍は同案をもとに関係官庁と折衝を行い、一九三七年一月、ついに「満洲産業開発五箇年計画綱要」を完成させる。同綱要は、五年後の生産能力を、銑鉄は約三倍、鋼材は三・七倍、石炭は二・二倍、電力は三倍、兵器は約五倍とし、自動車は年四〇〇〇台、飛行機は年三四〇機とすることを目標とした。所要資金は総額約二五億七八〇〇万円、五割以上を満鉄と民間で、約二割を満洲国で調達することを予定していた。

では、以上のような石原が主導した対ソ戦準備計画が順調に進んだかというと、決してそうではない。

参謀副長を務めた今村均は、満洲事変後の石原の栄転は出先の参謀らに対して、「中央の統制にそむいても功さえたてれば、やがておのれらたちが統制者の地位に立ち得る」という前例を示すこととなり、高級者の一部にも「文句は言わず下の者の作った案を、そのまま実行に移すほうが、評判をわるくしない」と思わせるようになったと回想している（「満洲火を噴く頃」）。

軍備を整えるために鉄や石炭など華北の資源が必要なことは、中央も出先も考えが一致していた。しかし、石原を見習った関東軍の後輩軍人は、中央が想定する程度や範囲以上に華北・内モンゴル工作を進め、板垣や今村もそれに追従していった。その結果、日本軍は日中戦争の深みにはまり、石原の発言力も徐々に減退して計画に狂いが生じていくのである。

2. 華北・内モンゴル工作

土肥原・秦徳純協定

関東軍は、連携相手と見なした黄郛が政治力を失って善後交渉（通車通郵問題）が停滞した経緯を受け、一九三五年になると、新たな華北・内モンゴル工作に着手していった。

一月四、五日、大連で板垣ら関東軍幹部、土肥原（奉天特務機関長）、佐々木到一《ささきとういち》（満洲国軍政部最高顧問）、儀我誠也《ぎがせいや》（山海関特務機関長）、花谷正（済南駐在武官）、影佐禎昭《かげささだあき》（上海駐在武官）らが参加した在外武官会議が開かれた。同会議で関東軍は、次のように主張して、支那駐屯軍と連携し、華北への関与を強めていく姿勢を示した。

軍は北支に於ては支那駐屯軍及北平武官等と協力し、南京政権の政令が去勢せらるる情勢を逐次濃厚ならしむる如く諸般の施策を講じ、我が軍部の要求を忠実に実行せんとする誠意ある政権に非《あらざ》れば、存立する能《あた》はざらしむ（「昭和十年一月大連会議に於ける関東軍説明事項」『満受大日記』）

前月一九日には、陸海外の三省間で「対支政策に関する件」が作成され、華北政権での国民党の活動を事実上封じ、同政権内を日本の政策遂行上、都合の良い人物に置き換えさせていく方針を申し合わせていた。大連会議は、同方針をより強硬に推し進めることを確認するものであった。

三月一〇日、関東軍は「対支政策」を策定し、塘沽停戦協定違反を追及しつつ、華北政権を絶対服従に導くことを決意した。実際、戦区では協定違反の口実となり得る紛争が続き、五月初めには天津で親日派新聞社長らの暗殺事件が起こった。同月二五日、支那駐屯軍(軍司令官は梅津美治郎)は、河北省からの国民党勢力撤退を要求する方針を示し、酒井隆《さかいたかし》(第二世代の支那通)参謀長が何応欽(軍事委員会北平分会長)との交渉に乗り出す。

関東軍もこの動きに呼応して山海関に兵力を集中させ、圧力をかけた。六月五日にはチャハル省ドロン県に置かれた特務機関の謀略により、張北《ちょうほく》で関東軍隷下の特務機関員が同省主席の宋哲元率いる第二九軍によって一時拘束される事件が起こった。

陸軍中央は海軍、外務省と協議して、七日に「北支交渉問題処理要綱」を出先に伝え、関東軍と支那駐屯軍がそれぞれ中国側と地方的に交渉し、現地解決を図ることを認めた。同日、来満した林陸相、永田軍務局長、大城戸三治満蒙班長と西尾関東軍参謀長、土肥原らの間で協議が行われ、関東軍からは土肥原を交渉のため派遣することが決まった。

支那駐屯軍は一〇日、何応欽に国民党機関や中央軍、第五一軍(軍長于学忠《うがくちゅう》は河北省政府主席罷免)の河北省からの撤退を認めさせた(梅津・何応欽協定)。一方、土肥原は、チャハル省主席代理（宋哲元は一九日罷免）の第二九軍参謀長秦徳純《しんとくじゅん》と交渉し、二七日、責任者の処罰のほか、停戦ラインを張北まで延長し、第二九軍を張家口の西南へ移駐させることで合意している（土肥原・秦徳純協定。第4章一六八ページの図参照）。こうして中国軍に対して省単位にも及ぶ規制を実施し、河北省やチャハル省に日本の勢力を浸透させていく余地を創り出していったのである。

土肥原工作

関東軍や陸軍中央はさらに浸透工作を進めていった。七月一七日、関東軍司令部に板垣ら関東軍幹部と土肥原、酒井、儀我、花谷らが集結し、日・満・華北の経済ブロック樹立方針が確認された。

八月六日、陸軍省は「対北支那政策」を策定し、出先軍に指示を伝えた。「燥急且露骨《そうきゅうかつ》なる工作」を避けつつ、①河北省抗日勢力の排除と和親提携、②外モンゴル接壌地域での共同防共、③華北五省（河北・山東・チャハル・綏遠《すいえん》・山西）を日満との経済的提携によって、「自治的色彩濃厚なる新日満地帯」とするという内容である。武藤章（軍事課員）と片倉衷（軍務局附）が起案し、林陸相や永田軍務局長の決裁を経たものであった。

同月一二日、奇《く》しくも石原が作戦課長として初登庁した日に永田は、真崎甚三郎教育総監の罷免に憤慨した皇道派の相沢三郎《あいざわさぶろう》（同月一日に台湾第一連隊附となった）によって殺されてしまう。軍務局長は今井清、陸相は川島義之に替わるが、「対北支那政策」の方針は継続された。

一〇月四日、前記①～③の主旨が盛り込まれた、陸海外三省間の政策要綱（広田三原則）が成立した。ただし③については、経済的提携には言及するものの、自治地域とすることまでは言明されなかった。同要綱付属文書でも、中国の中央と地方政権とをけん制させる意義は認めるものの、意図的に中国の分立（あるいは統一）を図る目的では動かないとされた。

同月一三、一四日には参謀本部第二部長の岡村寧次が大連に出張して出先軍と協議し、同要綱の徹底を図ったが、関東軍はそれに従わずにより踏み込んで、親日的華北自治政権の樹立促進に乗り出していった。関東軍は、華北自治運動はあくまで多年の悪政から自然に起こったものとしつつ（実際は関東軍司令部附の大迫《おおさこ》通貞《みちさだ》が農民運動の指導に関与していた）、華北の分離が日本の資源自給自足を強化し得ることを強調した。

土肥原は、反共自治を名目に、北平市長兼平津衛戍《えいじゅ》司令となった宋哲元や河北省政府主席の商震《しょうしん》を中心とする華北政権を作り出そうとした。しかし、宋哲元や商震らが承諾しないため、土肥原は一一月二五日、先に河北省行政督察専員（戦区の行政を監督し、保安隊指揮権もあった）で、政権参加を表明した殷汝耕《いんじょこう》（黄郛と親しく、日本留学経験があった）に、戦区二二県を領域とする冀東《きとう》防共自治委員会（冀東政権）を組織させた。陸海外三省も自治政権樹立工作の促進を承認するに至る。

蔣介石は事態収拾のために先手を打った。土肥原が宋哲元に圧力をかけるなか、政整会（八月末廃止）に続き、軍事委員会北平分会を廃止し、一二月一一日、宋哲元を委員長とする冀察《きさつ》政務委員会（冀察政権）の設置を決定した（一八日成立）。

冀察政権が曲がりなりにも成立したことを受けて、関東軍は華北工作に一区切りをつけた。しかし、同政権は、国民政府の地方行政機構の枠内に設置されており（宋哲元は河北省政府主席、その配下の張自忠《ちょうじちゅう》はチャハル省政府主席に就任）、蔣介石は統制に自信をみせていた。よってその後は、日本と国民政府間での冀察政権をめぐる綱引きが焦点となっていく。

一九三六年一月一三日、岡田啓介内閣は「第一次北支処理要綱」を決定し、冀東・冀察両政権の指導には支那駐屯軍を充てることとなった。関東軍は、冀東政権の財源となる冀東特殊貿易（日本製品の密貿易）への関与を続けつつ、工作の重点を内モンゴルに移していった。

察東特別自治区

内モンゴルには、鉛、鉄、羊毛、塩など開発が期待できる資源があった。内モンゴルの状況に関しては、清朝以来の行政制度の経緯を踏まえる必要がある。清朝はモンゴル人の自治のため、一定の地域とその住民をもって「旗」とし、王公からなる旗長を置いた。そして数旗を合わせて「盟」とし、旗長から盟長を選出させた。ただし、チャハル部は清朝に反旗を翻したため、旗自治が与えられず、盟も置かれなかった。やがて漢人の移住が進むと、モンゴル人は奥地へ移り、旗のなかでも漢人居住地になったところが少なくなかった。漢人の居住が安定すれば、県が置かれ、県がいくつかできれば、省制が布《し》かれた。関東軍は、この盟旗と省県が重なり合うことによって生じたモンゴル人と漢人間の対立に付け入っていった。

チャハル省（一九二八年設置）は、シリンゴル盟（一〇旗）、チャハル部（四旗・四牧場）、一六県からなった。省の北半を占めるシリンゴル盟は、漢人文化の影響を受けることなく、旧来の生活様式を維持していたが、チャハル部には県が置かれ、モンゴル人、漢人の雑居地帯となっていた。一六県のうち、外長城線以南の県は口内（察南）一〇県、同線以北の県は口外六県（ドロン・沽源・宝昌・張北・康保・商都）と呼ばれた。

関東軍は、満洲国に興安省を設置する際、チャハル省盟旗の合流を構想した経緯があり、熱河作戦時には、すでにチャハル省工作を開始していた。関東軍第二課の作戦日誌によると、関東軍は一九三三年一月、シリンゴル盟西スニト旗長で、チャハル省政府委員であったドムチョクドンロプ（チンギスハンの末裔で、通称は徳王《とくおう》）との連絡を試みている。また同年四月には、チャハル省東境一帯に親日満勢力を扶植するため、魯北（開魯の北）で護国遊撃軍を組織した劉桂堂や興安遊撃師を率いる李守信（腹心にバボージャブ旧部下の胡宝山がいた）をドロンに進出させている。護国遊撃軍は興安遊撃師によってドロンから追い出されたため、関東軍は李守信を重用するようになった。

徳王や李守信を用いた工作に関しては、森久男の研究（『日本陸軍と内蒙工作』）に詳しい。

同年六月関東軍はドロン特務機関を設置し、興安遊撃師顧問の浅田弥五郎を機関長に任命した。七月「暫行蒙古人指導方針要綱案」を策定し、チャハルのモンゴル人を特に経済的関係により親満に導き、対中排撃の色彩を有する自治政権の樹立を促進することを決定した。そして八月にはドロンに李守信を行政長官とする察東《さっとう》特別自治区を成立させている。興安遊撃師を改称した察東警備軍は、自治区の税収だけでは軍費を賄えず、関東軍の機密費や満洲国軍政部予算が投入された。満洲国を足場にその外側へ勢力を浸透させていく動きが内モンゴル方面へも広がったのである。

内モンゴル工作の転換

承徳特務機関長（のちチチハル特務機関長）の松室孝良《まつむろたかよし》は、張家口に研究員として駐在した経験（第二次奉直戦争時には馮玉祥工作に関与）やチャハル省、綏遠省、外モンゴルの要人と親交を結ぶなど、陸軍モンゴル通の第一人者と目された人物であった。松室は満洲国の安定や対ソ戦の観点から、一九三三年一〇月「蒙古国建設に関する意見」、一九三四年二月「満洲国隣接地方占領統治案」を提議した。それらは満洲国に準じて、チャハル省から綏遠省、さらに外モンゴルにまでまたがる「蒙古国」、「蒙古自治区」を樹立するという構想であった。

関東軍は当初、松室案を採用しなかったが、一九三四年末以降、南・板垣体制のもとで、経済工作から軍事・政治工作を中心とする方針に転換し、独立政権の樹立を目指した。

徳王はもともと、日本の脅威に対抗するために、内モンゴル盟旗を保護・団結させて軍事・外交を除く高度な自治権を有する統一自治政府の樹立を目指していた。国民政府との交渉を経て、一九三四年四月各盟旗を管轄する蒙古地方政務委員会（蒙政会）が綏遠省ウランチャブ盟百霊廟《ひゃくれいびょう》で成立するが、高度自治は認められず、財源的にも厳しい状況にあった。そのため徳王は、関東軍に接近していった。

前述の一九三五年一月の大連会議では、モンゴル人首脳者の実力培養を図ることが打ち出されており、シリンゴル盟長索王《さくおう》（ソトナムラプタン）が反抗的な場合、副盟長の徳王に替えることが挙げられていた。同年六月の土肥原・秦徳純協定では、チャハル省に日本人顧問を派遣することや日本の徳王工作を妨害しないことなどが口頭で確認されている。

同年七月関東軍は「対内蒙施策要領」を策定した。内モンゴルの親日満区域の拡大を図るため、チャハル省では、徳王、卓王《たくおう》（チョトバジャブ。同省政府委員・チャハル部保安長官）、李守信の実力を培養して漢人勢力を除去し、綏遠省では、省主席兼第三五軍長の傅作義《ふさくぎ》の買収を図るか、それが困難であれば打倒することを決定している。

陸軍省は、独立政権樹立を急ぐ必要はないとし、主として文化経済工作に重点を置くよう指示したが、九月板垣が徳王と会見して徳王との正式な提携が成立すると、関東軍は独立政権工作を進めていった。

察東事変

一九三五年八月、松井源之助（張家口特務機関長）と張允栄《ちょういんえい》（チャハル省保安処長）の間で保安隊に関する協議がなされた。松井は、張允栄率いる保安隊を赤城方面、卓王率いるモンゴル人保安隊を口外（察東《さっとう》）地区に配置することを提議したが、両者が共同で治安維持にあたること以外は、はっきり決まらなかったとみられる。

一二月関東軍は、張允栄の反対にもかかわらず、李守信軍を保安隊の名目で口外六県に進駐させ（さらに化徳・崇礼・尚義にも進出して県が新設される）、徳王政権の基盤を作り出そうとした。

満洲国軍政部から派遣された下永憲次《しもながけんじ》顧問、ドロン特務機関補佐官の松井忠雄《まついただお》などが指導のため加わった李守信軍は、まず宝昌を占領した。次いで沽源を攻撃するが、関東軍から攻撃を中止してなるべく謀略により沽源を手中に収めるよう命令を受けた。しかし、松井忠雄は、ドロン特務機関長の浅海喜久雄《あさみきくお》の本心を忖度し、同命令を握りつぶして、独断で沽源占領を強行した。

沽源占領の時点で冀察政権が成立するも、進駐計画は継続された。一度、ドロンに引き揚げたのち、松井忠雄は、浅海、第二課参謀の田中隆吉《たなかりゅうきち》とともに空路で張家口に入った。李守信軍が張北まで進軍し、張家口にまで迫ろうとするなか、田中らは第三者の立場で、チャハル省主席張自忠に対して李守信との仲介を申し出た。そして李守信軍の張家口進軍を止める代わりに、中国保安隊を口内に撤退させることで、李守信軍の口外各県進駐を実現させた。主だった県職員も撤退したため、徳王政権は各旗、各県行政を統一的に掌握することが可能となったのである。

蒙古軍政府

一九三六年二月、徳王は蒙政会の決議を経て、チャハル部の盟への改組を実行した。同部は自治を剥奪された歴史的経緯があり、自治の象徴たる盟として存在感を示すことが意図されたのであろう。盟長には卓王、副盟長にはチャハル右翼正黄旗の総管ダミリスルンが任命された。チャハル盟には、多くの日本人顧問が入り、日本の勢力進出の拠点となった。

関東軍は、同月「対蒙(西北)施策要領」を策定し、対ソ戦準備や満洲国の安定の観点から次のように徳王政権の強化、内モンゴル分離方針を決定した。

徳王の独裁する内蒙古軍政府の実質を強化すると共に其勢力を逐次支那西域地方に拡大し、北支工作の進展に伴ひ、内蒙をして中央より分離自立するに至らしむ(『現代史資料8』)

内蒙古軍政府の範囲をシリンゴル盟、チャハル盟、イクジョウ盟(綏遠省)、アラシャン

（寧夏省）とし、さらに綏遠南部、外モンゴル、青海、新疆、チベットへも勢力を拡大させることを方針としている。

チャハル部は一九二八年の省制施行によって二分され、左翼四旗・四牧場のみがチャハル省に残り、右翼四旗（陶林《とうりん》・平地泉・興和《こうわ》・豊鎮《ほうちん》の辺り）が綏遠省に含まれていた。徳王にとっては右翼四旗をチャハル盟に合流させることは悲願であった。また穀倉地帯にして中国屈指のアヘン産地でもある綏遠省は、財源の乏しい徳王政権、それを支援する関東軍にしても、是が非でも手に入れたい地域であった。

ただし、前述のように石原ら参謀本部の構想では、綏遠省は勢力圏に含んでおらず、同月岡田内閣が決定した「第一次北支処理要綱」でも、内モンゴル工作を右翼四旗には広げないとされた。

関東軍が先の「対蒙（西北）施策要領」を上申すると、陸軍省軍務局では、満洲班長の片倉衷が参謀本部第二部と協議し、「対内蒙施策実施要領」を作成した。同要領は関東軍に対して、右翼四旗など綏遠省南部を工作の範囲から除外するよう指示するものであった。片倉や石原ら陸軍中央は、関東軍を抑えようとしたのである。

しかし、関東軍は止まらず、勢力圏を広げるべく徳王政権を強化していった。二月、西スニトに設置された蒙古軍総司令部は、五月には内蒙古軍政府となり、本拠地を徳化（化徳を改称）に移した。政府主席に雲王《うんおう》（ユンタンワンチョク。ウランチャブ盟長）、副主席に沙王《さおう》

（サクドルジャブ。イクジョウ盟長）、索王（シリンゴル盟長）が推戴され、徳王は総裁として実権を握った。徳王は蒙古軍総司令、第二軍長を兼任し、李守信は副総司令兼第一軍（察東警備軍を改編）長、烏古廷《うこてい》（満洲国興安西分省警備軍代理司令）は参謀長に就いている。同軍政府には日本人顧問が入り、関東軍隷下の徳化特務機関長が指揮を執った。徳王はいまや、国民政府下での高度自治の実現からモンゴル独立へと完全に方針転換するに至ったのである。

綏遠武力工作へ

関東軍は、第二課主任の田中隆吉が中心となり、防共を大義名分にしつつ、綏遠《すいえん》武力工作を実施していく。田中は、張家口駐在経験がある支那通で、徳王とも知己であることから内モンゴル工作の適任者とみられていた。しかし、武力工作は第一課（課長は坂西利八郎《ばんざいりはちろう》養子の坂西一良《いちろう》）の協力を得られず、第二課と各都市に配置した特務機関で実施される。

一九三六年三月、軍司令官には前述のように植田謙吉、参謀副長には今村均が就任した。植田は「大局よりも細目を先んずる」「正論よりも人情に傾く」（『武部六蔵日記』同年五月三〇日）性格で、また「模範的な軍人」、「司令官は軍旗、という軍隊内の言伝えをよく守り、決定はおおむね下次第であった」（『見果てぬ夢』）と評される。今村参謀副長は、板垣参謀長から多くの権限を委任されたが、内モンゴルの事情に精通していないこともあって、田中から第二課に引きずられていった。

五月、支那駐屯軍が増強されて、永駐制（第一連隊は北平、第二連隊は天津）となり、軍司令官の地位も親補職となった。石原は、支那駐屯軍の強化によって、同軍支援を口実にする関東軍を華北工作から完全に手を引かせることを企図した。しかし、関東軍は、手を引く代わりに、支那駐屯軍に関東軍の内モンゴル工作を黙認するよう認めさせたのであった。

七月中旬、板垣、武藤章（第二課長）、田中隆吉は、徳化に入り、徳化特務機関長の田中久《ひさし》と会議を開いた。田中久と補佐官の松井忠雄は、無謀であるとして綏遠武力工作に反対する。中国軍の戦力は高く、目標の平地泉も堅固に築城されており、謀略部隊や蒙古軍で攻撃させても攻略は難しいという判断であった。田中久と松井は職を解かれ、田中隆吉が同機関長を兼任することとなった。

八月、広田内閣は「第二次北支処理要綱」を策定した。同要綱では、綏遠省については山東省同様、将来の分治（日本への従属）に備える工作にとどめ、省政権を駆逐したり、内モンゴル政権（内蒙古軍政府を指す）に従属させたりはしないと定められている。田中隆吉は、陸軍中央より援助を得られないなか、冀東特殊貿易の税収を流用して、内モンゴル工作に注力した。田中隆吉の回想では、綏遠武力工作実施に積極的なのは武藤であり、自分は消極的であったとしているが、松井忠雄は、武藤は「腰掛け」であったとして、それを否定する。

松井は、田中隆吉から綏遠武力工作を実施しないという約束を得て復任したが、田中に裏切られたという。田中が、自分の裁量に任せてくれる板垣と武藤が翌三七年三月で転任する

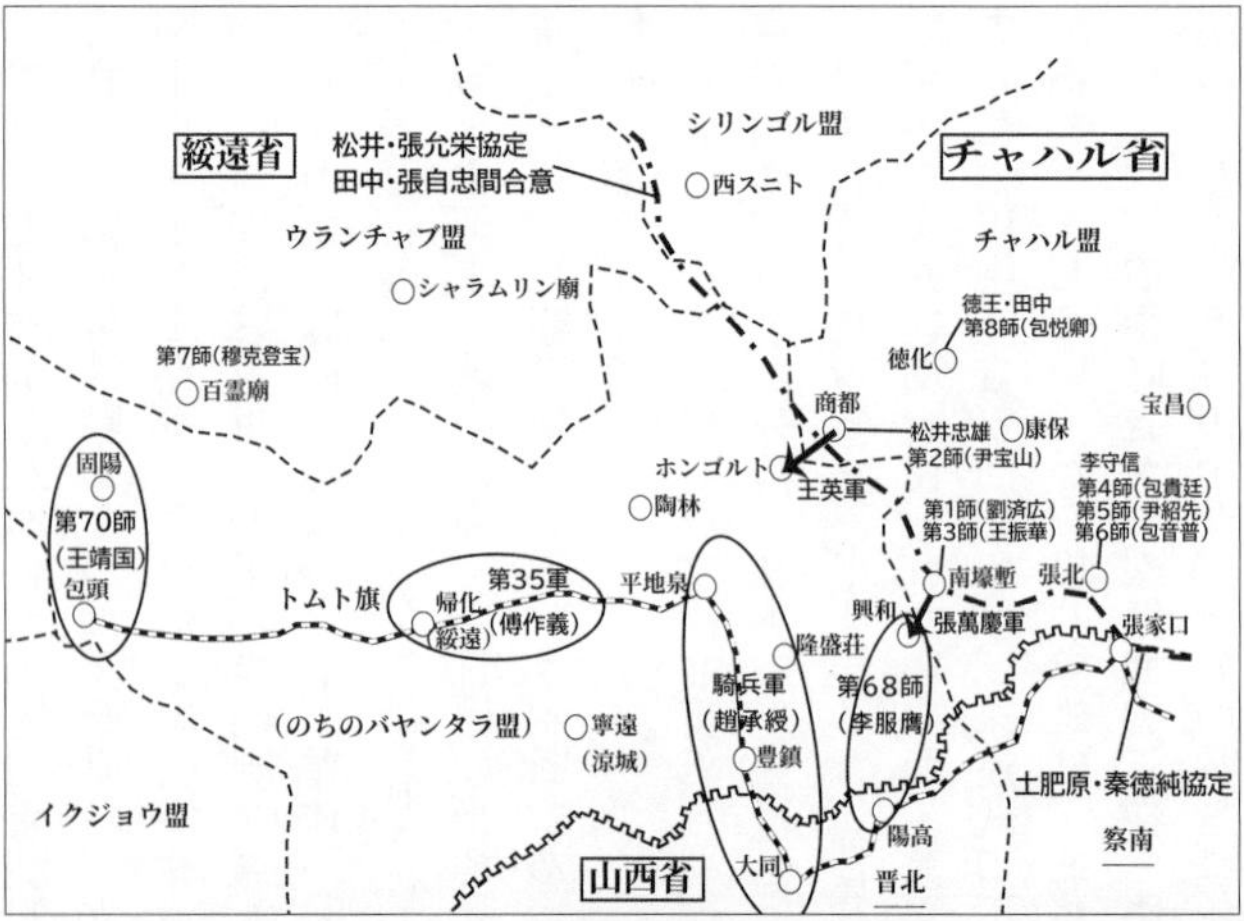

綏遠事件

のは必至であり、工作を実行するのであれば三六年暮までにと焦慮していた、と松井はみている。

一一月には関東軍を止めるため石原が新京に赴いたが、武藤に「あなたのされた行動を見習い、その通りを内蒙で、実行している」(『今村均回顧録』)と言われて、参謀たちに笑われ、言い返すことができなかった。板垣も石原に助け舟を出すことはなかった。こうして綏遠事件が引き起こされていくのである。

綏遠事件

田中隆吉と張自忠の合意により、チャハル省と綏遠省の間には日中間の勢力境界線が引かれていた。そのため、関東軍が前面に出ることはなかった。田中は、作戦の主軸として匪賊などからなる王英《おうえい》軍や張萬慶《ちょうばんけい》(別名復堂《ふくどう》。

石友三《せきゆうさん》の旧部下）軍といった漢人謀略部隊を利用した。虎の子の蒙古軍を守ろうとする松井忠雄の意見が通ったのか、李守信の第一軍（第一～四師）、徳王の第二軍（第五～八師）は、後方から状況を窺う形となった。

作戦開始は一一月一四日、王英軍は商都より平地泉へ、また張萬慶軍、第一軍主力は、南壕塹《なんごうざん》より興和に向かうように指示を受けた。作戦には満洲航空で編成された臨時独立飛行隊も協力しており、松井は、飛行隊指導のため商都飛行場に入った。

一方、迎え撃つ綏遠軍は、綏遠省主席兼第三五軍長の傅作義が第六八師（李服膺《りふくよう》）、騎兵軍（趙承綬《ちょうしょうしゅう》）、第七〇師（王靖国《おうせいこく》）を統一指揮した。すべて山西省閻錫山《えんしゃくざん》系の部隊であった。蔣介石は、中央軍の動員を行って綏遠軍支援態勢を整え、司令部を置く河南省洛陽に入った。

王英軍は、ホンゴルトを攻撃したが、戦意に乏しく、また張萬慶軍の進軍も鈍かった。王英軍は一八日、反撃を受けて撤退してしまう。田中は松井の進言により、ようやく張萬慶軍の進軍中止、第一軍の商都集結を認めた。ホンゴルトでの勝利で士気が上がる綏遠軍は、攻撃に転じ、二四日に百霊廟を占領した。

田中は二九日、王英軍の金甲山《きんこうざん》部隊をもって、西スニト、シャラムリン廟経由で百霊廟を奪還する作戦に乗り出した。しかし、金甲山部隊は敗退した上に、シャラムリン廟で反乱を起こし、作戦は失敗に終わった。

一二月一〇日頃、関東軍は商都陥落を懸念し、必要に応じて武力行使できるよう政府方針を確定させるため、今村参謀副長を上京させた。しかし、三相会議（陸・海・外）は出兵を不可とし、梅津陸軍次官も関東軍の逸脱行動を叱責し、武力行使を拒絶した。結局、綏遠軍も動くことはなく、蒙古軍と協定線を挟んで対峙を続けることとなった。作戦を失敗させた関東軍の言動には説得力はなく、政府や陸軍中央は、関東軍を抑え得たのである。

華北分離・内モンゴル工作のゆくえ

一九三七年一月、広田内閣が閣内不一致で総辞職し、宇垣一成に首班指名の大命が下った。石原は、宇垣には軍縮の「前科」があることから陸軍による宇垣排撃を主導し、さらに満洲産業開発五か年計画を進めるための林銑十郎内閣、事実上の「石原内閣」を構想した。梅津陸軍次官の反対によって石原は組閣の主導権を失い、その威信は揺らぎ始めたものの、林内閣自体は成立した。

同月石原ら戦争指導課は「対支実効策改正意見」を策定し、華北分離工作や内蒙軍政府の綏遠侵攻策を是正し、冀察政権が国民政府の主権下にあることを明確にすることを主張した。石原（三月にキャリアのピークとなる参謀本部第一部長に就任）は、西安事件（前年一二月張学良が連共抗日を主張して蔣介石を監禁した事件）を契機に中国統一の気運が高まっていることを認め、統一を援助すべきと考えるようになっていたのである。その方針は、四月、林内閣の下、四相会議（陸・海・外・蔵）で決定された「対支実効策」「北支指導方策」に繫がった。

それらは華北分離工作や綏遠省進出を否定し、経済提携促進を旨とした。

一方、関東軍はその間、「対支蒙情勢判断」（二月）を決定し、対ソ戦に備えるため、状況により冀察政権に武力行使してでも、冀東、冀察、山東を合わせた華北政権（呉佩孚を起用）を樹立し、山西、綏遠に拡大させていく方針を確認している。

林内閣は五月末に倒れるが、六月、同じく五か年計画に賛同していた近衛文麿に大命が下り、第一次近衛内閣が成立する。関東軍は、内閣更迭を機に前記「対支実効策」「北支指導方策」の変更を検討し、状況が許せば、中国に武力行使して対ソ戦の際の背後の脅威を除去することを主張した。

関東軍は、政府や陸軍中央が定めた範囲から逸脱して華北分離・内モンゴル工作を実行し、綏遠工作で失敗したものの、強硬路線を捨てることはなかった。田中隆吉は更迭されず、蒙古軍も損害を受けずに残っていた。政府が中国統一の趨勢《すうせい》を考慮するようになり、従来の方針を是正しようとしていたにもかかわらず、関東軍は考えを変えなかったのである。七月、日中間の北京近郊での偶発的な衝突が大規模な戦闘へと発展していくと、関東軍は今度は自ら綏遠省に進軍し、石原を苦しい立場へと追い込んでいく。

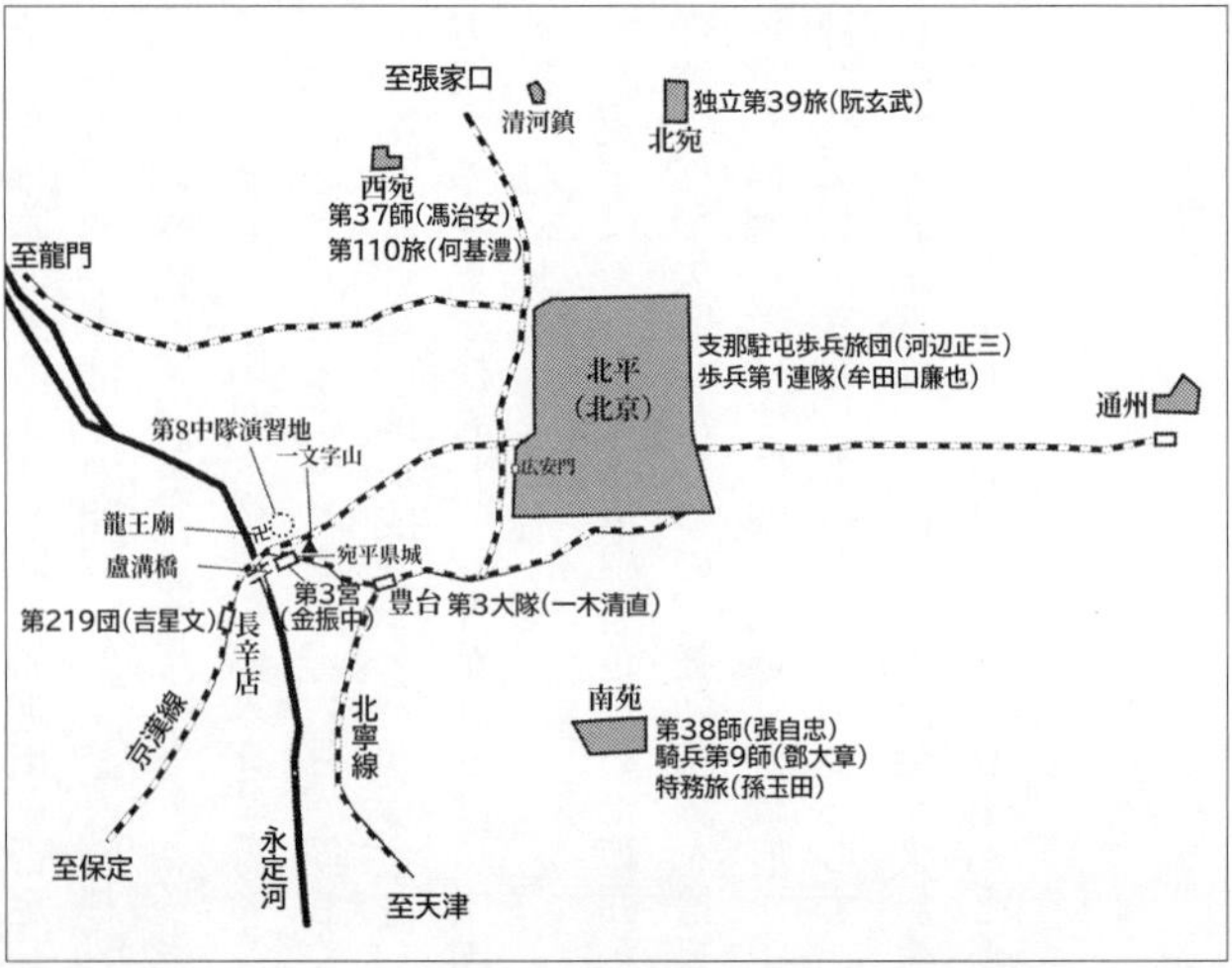

盧溝橋事件

3．日中全面戦争とチャハル派遣兵団

盧溝橋事件

北京西南の宛平《えんぺい》から永定河《えいていが》の中州に石造りの美しい橋が架かっている。この橋が盧溝橋であり、宛平県城は盧溝橋城とも呼ばれた。冀察政権の宋哲元率いる第二九軍は、四個師を有しており、第三七師および三八師は京津一帯、第一三二師は河北省南部、第一四三師はチャハル省に駐屯していた。第三七師第一一〇旅第二一九団は宛平県城対岸の長辛店《ちょうしんてん》、同団第三営は同県城にあった。

一九三七年七月七日、宛平県城近くの演習地で支那駐屯軍の第一連隊第三大隊（豊台《ほうたい》駐屯）第八中隊が夜間演習中、何者かにより射撃を受けたことをきっかけに、同軍と第二九軍の間で戦闘が生じた。これが盧溝橋事件である。

参謀本部では、今井《いまい》清《きよし》参謀次長が病床にあったため、石原第一部長が主導し、八日、支那駐屯軍に対して、事件の拡大防止、武力行使の回避を指示した。

しかし、陸軍内では、武藤章作戦課長や田中新一軍事課長など、中国「一撃論」（脅しあるいは若干の師団だけで中国を屈服させられるとする考え方）を採り、華北分離工作をあくまで進めなければならないとする拡大派が多数を占めた。杉山陸相、梅津次官も同論に賛同していたとみられる。田中は、梅津・何応欽協定を第二九軍に適用して平津地方から撤退させるか、中国兵を永定河から「二十支里」退けることを主張した。また杉山は、九日の臨時閣議で、本国からの三個師団増派を提案している。

武藤章（1892～1948）
1913年陸士卒（25期）、20年陸大卒。陸軍省軍務局長、近衛師団長、第14方面軍参謀長などを歴任。48年A級戦犯として刑死。

辻政信（1902～？） 1924年陸士卒（36期）、31年陸大卒。参謀本部兵站班長、作戦班長などを歴任。戦犯逮捕を逃れて潜伏後、衆議院議員に当選。61年ラオスで行方不明。

関東軍は八日早朝、会議を開いて、この際、冀察に一撃を加えるべきであると判断し、参謀本部に対して、独立混成第一旅団、同第一一旅団、航空部隊が直ちに出動できることを打電した。また関東軍は所管外であるにもかかわらず、第二九軍を非難する声明を発表した。今村均参謀副長、田中隆吉第二課主任、辻政信《つじまさのぶ》第三課参謀部附らは、支那駐屯軍司令部へ赴き、強硬論を説いた。関東軍は、支那駐屯軍への増援により事件に関与し、状況を打開しようとしたのである。

支那駐屯軍への増援

一一日、現地では、支那駐屯軍が現地解決の定型に沿って、第二九軍責任者の処分や宛平県城および龍王廟《りゅうおうびょう》陣地からの中国兵撤退、抗日団体の取締りを条件とする停戦協定を第二九軍との間に結んだ。

こうして事件は一応の停戦合意をみたが、事態はそれで収まらなかった。国民政府は、現地解決を否定して正規の外交手段による交渉を要求した。一方、近衛内閣は、同日、事件を中国の計画的武力抗日として非難する声明を出すとともに、杉山陸相の提案をもとに、関東軍および朝鮮軍から支那駐屯軍に増派し、本国でも師団派兵の準備をすることを閣議決定した。これは現地解決を促すための軍事的威圧であった。石原も、過大に伝えられた中央軍北上の情報に影響を受け、情勢を実際以上に緊迫したものと捉え、次第に拡大派に妥協的となっていた。

同閣議決定に基づき、関東軍は独立混成第一旅団、同第一一旅団ほか、朝鮮軍（軍司令官は小磯国昭）は第二〇師団に出動を命じた。それぞれ長城線を越え、独立混成第一旅団は一六日密雲、同第一一旅団は一七日高麗営《こうれいえい》（塘沽停戦協定線上に位置する）、第二〇師団は北寧線沿線の天津、唐山、山海関に入った。

停戦協定の破綻と総攻撃の開始

一六日、参謀本部第一部は停戦協定の履行に関して、冀察政権、国民政府に誠意がない場合、華北に限定して武力を行使し、紛争の根源を除去するという情勢判断を行った。一方、関東軍はすでに冀察政権を見限っており、一九日には、第二九軍を河北、山東から撃退し、華北独立政権（張作相らの擁立を構想）を樹立する方針を決定した。

第二九軍は、抗戦に打って出ることが政府中央や共産党を利し、自軍の地位を危うくするとみており、中央に正確な情報を伝えていなかった。国民政府は一九日、いかなる現地協定も承認しないことを日本側に通告したが、宋哲元は同日、支那駐屯軍との間に停戦協定履行に関する合意を締結した。

二〇日、参謀本部はついに武力行使を決定し、閣議も三個師団派兵を承認したが、宋哲元が協定細目を実行しつつあることが伝わると、二二日、石原が主導し、派兵実行をいったん見合わせた。蔣介石も譲歩し、現地協定を承認する姿勢を見せるようになった。

しかし、二五日に郎坊《ろうぼう》（北寧線沿線で北平の南東約五〇キロメートル）、二六日に広安門で日中部隊の衝突事件が発生して、日中間の対立は決定的となってしまう。

石原は作戦開始を認めるに至ったが、作戦を京津地域の制圧に限定し、外交交渉（中国の満洲国承認と日本の華北政治権益放棄で妥協）で事態を収束させる考えであった。それ以上続けても中国を屈服させる見込みはなく、五か年計画を阻害し、ソ連の介入を招くと判断したからである。

二七日、第五、六、一〇師団ほかの動員が閣議で承認され、日本軍は、現地協定実施期限が切れた二八日、総攻撃を開始した。

関東軍から派遣された部隊は、支那駐屯歩兵旅団とともに北平周辺の要所を占領していった。なお航空部隊は、二七日に冀東政権の通州《つうしゅう》保安隊兵舎を誤爆しており、二九日、それがきっかけとなって同保安隊が反乱し、日本人居留民を殺害する事件が起こった（通州事件）。反乱を首謀した張慶余、張硯田らは、宋哲元と内通しており、国共双方の謀略工作に影響を受けていたとみられる。事件後、関東軍は保安隊統制のため、満洲国軍日系軍官を顧問として派遣している。

こうして支那駐屯軍の増援に乗り出した関東軍は、さらに内モンゴル方面へ強引に戦線を広げていく。

チャハル作戦

今村参謀副長は二六日、富永恭次《とみながきょうじ》第二課長、田中隆吉同主任とともに、陸軍中央へ意見具申のため、軍司令部の「情勢判断」（二四日付）を携えて上京した。乾岔子島《カンチャーズ》事件（後述）などから判断してソ連の攻勢はなく、また米英の実力干渉もないとみて、断乎《だんこ》華北問題の根本的解決を図り、華中方面に対する武力行使も辞すべきではないとする内容であった。

今村は満洲事変時、作戦課長として関東軍の統制に苦労した経験を持ちながらも、今度は逆の役回りを担っている。そのことを不拡大派の河辺虎四郎戦争指導課長（満洲事変時、今村の直属の部下）から問い質されて、今村は詫《わ》びたというが、それでも方針を改めることはなかった。

今村らは、商都・張北から平地泉・大同方面に進軍する作戦の実施を働きかけた（二一〇ページの図参照）。二七日、関東軍は、独断で独立守備歩兵第一八大隊（堤《つつみ》支隊）をドロンに派遣しようとした。そのため、二八日、参謀本部は内モンゴル作戦を積極的には賛成しなかったものの、ドロン派遣自体は認め、奉勅命令を伝えた。堤支隊は三〇日、一度、天津の増援に赴いた後（これも関東軍の独断でなされ追認）、八月二日には天津を出発し、五日ドロンに入った。

関東軍は、さらに堤支隊を張北へ前進させることを意見具申した。参謀本部では、武藤作戦課長はそれに賛成した一方、部長の石原は、張北前進は関東軍による内モンゴル作戦の前提であると見なして反対したが、賛成論が押し切る形となった。

七日、支那駐屯軍は、第六、第一〇、第二〇師団をもって保定方面に進軍させるとともに、板垣征四郎率いる第五師団、関東軍派遣の独立混成第一一旅団（鈴木兵団）をもって、チャハル方面に向かわせる作戦を立案した。平綏線（北平―綏遠）に沿って進撃、関東軍と共同してチャハル省を席捲《せっけん》し、山西省北部や綏遠省まで進出させる計画であった。九日、このチャハル作戦の実施が命じられた。

東條兵団

綏遠省の傅作義軍は、先手を打って商都に攻勢をかけた。一四日商都を占領し、さらに一七日には徳化も陥落させ、内蒙古軍政府に潰滅的な打撃を与えた。徳王はドロンへ撤退している。

関東軍から支那駐屯軍のもとへ派遣されていた部隊は、次第に関東軍に復帰した。一四日、関東軍はチャハル派遣兵団（東條参謀長が直接指揮したため、東條兵団と呼ばれた）を編成した。戦闘司令所はドロンに置かれ、一九日には張北に前進する。

東條兵団は張北を守備しつつ、独立混成第一一旅団の北上に呼応して、張家口方面への攻撃を開始した。二七日には張家口を占領し、二九日第五師団との連絡を果たしている。

満洲国軍も関東軍とともに、華北や内モンゴルに遠征した。遠征部隊のうち興安南省警備軍所属の興安騎兵第五団は、八月五日通遼を出発し、一九日ドロン、九月三日には張家口に至った。そこから東條兵団の指揮下に入り、さらに進軍していった。関東軍は満洲国軍の対外作戦補助部隊化を進めており、満洲国軍に遠征経験を積ませたのである。

大同・平地泉占領

蔣介石は八月二〇日全国を五戦区に区分して、抗戦体制を構築した。山西・チャハル・綏遠を管轄する第二戦区司令長官には閻錫山が就任し、山西省陽高《ようこう》—綏遠省隆盛荘《りゅうせいそう》—陶林に防衛線を引き、日本軍が大同に至る前に撃退することを方針とした。

しかし、東條兵団の主力は平綏線沿線を次々に突破していき、九月九日には陽高を占領した。参謀本部は、関東軍を対ソ戦準備に専念させるため、大同攻略までは望んでおらず、前進を抑えようとした。東條も当初、山西方面への深入りを忌避し、大同攻略を認めていなかったが、戦況の進展により、やはり認めるに至った。一三日東條兵団はついに大同を占領する。「一番乗り」を果たしたのは、満洲国軍の興安騎兵第五団第三連であった。東條は、大同占領をもって作戦が一段落ついたとして新京に帰還し、笠原幸雄《かさはらゆきお》参謀副長と指揮を交代した。

また兵団の一部は北方のルートを取り、九月七日に南壕塹を、蒙古軍はさらに北側を進み、一七日商都、二三日ホンゴルトを占領している。兵団は、大同周辺の要地を占領するとともに、部隊を平綏線沿いに進ませ、一七日豊鎮、二四日平地泉を占領した。こうして関東軍は、前年に失敗した屈辱を晴らしたのである。

太原作戦

同じ頃、北支那方面軍（支那駐屯軍を改編した第一軍などを統轄）内で議論となっていたのは、第五師団の運用についてであった。第五師団はチャハル派遣兵団と並走するように、平綏線の南、永定河の支流桑乾河《そうかんが》に沿って進軍し、九月一一日蔚県《うつけん》（張家口と保定のおおむね中間にある）を占領していた。そのまま西に進軍を続け、内長城線を突破して山西省の省都太原を攻略するのか、あるいは南進して保定方面へ向かうのかで意見が分かれた。

板垣第五師団長は、華北新政権の範囲に綏遠や太原を含めることを主張した。大同から綏遠方面を窺うチャハル派遣兵団にとっても、第五師団が太原まで進軍することによって背後の安全を確保できる。兵団の幕僚はかつての板垣の部下であり、第五師団に協力すべきという気分が充満していた。

関東軍参謀から北支那方面軍参謀へと転じ、同師団に従軍していた辻政信も、太原作戦実施論を強硬に唱えた。辻らの依頼を受けて、綾部橘樹《あやべきつじゅ》関東軍参謀（作戦主任）は一五日、説得のため北支那方面軍司令部を訪れた。同問題でも、武藤の賛成論と石原の反対論が対立し、方針の右往左往が続いたが、板垣が再三要求したこともあって、結局、一〇月一日太原作戦が決まった。

石原の参謀副長転任

求心力を失った石原第一部長は、九月二八日に関東軍参謀副長への異動を命じられた（後任は強硬派の下村定《しもむらさだむ》）。石原と同じく不拡大派の多田参謀次長は、石原を関東軍に送り込むことでその統制を期待したとみられる。石原は離任にあたり、第一部の参謀に対して事変の即時中止および対ソ軍備増強を訓示し、満洲事変は決して関東軍の謀略によるものではないと明言して、幕僚の軽率な発言に釘《くぎ》を刺したというが、時すでに遅しであった。石原は自らが進めた下剋上の風潮によってツケを払わされ、参謀本部の要職から追い出されることとなったのである。

綏包作戦

チャハル派遣兵団からも部隊が派遣され（満洲国軍の興安騎兵第五団も太原の手前まで進軍）、太原作戦が進行（一一月八日太原占領）した一方で、参謀本部は、関東軍を対ソ戦準備に戻すため、同兵団の満洲帰還に向けて動き始めた。九月三〇日には同兵団と入れ替わりの部隊となる第二六師団（独立混成第一一旅団を増強）の編成が上奏、裁可されている。

一〇月一二日、大同に後宮淳《うしろくじゅん》第二六師団長が到着し、関東軍は一三日、兵団の戦闘司令所を新京に帰還させた。しかし、東條参謀長は、出先の判断による包頭《パオトウ》進攻に期待していたとみられる。その思惑通り、兵団から第二六師団の指揮下に入った独立混成第一旅団などが兵団に替わって綏包《すいほう》作戦を進めていった。

蒙古軍はすでに九月二六日陶林、三〇日に百霊廟を占領しており、綏遠および固陽《こよう》に向かっていた。独立混成第一旅団は寧遠《ねいえん》（涼城《りょうじょう》）方面から進軍し、一〇月一四日に綏遠を占領した。同旅団はさらに一七日に包頭を、蒙古軍は二一日に固陽を占領し、綏遠省掌握をほぼ完成させた。

蒙疆連合委員会と駐蒙兵団

チャハル派遣兵団は帰還したが、関東軍はその後も内モンゴルへの関与をやめたわけではなかった。関東軍と陸軍中央の間で見解が分かれたのが、外長城線と内長城線に挟まれた察南・晋北《しんほく》地区の扱いである。関東軍は、外長城線以北と察南・晋北を合わせて内モンゴルとして扱おうとしたのに対し、陸軍中央は、察南・晋北を華北に含め、北支那方面軍の管轄にしようとしたのである。

前記のような関東軍の意向は、同年八月一四日作成「対時局処理要綱」にすでにみられる。同要綱は、チャハル方面に察北、察南をも統合する政権（トップは徳王）を樹立して張家口に統轄機関を置くとし、将来的に綏遠省を統合することを構想していた。第三課（内モンゴル問題を所管）主任となっていた片倉衷が中心となり、策定したものであった。関東軍に戻った片倉は、再び関東軍の利害で動き、陸軍中央に対抗したのである。

しかし、陸軍中央が同構想を積極的に承認することはなかった。九月四日、察南自治政府が設置されると、陸軍省は「察蒙処理要綱」を定め、当面は察南を関東軍の政務指導地域に含むとしたものの、将来的には北支那方面軍の管轄とするとした。

一〇月一日、片倉ら関東軍は「蒙疆方面政治工作指導要綱」を策定した（四日上申）。同要綱では、察南自治政府のほかに、蒙古連盟自治政府（内蒙古軍政府に綏遠を接収させて改組させたもの）、晋北自治政府を組織して、各政府から委員を出し、張家口に蒙疆連合委員会を設置することを定めている。同委員会や各政府には顧問が派遣され、関東軍の下、各特務機関が内面指導を行うこととした。合わせて、同地域に北支那方面軍とは別に一軍を置くことを要求した。

陸軍中央は、前述の「察蒙処理要綱」の方針を変更する必要はないとしたが、一一月二二日には蒙疆連合委員会が設置され、関東軍による既成事実作りが進んだ。関東軍は同委員会と秘密交換公文を取り交わし、内面指導権を確保した。

一二月二四日、近衛内閣は「事変対処要綱」を閣議決定し、一四日に華北に成立した中華民国臨時政府に察南、晋北自治政府を合流させることを定めた。その一方で、関東軍の主張通り、外長城線以北に加えて、察南、晋北までを所管する駐蒙兵団（翌年七月駐蒙軍となる）の設置が決定する。同兵団には関東軍の影響力が残る第二六師団、独立混成第二旅団（独立守備隊などで編成）が配備されていった。関東軍の内モンゴル工作は、チャハル省から綏遠省、山西省の一部に及ぶ蒙疆政権の樹立・統制にまで至ったのである。

五か年計画の修正と破綻

参謀副長となった石原は一九三七年一〇月中旬、新京に着任した。各部長、参謀部各課長が参加した会議が開かれ、東條参謀長は職務分担に関して、副長は作戦、兵站業務の補佐とし、満洲国関係は参謀長の専管事項にしたいと述べた。石原も、作戦の関係から満洲国軍には関与するが、その他は満洲国に関与しないと応答した。石原は、駐満各部隊の問題点を洗い出し、少しでも対ソ軍備を整えるために作業を進めていく。

しかし、日中戦争の長期化により、満洲産業開発五か年計画は修正を余儀なくされていった。同年末、関東軍参謀部では第三課が兵站、第四課が満洲国政策担当に再編され、片倉が第四課長に就任した。満洲国は五か年計画の修正計画を作成し、一九三八年二月第四課の意見を踏まえて、計画を策定する。五月には、関東軍、満洲国、満鉄、満業など特殊会社関係者が協議し、修正計画を実施することとなった。

同修正計画は、当初計画と比べると、所要資金は約五〇億円と倍の規模となり（九月にはさらに一〇億円増加)、銑鉄・鋼塊は約八割増、石炭は三割増、電力は八割増、自動車は八倍、飛行機は一五倍と、生産目標の飛躍的な拡大をみたが、対日援助の性格を強めたものであった。関東軍も在満兵備の増強のみを追求することはできなかったのである。さらに一九四〇年には、日本へ可能な限り大量の基礎資材を供給するという対日隷属主義への転換が明確となり、計画は実質的な破綻《はたん》に至る。

東條と石原

石原は表向き、満洲国関係の業務に関与しないとしていたが、満洲国の自立は、建国以来の石原の持論であり、関東軍の内面指導や日系官吏が跋扈する満洲国の現状に不満を抱き、改革を図ろうとした。

石原は、第四課の廃止、日系官吏の整理を実行して内面指導をやめ、協和会(官製国民組織)に権限を付与することを企図する。満鉄出身で協和会中央事務局次長であった山口重次の再起用も主張した。

しかし、東條との意見の相違は大きかった。石原と東條の間の調整役を担った片倉が指摘するように、同問題に関する両者の対立は、一九三二年統治部の特務部改組問題以来のものであった。

石原は、日系官吏の給料を満系なみに引き下げることを主張し、自動車送迎で出勤して、満系官吏に対して椅子にふんぞり返って対応する星野直樹《ほしのなおき》（総務長官）ら日系官吏を批判した。石原は、豪華な軍司令官官邸を「泥棒の親方の住宅」だと言い、軍司令官が目と鼻の先にある司令部に護衛付きの自動車で出勤することも批判した。また移民事業に関しても、既墾地一括買収方針に反対し、満洲拓殖会社を「土地泥棒会社」と罵《ののし》ったという（実際に入植地の多くは既墾地を強制的に買収した土地であった）。

片倉は、第四課の人員を半減させて、石原の妥協を促したが、石原は自説を曲げなかった。やがて東條との確執は決定的となり、石原は孤立化していった。石原が東條とはほとんど口をきかず、幕僚たちの前では「東條上等兵」と呼んだエピソードはよく知られている。

参謀副長として機密費を掌握する石原は、東條かつ子が主導する満洲国防婦人会（徐芷卿《じょしけい》〈張景恵夫人〉は名誉会長、星野操は副会長、石原錦は理事長）の交際費を機密費から出費することを認めなかったという。東亜連盟協会員で石原に近い山本勝之助は、東條が石原を疎んじていく背景として、石原に脅威を覚えた星野や岸信介らによるかつ子夫人を通じた離間策があったことを指摘する。一方、星野は、根本には二人の性格の違い（規律を重んじる東條とそうではない石原）があるとした。

満洲国軍の強化

石原は満洲国の国防に関しても自立を求め、満洲国軍が治安維持部隊から対外作戦を行い得る国防軍へ発展することを期待した。

満洲国内の治安は先づ主として満軍之に当り、逐次警察に移し、満軍は国防軍に編成する様にすべきである。国兵法の採用に依り画期的進歩を期待したい（「石原顧問語録」）

満洲国軍では、張海鵬や于芷山ら古参軍官はすでに名誉職に追いやられ、新たに教育を受けた軍官の任官、旧来の兵士の削減が進行していた（陸士留学組も次第に名誉職に回る）。一九四〇年には国兵法が制定されて、従来に比べて学力、体力に優れる兵士が徴兵されるようになり、兵力増加が進んでいく。

前述のように多民族混成のなかで、少数の日本人は指導官的な地位に就いていた。しかし、石原は各民族ごとに部隊を編成すべきとし、基本的に日本人が入る必要はないと考えた。仮に日本人が漢人部隊に入るとしても、「漢人の一員たる気持であらねばならぬ」と主張する。その石原の考えの一部は実行に移されており、日本人軍事教官制度は一九三八年五月に廃止され、軍事顧問の規模も縮小されていった。

しかし、日系軍官をなくすという案は実現することはなかった。むしろ、石原の主張とは逆に、日系軍官が部隊長となって他民族を直接指揮することこそが、軍の強化に繋がるという考え方が優勢であったと考えられる。日系部隊長が増加し、日系が優遇されるなか、満系、モンゴル系（兵士として期待され、漢人に比べ兵役負担が過重となった）らの反発が高まることとなった。国防軍化は進んだものの、その裏では崩壊の兆しが見え始めていたのである。

石原の予備役編入

一九三八年五月、東條は板垣征四郎の陸相就任とともに、陸軍次官に転じた。しばらく石原が参謀長を代理したが、正式に昇任することはなく、七月末、後任として磯谷廉介が着任した。石原は協和会をめぐって磯谷とも対立し、八月初旬、病気療養を理由に帰国してしまう。東條は、石原が無断で任地を離れたとして処分を求め、多田参謀次長と対立した。一一月には喧嘩両成敗の形で、多田は第三軍司令官、東條は航空総監に異動となった。

石原は一九三八年一二月、舞鶴《まいづる》要塞司令官に転じた。一九三九年八月には第一六師団長（中将に昇進）に就任し、予定されていた北満駐屯の準備を進めた。しかし、一九四〇年七月に陸相に就任した東條を批判し続けたため、一九四一年三月には予備役編入となり、二度と軍に戻ることはなかった。

参謀本部の要職を担い、一時は絶頂を誇った石原の軍人としてのキャリアの終焉《しゅうえん》であり、満洲事変で石原が示した立ち振る舞いの帰結でもあった。出先では、石原を見習って下剋上の風潮が広まり、功を焦る傾向が生じた。石原が抑えようとしても、何ら説得力はなく、後輩参謀の華北・内モンゴル分離工作を止めることはできなかった。盧溝橋事件をきっかけに中国との対立が激化し、関東軍が内モンゴルに深く侵攻するなど、日本軍全体が中国との泥沼の戦いに突き進み、石原が主導した戦争準備計画を破綻させることとなった。

東條は、一九四一年一〇月に首相兼陸相（大将に昇進）・内相（一九四四年には参謀総長にも就任）となり、日本の舵取りを担った。軍備が十分に整わないまま、日中戦争解決のため、戦線は対中国から対英米へも広がり、さらにはソ連の参戦を呼び、関東軍は情勢に翻弄《ほんろう》されながら、崩壊を迎えるのである。

第6章　日ソ戦争と軍の崩壊―一九三九～四五年

1．日ソ国境紛争とノモンハン事件

乾岔子島事件

関東軍崩壊の直接的な原因となるのは、ソ連軍の満洲国侵攻である。満洲国とソ連は、北部は黒龍江やアルグン川、東部はウスリー川や興凱湖《こうがいこ》などで国境を接したが、国境線認識に相違があったため、武力衝突を繰り返した。西部でも、ソ連の勢力下にあったモンゴル人民共和国との間で、同様に国境線をめぐる衝突が続発した。それらの国境紛争は、一九三二～三四年の小規模紛争期、一九三五～三六年の中規模紛争期、一九三七～四〇年の大規模紛争期、一九四一年以降の紛争低調期に時期区分される。

一九三七（昭和一二）年六月には、満ソの陸境交渉が停滞するなかで、黒龍江の中州の乾岔子《カンチャーズ》島・金阿穆河《キンアムカ》島（満ソ双方が自国領と認識していた）をめぐる紛争が起こった。満ソ両国は一九三四年九月に黒龍江などの国境河川に関する水路協定を結んだが、航行権や島嶼《とうしょ》の帰属をめぐる問題は残った。一九三六年五月末に開催された第二回水路会議は、七月に決裂に至り、一九三七年五月にはソ連が協定破棄を通告していた。

ソ連は艦艇で水路を閉鎖し、船舶の航行妨害を実行に移した。そして六月一九日にはソ連兵が乾岔子島と金阿穆河島に上陸した。二三日、参謀本部は関東軍に対して機宜の処置を執るよう要請し、関東軍は武力奪回の意見具申のために今村均参謀副長を上京させた。

しかし、参謀本部は対ソ全面戦争を懸念し、一転して不拡大方針を採り、二八日には関東軍に対して「臨令」の形式で作戦中止を電報したとみられる。軍司令部では東條英機参謀長が同令を奉勅命令と見なして従おうとしたが、奉勅命令ではないとする反対論が挙がった。参謀部附であった辻政信の回想によれば、東條の弱腰を詰《なじ》る声が幕僚の間に起こり（辻も賛同）、「中央部の命令意図に背いても、当然軍の任務を積極的に解決すべきであるとの少壮気鋭の幕僚の意見が、往年の満洲事変に於ける先例を追はうとした」（『ノモンハン』）という。作戦課は、奪回作戦を一時中止しつつソ連がさらに満洲国内に侵入することがあれば反撃に転じるという案を作成した。二九日早朝、根負けした東條は不本意ながら同案を了承し、植田軍司令官の決裁を経て、各所に伝達した。

三〇日にはソ連艦艇三隻が乾岔子島南側の水道に侵入して日満軍を攻撃したため、対岸から関東軍隷下の第一師団歩兵第四九連隊速射砲隊や満洲国軍騎兵第二七団が反撃を行い、一隻を撃沈、一隻に大損害を与え、敗走させた。その後、外交交渉がまとまって七月四日までにソ連兵は撤退している。関東軍作戦課は、この成功経験によって対ソ強硬策が有効であるという認識を強めたと考えられる。

張鼓峰事件

陸軍中央も乾岔子島事件で国境紛争の武力処理に確信を強めた。一九三八年六月、参謀本部第五課は、「対『ソ』外交工作要領」を作成し、「一般に『ソ』側の不法行為に対しては我方も能ふ限りの報復手段を採る、但《ただし》終局に於て実力行使を決意するを要す」(『支那事変関係一件』第一四巻)とした。

同年七月に起こった張《ちょう》鼓《こ》峰《ほう》事件でも、日満側は最終的に実力行使に訴えた。豆満江《とまんこう》下流の琿春《こんしゅん》周辺は、満洲国がソ連と朝鮮の間に割って入ったような国境線となっていた。満ソ国境線上にあった張鼓峰は、羅津《らしん》港やポシェット湾など周辺の要所を見渡せる高地で、双方が琿春界約(一八八六〈明治一九〉年に清露間で締結。漢文と露文で国境線解釈にずれがあった)に基づいて自国領であると認識していた。ソ連側は国境線を張鼓峰の稜線とし、日満側はそれより東のハサン湖岸とした。

琿春地域の住民はほとんどが朝鮮人であり、日満側で警備を担当したのは、朝鮮軍（司令官は事件中に小磯国昭から中村孝太郎に交代）および満洲国国境警察隊であった。よって同事件は、関東軍が主役となったわけではないが、翌年五月に始まるノモンハン事件への影響という点で注目される。

朝鮮軍は一九三八年七月一三日に陸軍中央に対し、張鼓峰に国境侵犯したソ連兵に関して、直ちには反撃的措置は行わないが、万一ソ連が撤退要求に応じない場合、実力を行使するとして、ソ連へ正式に抗議するよう要請した。

外交交渉が進められる一方で、陸軍中央では、実力行使が大規模な紛争へと発展するとは考えず、一六日に大陸命（大本営陸軍部で扱う奉勅命令）第一五四号をもって、外交交渉を支援する示威行動の意味も含めて朝鮮軍に兵力集中、攻撃準備（ただし実行は命令によるとされた）を進めさせた。参謀本部作戦課長の稲田正純《いなだまさずみ》は、ソ連に本気で日中戦争に干渉する気がないことの確証を得るための良い機会になると考えており、実力行使を認める次の大陸命の上奏準備を進めた。関東軍から現地視察のために派遣された参謀の辻政信や大越兼二《おおこしけんじ》も、実力行使すべきと主張した。

しかし、天皇は宇垣一成外相（同年五月近衛内閣改造で就任）らの意見を受けて、実力行使を認めないという意思を固めていた。それにもかかわらず板垣陸相は二〇日、実力行使を求める上奏を行い、しかも外相らも賛成したと虚偽の発言をしてしまう。天皇は柳条湖事件での独断・謀略にも言及しつつ激怒し、板垣は辞任を考えるほど追い込まれた。そのため同日、参謀本部は朝鮮軍に行動を慎むよう指示した。二六日には、朝鮮軍は隷下の第一九師団に対して、一部のみを残して出動部隊を帰還させることを命じた。

ところが、二九日、同師団は張鼓峰の二キロメートルほど北にある沙草峰《さそうほう》南方高地に進出したソ連兵を当該事件とは別件であるとして攻撃し、三一日未明には張鼓峰のソ連陣地も占拠してしまう。すなわち、本事件でもまた、攻撃命令を待ち望んでいた第一線部隊によって独断専行がなされたのである。結局、天皇も陸軍中央もそれを追認し、同時点の占領線でソ連の反撃に備えることを命じるに至った。

八月に入り、ソ連は二個師団に加え、戦車、航空機など日本側を上回る兵力をもって反撃を開始したため、第一九師団は猛攻にさらされた。関東軍では朝鮮軍を間接的に支援するため、同月七日に第八師団の一部が綏芬河南方の南天山のソ連兵に奇襲を仕掛けている。

第一九師団は迫り来るソ連軍の攻撃を何度も撃退し、最後まで張鼓峰頂上部の大部分を守り抜いた。特に白兵戦では日本軍が圧倒した。事件の戦闘参加兵力は、日本軍六八一四名、ソ連軍二万二九五〇名であったが、ソ連軍の戦死、戦傷などの損害は四二三九名と、日本軍の一四四〇名を大きく上回る（『日ソ張鼓峯事件史』）。

しかし、第一九師団の防衛は一〇日には限界に達した。朝鮮軍や関東軍はさらに部隊を派遣しようとするが、一〇日に外交交渉が成立し、一一日に停戦合意がなされた。

張鼓峰事件の教訓

朝鮮軍は張鼓峰事件の教訓として、機先を制することでソ連軍の戦意を削ぐことができるとし、またソ連軍戦車は恐れるに足らず、肉迫突撃により歩兵、戦車ともに撃退できると分析した。

事件の戦闘の模様は関東軍も把握しており、第一師団長（孫呉《そんご》駐屯）の岡部《おかべ》直三郎《なおさぶろう》は、辻政信から話を聞き、「朝鮮軍は戦車及び飛行機に対して十分自信を得、確信を持って戦闘しあり」と八月七日の日記に記している。またソ連軍研究のため現地に派遣された参謀の川目《かわめ》太郎《たろう》は、九月八日に同師団で事件に関する講話を行っており、ソ連軍は「毫《ごう》も恐るるに足らず」と述べた。

のちのノモンハン事件初期には、ソ連軍戦車に対する火炎瓶攻撃が発明されたことが指摘されているが、火炎瓶攻撃は張鼓峰事件でも用いられており、その戦訓が伝わっていた可能性もあるだろう。

停戦協定により張鼓峰は、事件以前のように無人となるはずであったが、八月二四日に真崎甚三郎のもとに入った情報によれば、日本軍のみが撤退し、ソ連軍は撤退しなかった。結果的に日本軍の犠牲は無駄になったことになるが、独断で事件を拡大させた尾高亀蔵《すえたかかめぞう》第一九師団長は、一一月に第一二軍司令官に昇任している。

一九三九年三月視察に訪れた辻政信は、ソ連軍が張鼓峰に陣地を構えているのを確認しており、徹底的に膺懲《ようちょう》しなかったためにソ連の不法越境を許したと考えた。張鼓峰事件では防衛に徹し、越境して攻撃することは認められていなかった。ソ連軍に対する自信と相まって、辻は十分に攻勢をとることが重要という認識を深めたことであろう。

満ソ国境紛争処理要綱

満ソ国境紛争が続くなか、一九三八年八月一八日、岡部第一師団長は、中島今朝吾《なかじまけさご》第四軍司令官の巡視に際して、次のように報告した。

国境たる黒龍江中にある島にして帰属明瞭なるもの、不明なるもの、又は我方にて自主的に満領と定めたるもの等に関し上級司令部は明確に第一線部隊に示すにあらざれば任務達成上不安あり（「岡部直三郎日記」同日）

第一線部隊には国境に関する上級司令部の認識を明確に示してほしいという要望があったのである。川の流線はよく変化し、また中州も季節によって変形したり、消滅・新生したりする。そのため、何らかの判断を必要としていた。

一九三九年四月二五日、関東軍司令部は、第一線部隊の任務を明確にするため、「満ソ国境紛争処理要綱」を示した。その主旨は、①ソ連軍（モンゴル軍を含む）の不法行為に対しては、徹底的に膺懲して事件の頻発、拡大を防ぐ、②国境線が明確な地域では、先にソ領に侵入することなく、もしソ連軍が越境したときは十分な兵力を用いて殲滅し、一時的にソ領に侵入しても、ソ連軍を満領内に誘致しても構わない、③国境線が不明確な地域では、防衛司令官が「自主的に国境線」を認定し、万一衝突した場合、兵力の多寡、国境如何にかかわらず、必勝を期す、④事態の収拾処理に関しては上級司令部を信頼し、第一線は積極果敢に行動すべし、というものであった。

同要綱を起案したのは、作戦参謀の辻政信であった。同年三月の人事異動で参謀は大きく入れ替わり、残留した辻は、階級は少佐と低いものの、課のなかでは古参となった。新任作戦主任参謀の服部卓四郎《はっとりたくしろう》（中佐）とは強い信頼関係があり、植田ら首脳部との関係も近かったため、辻の発言力は高まっていた。辻は、同要綱で「侵さず侵されざる決意」（『ノモンハン』）を示したと述べる。

関東軍隷下の第三軍司令官となっていた多田駿《はやお》は、自主的に国境線を認定することは、紛争の拡大に繋がるとして反対した。しかし、軍司令部は、前線部隊の責任を明確にするためとして、その反対を押し切った。

同年五月には東西国境で武力衝突が相次ぎ、同要綱の真価が試されることとなった。東部国境方面では、二七日に抗日ゲリラ作戦のため、東安鎮《とうあんちん》付近のウスリー川の中州に出動した満洲国軍が、予期せずソ連軍に遭遇して攻撃され、八十余名もの戦死者を出し、江防艦隊の砲艇二隻を失っている。しかし、関東軍は反撃を中止させた。同月、西部国境方面でも武力衝突が起こっており、東西両面での戦闘を避けるためであった。国境線をハルハ河と見なす日満側と、ハルハ河東方のノモンハンを通る線にあるとするソ連・モンゴル側が兵火を交えたノモンハン事件の勃発である。

五月一一日、ハルハ河を越えて右岸（東側）に入ったモンゴル人民共和国第二四国境警備隊と、満洲国国境警察隊との間で戦闘が起こった。まず満洲国軍興安騎兵第七団が応援に駆けつけ、一三日には関東軍の第二三師団が出動した。

関東軍の隷下には、第一師団（孫呉）、第二師団（牡丹江）、第四師団（ジャムス）、第七師団（チチハル）、第八師団（綏陽）、第一一師団（虎林）、第一二師団（東寧）、第二三師団（ハイラル）があり、東部方面に重点的に配置されていた。第二、第八、第一二師団は第三軍、第一師団は第四軍、第一一師団は第五軍（同月一九日新編）に所属する。

そのなかで西部方面の防衛を担ったのが第二三師団であった。同師団は、前年七月熊本の留守第六師団を基幹として、最初から三単位制師団として臨時編成され、華北戦線に転用された騎兵集団の穴を埋めるため、ハイラルに配置されていた。

小松原道太郎《こまつばらみちたろう》第二三師団長は、「満ソ国境紛争処理要綱」に基づき、自主的にハルハ河を国境とし、東八百蔵《あずまやおぞう》中佐の指揮する捜索隊約八〇〇人に満洲国軍の興安騎兵第八団一五〇人を加えた東支隊を派遣した。

ちょうど同師団司令部には視察旅行中であった稲田作戦課長が居合わせた。稲田には、前年に新編され、装備も平凡で訓練も行き届いていない第二三師団をそもそも対ソ作戦の第一線に使用する考えはなかった。そこで稲田は小松原師団長や大内参謀長に対して、国境紛争に精力を浪費することなく、本来、期待されている対ソ作戦計画研究を進めるよう指示した。東支隊は一五日にはモンゴル兵をハルハ河左岸に撤退させ、満洲国軍部隊を残して帰還した。

その後、ソ連・モンゴル側は、タムサクボラク（タムスク）からモンゴル騎兵第六師団、ソ連第一一戦車旅団の機動集団ブイコフ支隊、ウランバートルからソ連第三六機械化師団第一四九狙撃兵連隊などを応援に派遣し、ハルハ河右岸に陣地を構築した。

関東軍司令部は大掛かりな出動には反対であったが、第二三師団は、投入兵力を拡大し、歩兵第六四連隊基幹に東捜索隊を加えた山県《やまがた》支隊（約二〇〇〇人）によって、ソ連・モンゴル軍を包囲殲滅しようとした。満洲国軍も興安騎兵第一団、第七団、第八団など計四八八人が戦闘に加わっている。しかし、わずか二〇〇〇人ばかりでは、広大な戦場に展開して、敵軍を捕捉《ほそく》殲滅するのは困難であり、二九日には東捜索隊が壊滅するほどの損害を出してしまう。辻は前線へ赴き、山県支隊長を指導して東捜索隊の収容にあたった。

事態の拡大へ

六月三日、陸軍省軍務局は関東軍に対して、外交交渉上、ハルハ河を国境線と主張する旨を伝えた。その一方、参謀本部総務部は、作戦に関しては柔軟であるべきであり、外交上主張する国境線に拘泥《こうでい》される必要はないとした。このことは、東捜索隊の復讐に燃える関東軍にハルハ河を一時的に越境して作戦を行う余地を与えた。

一度ハルハ河左岸に撤退したソ連・モンゴル軍は、すぐにまた右岸に陣地を構築した。六月半ばには、ソ連軍機によるカンジュル廟など満洲国内への爆撃が続き、第二三師団は軍司令部に徹底的に膺懲することを上申した。

軍司令部では寺田雅雄《てらだまさお》作戦課長が、中央を日英会談（日中戦争処理に影響を与える）に集中させる観点から慎重論を主張した。一方、辻は「不拡大を欲せば、侵犯の初動に於て、徹底的に殲滅することが必要」（『ノモンハン』）として、積極論を唱えた。参謀の三好康之《みよしやすゆき》や服部卓四郎も賛同し、積極論に方針が決した。

作戦案を起草した辻は、第二三師団の次に現地に近い、チチハルの第七師団に攻撃を任せようとしたが、植田軍司令官の反対を受け、第二三師団に戦車部隊の安岡支隊を加えた作戦を立案する。同作戦には、陸軍省軍事課長の岩畔豪雄や同高級課員の西浦が反対したが、辻と関係が近い板垣陸相の、現地に任せたらいいという鶴の一声で実行が決まった。

また関東軍はモンゴルへの爆撃準備を進め、二七日、関東軍を止めるために派遣された有《あり》末次《すえやどる》（作戦課作戦班長）が到着する前に、一一九機からなるタムスク爆撃を実行してしまう。

それに対する参謀本部の処置は、何とも中途半端であった。参謀本部は二九日、関東軍に対して、国境外の爆撃に天皇の裁可を仰がなかったことを軽く注意して、隣国と主張を異にする地区では状況により防衛を行わないとする大陸命第三二〇号を伝え、モンゴルへの爆撃は行わない方針を指示した。しかし、やむを得ない場合には委任の範囲内で国境外の一時的行動を認めるとし、実施予定の地上作戦についても中止させることはなかったのである。畑俊六（侍従武官長）の同日の日記によれば、閑院宮参謀総長は将来的に植田軍司令官を処分することを天皇に上奏したようであるが、すぐに事を荒立て、越権行為の責任を取らせる意図はなかったとみられる。

七月の攻勢

関東軍の立てた作戦は、ハルハ河右岸の敵部隊を川又《かわまた》まで追い込みつつ、左岸に渡河して川又後方のコマツ台まで進出し、敵部隊を挟撃するというものであった。満洲国軍からは、烏爾《ウル》部隊、興安支隊が参加し、それぞれ日本軍の右翼（北側）と左翼（南側）に配置された。

七月初め作戦が決行され、第七一、第七二連隊、チチハルの第七師団から駆けつけた第二六連隊などが左岸に渡り（辻も同道）、ソ連軍戦車（BT－5、BT－7）や装甲車の大群と対峙することとなった。渡河部隊は、速射砲や火炎瓶攻撃で多くのソ連軍戦車を破壊したも

ノモンハン事件

のの、コマツ台まで到達することはできず、右岸への撤退を余儀なくされた。

関東軍は戦車を渡河させる資材を用意できず、戦車第三、第四連隊からなる安岡支隊主力は、第六四連隊などとともに右岸攻撃にあたった。一方、ソ連軍は右岸にも戦車を送り、防衛態勢を固めていた。戦車第三連隊（主力は八九式中戦車）が潰滅的打撃を受けた一方、同第四連隊（主力は九五式軽戦車）は夜襲の成功などで戦果を上げたが、次第に損耗が大きくなり、六日撤退命令を受け、戦車部隊は原駐地の公主嶺《こうしゅれい》に帰還した。ソ連・モンゴル軍を包囲しようとした作戦は失敗に帰したのである。

統制を失う参謀本部

七月一六日にはチチハル南西のフラルキが爆撃され、関東軍は参謀本部に対してタムスクなどへ爆撃を実行するよう意見具申した（辻の起案とみられる）。しかし、参謀本部は、もはや「事件の自主的打切り」を策すべき時にあるとして却下する。陸軍中央は二〇日「ノモンハン事件処理要綱」を策定し、ハルハ河右岸地区の敵部隊の掃蕩あるいは外交交渉の成立、その実現如何によらず、冬までにソ連主張の国境線外に撤退し、その後、係争地に侵入した敵軍への攻撃も行わないことを決定した。

上京した磯谷参謀長は、参謀本部側に対して、数千の犠牲を出した地域を放棄できないと反論し、あくまで撤退するというのなら、ハルハ河を国境とする主張は変更するのかと問い質したが、参謀本部側は明確な返答をしなかった。磯谷は、中島鉄蔵参謀次長から前述の事件処理要綱を手交されたが、あくまで案として受け取った。軍司令部も同要綱は奉勅命令や参謀総長の正式な指示ではないとして黙殺した。参謀本部は、関東軍に対する統制を完全に失ってしまったのである。

参謀本部から部員の谷川一男《たにがわかずお》、島村矩康《しまむらのりやす》（三月まで関東軍参謀であった）が相次いで視察のため関東軍へ派遣された。しかし、谷川は関東軍が主張するモンゴル爆撃に賛同するようになってしまい、島村は辻から怒号を受けてどうすることもできなかった。

八月七日、結局、参謀本部は、大陸命第三三六号によってモンゴル爆撃を許可した（一日実行）。参謀本部は、奉勅命令を関東軍を抑えるためではなく、自身が出した爆撃禁止指示を自ら否定し、関東軍の上申を叶える方向で使用したのである。

ノモンハン事件の停戦

関東軍では、新たに第六軍が編成され（第二三師団はその隷下に入った）、現地の最高指揮官は、荻洲立兵《おぎすりゅうへい》第六軍司令官に変更となった。関東軍司令部では、参謀の島貫武治《しまぬきたけはる》がスンブルオボー方面に部隊を進出させつつ越冬させる攻勢作戦を立案したが、辻は越冬と渡河攻勢の両立は不可能であると反対した。一二日にはハルハ河右岸に一部の兵力で越冬しつつ、右岸の敵部隊を撃破する方針が決まった。

しかし、二〇日に開始されたソ連・モンゴル軍の攻勢は、予想以上のものとなり、関東軍は追い込まれていった。第七師団に加え、第一、第二、第四、第八師団からも増派措置が取られ、参謀本部はさらに中国戦線から二個師団の兵力転用も決定した。

関東軍は二七日、独ソ不可侵条約成立の報を受け、参謀本部に対して、ソ連に徹底的打撃を与えて休戦を提議させ、日ソ不可侵条約、ひいては日独伊ソの対英軍事同盟締結を目指すことを意見具申した。しかし、それは全く現実的な案ではなかった。ソ連・モンゴル軍が三一日までに日満軍の包囲殲滅を完成させ（第二三師団は壊滅）、日満軍は、ソ連・モンゴル側が主張する国境線の外に追い出されてしまったのである。

ここに参謀本部が統制を取り戻す時機が到来した。使える手段はやはり奉勅命令であった。三〇日、中島参謀次長が、作戦終結を主旨とする大陸命第三四三号を携えて新京に入った。それでも関東軍は、同命令に含まれる「小なる兵力を以て持久を策すべし」という文言を戦略的持久と解釈することにより、戦術的には一時攻勢を取る余地を見出して抵抗した。中島もその解釈を認めてしまった。

しかし、参謀本部は、「人が良すぎ」(『稲田正純氏談話速記録』第四回)な中島が籠絡《ろうらく》されたときの二の矢を準備していた。一度帰京した中島は、攻勢作戦中止を明言する大陸命第三四九号(九月三日付)を携え、四日、再び新京入りする。関東軍は第二三師団の遺体・兵器収容を口実に突破口を見出そうとしたが、中島は今度は押し切られることはなく、六日関東軍は攻勢作戦中止を余儀なくされた。関東軍は戦況的に追い込まれても、ギリギリまで抵抗をみせたが、ようやく攻撃を諦めたのである。

参戦人員は日ソ両軍ともに約七万人、戦死傷者は日本軍約二万人に対し、ソ連軍は約二万五〇〇〇人と、日本軍を上回ったと推定される。またモンゴル軍は約六〇〇〇～八〇〇〇人が、満洲国軍は約六〇〇〇～七〇〇〇人が参戦し、戦死傷者は両軍ともに一〇〇〇人弱であったとみられる。

石井部隊と細菌戦

関東軍が軍医の石井四郎《いしいしろう》による細菌戦研究と人体実験に関わっていたことは、よく知られている。ノモンハン事件は、同研究の実用化への試金石となった。

一九三六年八月、石井を部長とする関東軍防疫部(石井部隊)がハルビン郊外に設置された。日中全面戦争が起こると、石井部隊の役割は拡大し、編制定員は一九三七年末で四八四名、一九三八年一一月には七九六名となり、ノモンハン事件時には実員が一〇〇〇名を超えていた。

一九三九年六月から七月にかけて軍司令部は石井部隊に対して、防疫給水班編成を命じ、第二三師団や安岡支隊の指揮下に入れて活動させた。石井部隊は安全な飲用水を第一線部隊に供給し、実績を上げた。

その一方で、石井部隊は細菌攻撃も行っている。八月下旬第二三師団が総崩れとなるなか、ソ連軍の給水源がハルハ河であるという情報を受けて、支流のホルステン河に細菌（チフス菌とみられる）を流した。その効果は不明であるが、陸軍衛生部が行った最初の攻撃的任務であり、部隊の存在意義を示す試験として重要な意味を持ったと考えられる。一九四〇年八月には関東軍防疫部が防疫給水部に改称され、組織が拡大した（本部は満洲第七三一部隊と通称された）。ノモンハン事件をきっかけに、陸軍中央は細菌戦に積極的になっていったのである。

軍首脳の更迭と梅津の軍司令官就任

一九三九年九月七日には、ノモンハン戦敗北の責任をとって関東軍首脳の更迭が行われた。植田軍司令官と磯谷参謀長は、参謀本部附に異動し、一一月に待命、一二月に予備役となった。矢野参謀副長、寺田作戦課長は参謀本部附、辻は支那派遣軍総司令部附、服部は歩兵学校教官、島貫は陸大教官に左遷されたものの、皆、のちに第一線に復帰することとなる。部隊指揮官では、荻洲、小松原ら上級指揮官は、予備役編入（翌年一月）となった。一方、連隊長以下の中下級指揮官は、戦死した者や予備役編入となった者のほか、自決強要や停職、免官など重い処分がなされている。

梅津美治郎（1882～1949）
1903年陸士卒（15期）、11年陸大卒。支那駐屯軍司令官、陸軍次官、参謀総長などを歴任。48年A級戦犯として終身禁固、49年巣鴨刑務所で病死。

参謀本部でも関東軍の怨《うら》みが残らないように「喧嘩両成敗」（『稲田正純氏談話速記録』第四回）で、中島参謀次長、笠原幸雄《かさはらゆきお》総務部長、橋本群《はしもとぐん》第一部長、稲田作戦課長が更迭された（中島と橋本は一二月予備役編入）。

新たに関東軍司令官には梅津美治郎、参謀長には飯村穣《いいむらじょう》、参謀副長には遠藤三郎、作戦課長には有末次が就任した。梅津は、八月三〇日に成立した阿部信行内閣の組閣の際、天皇が陸相候補として畑俊六とともに直接指名するほど信任が厚く、軍内の統制を期待された人物であった。前述のように陸軍次官時代には、今村参謀副長を叱責して内モンゴル工作を進める関東軍を抑えた実績があった。

梅津はその今村の協力を得て関東軍の統制を図った。日ソ間の停戦協定が成立（九月一六日）するまでの間、今村率いる第五師団は、協定不成立に備えて一時関東軍指揮下に入った。今村と梅津は、関東軍参謀が万一、同師団に攻撃を直接命令したり、促したりしたら取り押さえることを話し合っている。実際にそのような事態にはならなかったようであるが、梅津の統制への強い意気込みが軍内に伝わったことだろう。

その後、梅津によって「満ソ国境紛争処理要綱」の改正が着手され、国境から二〇キロメートルまでを緩衝地帯とし、ソ連軍が同地帯を越えるまでは攻撃が禁止された。作戦面で発言力があった遠藤参謀副長は、熱河作戦を強硬に進めた人物である。その遠藤も日中戦争解決に邁進《まいしん》するため、ソ連との衝突は避けるべきと考えていた。遠藤は対ソ攻勢方針を採る年度作戦計画を防勢方針に変更すべく、折衝を進めた。その変更は実現には至らなかったものの、梅津の下で、関東軍の統制が強化され、躁急な国境紛争処理は抑えられたのである。

2. 対ソ軍備と関特演

「二号軍備」「三号軍備」

ノモンハン事件の頃、策定作業が大詰めを迎えていたのが、「修正軍備充実計画」（二号軍備）であった。一九三六年一一月に策定された一号軍備は、初年度から日中戦争が起こって状況が変化し、円滑な運用は望めなくなっていた。時間的にも工業力的にもノモンハン戦の教訓を反映させることは難しかったが、急ぎ関東軍を増強させるため、参謀本部は、陸軍省や大蔵省との折衝を経て、一九三九年一二月に二号軍備を成立させた。

同計画は、一九四四年度までに平時五八個師団、戦時六五個師団を達成するのが目標であった。平時編制を地域別にみると、本国二一個、朝鮮三個、台湾一個、満洲一四個、中国一九個とするという計画である。

関東軍では一九三九年一〇月、常設師団七個、臨時編成の第二三師団に加え、第八師団および第一一師団を三単位制に改編しつつ新たに部隊を組み合わせて、第二四師団（ハルビン）を編成した。同様に三単位制への改編によって、一九四〇年七月に第二五師団（東寧）、第二八師団（新京）が新編された。さらに一九四一年度までに一三個師団に増強し、一九四二年度には中国から一個師団を移駐させ、一四個師団とする予定であった。

ただし、軍備完成年度については、一九四〇年六月「更改軍備充実計画」（三号軍備）で修正され、四六年度まで先送りすることとなった。汪兆銘工作（国民政府行政院長であった汪兆銘に新中央政府を樹立させる工作）に呼応して攻勢をかけるため、中国戦線から兵力を削減するべきではないという意見が強くなったからである。同年八月には八路軍が華北で百団大戦（四〇万人を動員した反攻作戦）を開始したことにより、ますます兵力削減の余裕はなくなっていった。中国戦線の泥沼化が関東軍の対ソ配備に如実に影響を及ぼしたのである。

独立守備隊・国境守備隊

一九四一年初頭の時点で師団の配置を管轄別にみると、本国九個、朝鮮軍二個、関東軍一一個、支那派遣軍二六個、大本営直轄一個となっている。関東軍と朝鮮軍で一三個、駐蒙軍（支那派遣軍隷下）を合わせても一四個師団であり、極東ソ連軍三〇個師団の半分にも足りていなかった。

ただし、関東軍には駐劄師団のほかに、独立守備隊、国境守備隊が配備されていた。独立守備隊は一九三九年八月に五個から九個に増加したが、総兵力は三〇個大隊から二七個大隊へ削減されており、一独立守備隊当たり一個旅団規模から一個連隊規模に縮小された。これは、満洲国軍や満洲国警察隊が強化され、独力で抗日ゲリラ作戦を実行できるようになったことに対応していた。

一方、国境守備隊は、一三個の国境陣地にそれぞれ配置されていた。第一から第八陣地は一九三八年に完成しており、国境守備隊は、牡丹江省東寧を起点とし、満ソ国境を左回りに、興安北省ハイラルに至るまで第一～第八の守備隊番号が付された。

一九三九年末までには、それら既成の陣地の隙間を埋めるように、第九～第一三の陣地が構築され、同様に守備隊が配置された。守備隊員は、駐劄師団や独立守備隊などから抽出されて編成され、合計で歩兵一〇二個中隊が配備された。国境陣地は一個大隊（四個中隊）の配備をもって敵一個師団に対抗し得るよう設計されており、計算上は二五個師団半に対抗し得る兵力であった。なお、国境陣地の配置は、東正面と北正面に偏重しており、関東軍の対ソ攻勢作戦に対応する配置となっていた。

対ソ開戦をねらう「関特演」

関東軍は、ソ連と国境紛争で衝突することを控えていたが、一九四一年六月にドイツがソ連に侵攻して独ソ戦が起こると、政府から隙を窺って対ソ攻勢作戦を仕掛けることを求められ、兵力を一気に膨張させていった。

第二次近衛内閣（一九四〇年七月成立）の松岡外相は、同年九月に日独伊三国同盟、一九四一年四月に日ソ中立条約を相次いで締結させ、日独伊ソ四国協商への発展を目指していたが、独ソ戦勃発によってその構想は破綻した。

田中新一第一部長ら参謀本部は、ドイツに呼応した対ソ開戦論に傾いていった。一方、関東軍は日ソ中立条約を重んじ、開戦には慎重な態度を取った。梅津麾下の関東軍は、以前とは打って変わって、好戦性はみられなくなっていたのである。

七月二日の御前会議（天皇臨席のもと、政府や陸海軍首脳が出席）では、「情勢の推移に伴ふ帝国国策要綱」が決定され、南部仏印進駐とともに、密かに対ソ戦準備を進め、独ソ戦が日本に有利に進展した場合、武力行使することとなった。中立条約に関しては、原嘉道《はらよしみち》枢密院議長の発言にみられるように、ソ連は「背信行為の常習者」であるため、日本の背信を言うものはいないとして、等閑視された。

この決定に基づいて、対ソ開戦に備えた兵力動員と関東軍の増強が実施されていく。関東軍はこれらの業務を平時的措置と区別して、「関東軍特種演習（関特演）」と秘匿名称で呼ぶことを隷下に通達した。括弧書きで「関特演」を付した意図ははっきりしないが、やがて陸軍では、単なる演習の「関東軍特種演習」（従来年に数回実施）や名称が類似する「関東軍特別演習」（同年七月牡丹江で実施予定であったが中止）との違いをより明確にするため、むしろ「関特演」に呼称を統一するようになったとみられる。陸軍省や各部隊が発した同業務に関する文書では、「関特演」が件名や本文中で使用された。

八五万人態勢へ

田中ら参謀本部は、八月上中旬の時点で極東ソ連軍の地上部隊がヨーロッパ方面に送られ、一五個師団に半減したら、九月初頭から武力発動できると見込んだ。ソ連軍の一五個狙撃師団（平時編制）は、戦時編制の日本軍一一個師団に相当する。そのため戦時編制の二二個師団があれば、ソ連軍に対して二倍の優位を保持できる計算であった。

そこで参謀本部は六月下旬、八月一〇日を開戦決意日、同月二九日を作戦開始日とし、満洲・朝鮮に第一段動員（八月二四日完結）で一六個師団、第二段動員（九月五日完結）で二二個師団を配置することを立案した。しかし、武力発動に慎重であった陸軍省軍務局（特に真《さな》田穣一郎《だじょういちろう》軍事課長ら）は、動員の必要がない現有兵力で作戦を行える状況になってはじめて開戦すべきとして反対した。

参謀本部作戦課長に就任した服部卓四郎は、満洲・朝鮮現有一四個師団（同年四月第二九師団が新編されていた）だけでは足りず、少なくとも本国から二個師団を派遣して一六個師団とすることが必要であるとし、さらに二十数個師団の本格的動員をも主張した。同じく関東軍参謀から編制動員課長となっていた中山源夫《なかやまもとお》も、ノモンハン事件の教訓に基づき、作戦課が要求する以上の規模の後方部隊派遣を実現させようと図った。

七月三、四日には真田軍事課長も軟化し、平時編制から戦時編制への切り替えを認め、一四個師団の動員や一部の航空部隊、後方部隊の派遣には同意したが、本国からの二個師団動員には依然として反対した。そこで田中第一部長は、東條陸相と直談判することによって、それを認めさせた。こうしてまずは一六個師団の動員が決定した。高定員（一万二〇〇〇人）であった在満洲・朝鮮の各師団に、本国から六〇〇〇人を送り、一万八〇〇〇人の態勢とし、さらに本国から新たに第五一、五七師団が派遣されたのである。人員は三五万人から八五万人にまで膨れ上がった。

侵攻作戦で突破力の要《かなめ》となる野戦重砲兵連隊は、日本軍全体の七割以上が満洲に集中した。また二五個師団に対応できる膨大な兵站部隊も送り込まれている。追加の師団を派遣すれば、すぐに作戦が開始できる態勢となったのである。

また兵站の一端として欠かせないものと考えられていたのが慰安所で、この兵力膨張に合わせて関東軍は、二万人の慰安婦を徴募しようとし、朝鮮からは約三〇〇〇人の女性が送られたとみられる。

武力行使の中止

関東軍や参謀本部は、対ソ開戦には少なくとも二五個師団（一二〇万人）が必要と考えるようになった。

七月一〇日、参謀本部は二五個師団によって東と北の二正面攻勢をとり、さらに樺太やカムチャツカで二個師団用いることを計画した。作戦の詳細に関する史料は失われているが、東正面に一三個師団、北正面に六個師団、西正面に一個師団を配置し、予備として五個師団を置く構想であったとみられる。

しかし、三一日には田中第一部長と東條陸相の会談が行われて、二四個師団の動員で合意がなされた。参謀本部は東正面攻勢一本に絞っていったと考えられる。

関東軍でも北正面攻撃は難しいと判断し、東正面攻撃とそれに呼応した北東正面のハバロフスク攻撃（三江作戦）が計画された。秦彦三郎《はたひこさぶろう》参謀副長は、ソ連占領地行政研究を進め、カムチャツカや北樺太を日本領に編入するほか、バイカル付近に親日独立国を樹立することを構想している。軍参謀部には占領地行政を担当する第五課が新設され、九月に池田純久《いけだすみひさ》が課長に就任した。

満洲国軍では、白系ロシア人からなる浅野部隊が関東軍の侵攻に呼応してソ連内で鉄道爆破などの謀略を展開すべく、準備を進めた。

しかし、独ソ戦は、ソ連の戦力が分散することを期待した日本側の思惑通りには進展しなかった。ソ連軍狙撃師団で西送されたのは、わずか五個師団のみとみられ、八月上旬で開戦を決意することは難しく、判断にはさらに三、四週間を要する見込みとなった。杉山参謀総長は七月三〇日、上京したもう一人の参謀副長の綾部橘樹《あやべきつじゅ》に対して、「あやふやのところに手をだしてはならない」として「隠忍待機」、「一層の準備完成」を求めた(『戦史叢書 大本営陸軍部2』)。

以前であれば、中央が待ったをかけても止まるに止まれないのが関東軍であった。しかし、梅津麾下の関東軍は、中央の統制に服し、以前のように武力行使のための既成事実作りをすることもなかった。御前会議決定の趣旨伝達のために大本営陸軍部第二〇班長(戦争指導班長)となっていた有末次が派遣されてきた際、梅津は「大命に基づかない行動は断じてやらない」、「中央と関東軍との間に現にある意見の不一致は討議検討によって除かれなければならない」と述べていた(『戦史叢書 大本営陸軍部大東亜戦争開戦経緯 4』)。

八月二日、東正面のソ連軍が無線封止し、日本側は対日攻勢の前兆かと警戒した。梅津は、ソ連が航空攻撃してきた場合に独断でソ連領内に航空進攻を行うことの承認を中央に求めた。

その上申は六日、大本営政府連絡会議で杉山参謀総長が提議して承認され、大陸命第五二三号で許可されている。独断が必要となる事態に備えて事前に承認を求めておくという、かつての関東軍では考えられない慎重なやり方であった。

やがて参謀本部は、同年中にドイツがソ連を屈服させることは不可能であり、翌年以降も必ずしもドイツが有利な状況になることはないと判断するようになった。日本を取り巻く外交状況は、日本軍の南部仏印進駐が波紋を広げ、アメリカが対日石油禁輸を行ったことによって、対ソ武力行使より対米戦争か否かが喫緊の問題となっていた。同月九日参謀本部は、年内の対ソ武力行使を諦めるに至った。

家族招致と駐箚師団の常駐化

満洲駐箚師団が交代制を採っていた理由の一つには、軍人軍属の家庭問題への配慮があった。しかし、現地に家族を招致できれば、その問題は緩和でき、師団常駐化も可能となる。

従来、家族招致は警備や宿舎の関係から一部の者にだけ認められており、不公平な状態に置かれていた。一九三八年一月末時点での家族招致の許可者数は、軍司令部が一〇四六と最も多く、第一師団は三三、第一二師団は一六、第一〜第五独立守備隊は、それぞれ二〇〇台にとどまっていた。

岡部第一師団長の日記によれば、同年一二月には、家族招致が一律に許可されることとなった。岡部は、招致に際して、①出動の際に家族が煩累とならないようにすること、②当番兵を家族のために使用しないこと、③給養に関して軍から現品を受領しないことを注意している。また女中のみを招致することは、風紀上の問題を起こすとして許可されなかった。なお岡部自身は、家族招致を見合わせた。

岡部は一九三九年四月九日、将校家族九二名(夫人四一、子ども等五一)を前に、有事の際、差支えない者は進んで軍の行動に協力するよう訓示した。五月一一日に稲田作戦課長が孫呉に来訪した際には、岡部は第一師団を常駐化することに支障はないと答えている。各師団の駐箚状況からすると、四〇年から常駐制が実施されていったと考えられる。

一九四一年の関特演に際しては、新たな家族招致許可が停止され、反対に家族の帰還が進められた。関東軍は、常駐制の観点から全面的な帰還は認められないが、部隊の急激な派遣や宿営の関係などから一部の帰還は認めるとした。

一九四三年二月、軍総司令部(前年一〇月関東軍は総軍となった。総軍については後述)は、いくつかの部隊から家族招致できない者が相当数に上るとして官舎増築を求められたが、増築は中央に折衝中であるものの、希望には添い難いと答えている。官舎は現員数の半分ほどしか足りていなかった。関特演のあまりの兵力膨張に家族招致方針が追いつかなかったのである。

兵力の南方抽出

関東軍は一九四三年に至るまで、関特演で動員された大兵力を抱え続けた。しかし、南方戦線での作戦拡大、戦況の悪化によって対ソ開戦の機会は完全に失われることとなった。関東軍にいつまでも無用の兵力を置いておくことは許されず、本国や中国本土、南方戦線への部隊の抽出が開始されていく。

抽出は工兵・通信・兵站などから始まり、独立守備隊や国境から離れた後詰め師団へと移っていった。一九四三年一一月には第三独立守備隊（昂昂渓）、第四独立守備隊（牡丹江）、一九四四年二月には第二七師団（錦州）、第一四師団（チチハル）、第二九師団（遼陽）が抽出された。航空兵力に関しては、一九四三年に一二個飛行戦隊、その後、一九四四年三月までに六個飛行戦隊が転出してわずか一〇個飛行戦隊となった。

一九四四年には、国境方面に置かれた精鋭師団の抽出が始まった。六月に第九師団（牡丹江）、七月に第二四師団（林口）、第八師団（綏陽）、第一師団（孫呉）、第一〇師団（ジャムス）、一〇月に第二三師団（ハイラル）、一二月に第一二師団（東寧）が転出している。東正面および北正面の戦力は半減し、西正面の防備は崩壊した。航空兵力も七個飛行戦隊が抽出され、実質的に無力化された。

異動となった軍人の家族は、部隊移動の秘匿のため、しばらく満洲に留め置かれた。同年二月に夫の部隊がメレヨン島（グアム島の南方）に移転した、ある中尉夫人は、五月になってはじめて帰国が許されたと証言している（『満ソ殉難記』）。

一九四五年に入り、三月までに第七一師団（ジャムス）、第二五師団（鶏寧《けいねい》）、第五七師団（山神府《さんしんふ》）、第一一師団（東安《とうあん》）が抽出された。関特演以来、各正面に配備されてきた精鋭師団はすべて姿を消すこととなったのである。

3. 日ソ戦争

ソ連軍の侵攻準備

一九四四年夏、スターリンは、スターリングラード反攻を立案して功績をあげたワシレフスキー参謀総長に対し、将来の対日戦の指揮を委ねる旨を伝えた。極東ソ連軍の態勢は、防勢から攻勢準備へと切り替えられていった。

一九四五年二月、米英ソ間のヤルタ秘密協定では、南樺太や千島の返還、旅順の租借、中東鉄道・満鉄の中ソ共同経営などを条件に、ソ連がドイツ降伏後、二、三か月で対日参戦することが決まった。四月、ソ連は日ソ中立条約不延長を通告した。

極東への部隊の集中は、一九四四年内にすでに着手され、ドイツが降伏した一九四五年五月から本格化した。開戦時には狙撃師団六九個、戦車・自走砲五二五〇両、航空機五一七七機などを有し、一六〇万人（予備人員を含む）に及ぶ大兵力が展開される。レンドリース

（武器貸与協定）によりアメリカから供与された戦車も加わった。ソ連兵は、自動火器をほとんど持たない日本兵と違い、短機関銃（マンドリンと呼ばれた）を装備していた。

極東ソ連軍総司令部は六月末にチタに開設され、七月五日、ワシレフスキー総司令官が着任した。極東ソ連軍は、ザバイカル方面軍（四二万人）、第一極東方面軍（四〇万人）、第二極東方面軍（二四万人）で構成された。侵攻作戦は、主要攻撃をザバイカル方面軍が担い（第六親衛戦車軍が主力となる）、モンゴル軍の側面支援を受けつつ、西から満洲中央部を制圧する。第一極東方面軍は、東からハルビンや長春、北朝鮮諸港を占領する。第二極東方面軍は、北から松花江沿いにハルビンを攻略するという計画であった。

持久守勢方針への転換

山田乙三（1881～1965）
1902年陸士卒（14期）、12年陸大卒。参謀本部総務部長、中支那派遣軍司令官、教育総監などを歴任。56年までシベリア抑留。

ソ連軍を迎え撃った関東軍総司令官は、長らく教育総監を務め、「人格者」（『歴代陸軍大将全覧』）と評された山田《やまだ》乙三《おとぞう》であった。山田は、一九三七年に第一二師団長、一九三八年に第三軍司令官として掖河《えきが》（牡丹江の東）に駐屯した経歴があった。一九四四年七月、東條内閣総辞職、小磯国昭内閣成立に伴い、陸軍首脳の異動があり、参謀総長となった梅津に替わって、山田が総司令官に就任した。静豆夫人は遅れて八月渡満し、笠原雪夫人、武部歌子夫人らの出迎えを受けた。

同月、関東軍第一課作戦班長の草地貞吾《くさちていご》は、対ソ戦のあらゆるケースを想定して、大本営に六つの検討案を提出した。①バイカルへの積極攻勢、②東・北両面攻勢、③完達《かんたつ》山脈（黒龍江省東部）―奉天東側高地に持久、④新京―図們《ともん》線と新京―大連線間に持久、⑤満洲全域放棄、⑥満ソ国境全面守勢である。

九月大本営が関東軍に示したのは、④と⑥を合わせたような方針であった。「対ソ静謐《せいひつ》」（ソ連を刺激しないこと）が指示され、紛争発生の恐れがある地域では、状況により兵力を使って警備をしなくてもよいとされた。作戦地域が朝鮮北部を含むため、関東軍総司令官と朝鮮軍司令官の兼任案も検討されたが、結局、関東軍総司令官に朝鮮軍司令官を区処する権限を付与することに決まった。

関東軍は作戦に関する研究を続け、一九四五年一月に作戦計画を策定した。同計画では、主たる抵抗は満ソ国境地帯で行い、防衛の重点をなるべく国境寄りに置き、やむを得ない状況に至れば、南満北鮮山岳地帯で抗戦するとしている。

しかし、関東軍からの部隊抽出が続いたため、三月から五月にかけて計画の手直しを余儀なくされた。東正面を担当する第一方面軍司令部は牡丹江から敦化《とんか》へ、北正面を担当する第四軍司令部は、孫呉からチチハルに移駐することとなり、防衛の重点は内陸に移っていった。

表5
関東軍兵力（1945年8月）

		師団	独立旅団
第1方面軍（敦化）	第3軍（延吉）	79. 112. 127. 128	132. 機1
	第5軍（掖河）	122. 124. 126. 134. 135. 139	
第4軍（ハルビン）		119. 123. 149	80. 131. 135. 136
第3方面軍（奉天）	第30軍（新京）	39. 125. 138. 148	
	第44軍（奉天）	63. 107. 108. 117. 136	79. 130. 134. 戦車
第34軍（咸興）		59. 137	133

七月五日に最終決定された作戦計画では、次の方針が決定した。

関東軍は、満洲の広域を利用して敵の進攻を破砕するに努め、やむを得ざるも連京線（大連―新京）以東、京図線（新京―図們）以南の要域を確保して持久を策し、大東亜戦争の遂行を有利ならしめる（『関東軍』2）

すなわち満洲の大部分の放棄を想定し、連京・京図線に防衛線を敷き、最終的には通化《つうか》方面の鮮満国境で持久戦を実行する方針が採られた。放棄地域の居留民は、基本的には見捨てられることを意味したのである。

防衛態勢の構築

関東軍は一九四四年九月時点で、一般師団一〇個、戦車師団一個を有していた。同じ頃、極東ソ連軍は狙撃師団一九個、同旅団一五～二〇個、戦車旅団一〇個などを有しており、その時点ですでに関東軍は劣勢であった。

関東軍ではその後も転出が続いた一方で、新設や転入があり、四五年五月末時点で、一六個師団となる（国境守備隊のほとんどは、師団などに改編された）。その内訳は、一九四四年五月から四五年二月までに新設された師団一一個（第一〇七、一〇八、一一二、一一九、一二二〜一二八）、支那派遣軍から転入の師団四個（第三九、五九、六三、一一七師団）、第一七方面軍（朝鮮軍を再編）から転入の師団一個（第七九師団）である。

支那派遣軍からの転入師団の到着には時間がかかり、焦慮した関東軍は、七月にいわゆる「根こそぎ動員」を行って、師団八個（第一三四〜一三九、一四八、一四九師団）、独立混成旅団七個（第一三〇〜一三九旅団）、戦車旅団一個（第九旅団）を新設した。

関東軍は、こうして二四個師団、兵員約七〇万名を整えた。しかし、それは急遽、外見だけを整えた兵力にしか過ぎず、編制、装備、素質の点で十分なものではなかった。同じ師団であっても従来の精鋭師団に比べると、三割半程度、すなわち八個師団半の実力しかなかったと見積もられている。火砲は約一〇〇〇門、実戦に使用可能な戦車、飛行機は、それぞれわずか約二〇〇程度であり、ソ連軍との実力差はあまりにも大きかった。

東正面に第一方面軍（第三軍・第五軍）、北および北西正面に第四軍、西正面から鮮満国境地域にかけては第三方面軍（第三〇軍・第四四軍）、朝鮮北部には第三四軍（最終的に第一七方面軍も隷下に入る）が配置された。

関東軍が築城を進めた陣地は、国境方面の前方防御陣地、最終防御陣地となる通化付近の複郭《ふくかく》、両者の中間の遊撃拠点の三つに区分することができる。しかし、一九四五年七月末になっても、国境方面では主要火器陣地を概成したに過ぎず、各陣地の組織的連繫の構築には至らなかった。内陸部の築城は計画中のものが多く、通化方面の複郭陣地についても一部が着手されたに過ぎなかった。第五軍参謀柏田秋治は、一九四四年夏頃までに関東軍の作戦方針を決定できていれば、築城も完成し、教育訓練も精緻《せいち》を期し得たと回想するが、すでに時遅しであった。

満洲国軍内の抗日秘密運動

全一一軍管区に分かれていた満洲国軍は、第一方面軍の下に第六、七、一一軍管区、第四軍の下に第三、四、八、一〇軍管区、第三方面軍の下に第一、二、五、九軍管区がそれぞれ指揮下に入った。兵力を減退させていた関東軍に対し、満洲国軍の兵力は着実に増強されていた。主要な兵力である警備軍は一九三九年には五万人ほどであったが、一九四五年八月時点で九万人となっており、総兵力は一五万人にまで至っている。

満洲国軍飛行隊は、新京に第一飛行隊、奉天に第二飛行隊、ハルビンに第三飛行隊、通《つう》遼《りょう》に独立飛行隊が設置され、百十数機が配備された。関東軍では一九四五年七月の時点で戦闘飛行部隊は鞍山《あんざん》の独立第一五飛行団しか残っておらず、戦闘機は六五機、重・軽爆撃機は各一〇機の計八五機で、実働機はさらに少なかったとみられる。奉天・撫順《ぶじゅん》の防空を担当する奉撫飛行団では、満洲国軍の指揮官が日本軍の部隊を指揮する態勢にさえなっていた。

関東軍は、満洲国軍の反乱を警戒、重火器を取り上げて戦力を減殺させ、日本軍に配属して築城を促進しようとした。しかし、満洲国軍の強化にあたってきた軍事顧問や日系軍官側にも自負があったのだろう。多くの軍管区では兵器の返納命令を握りつぶすなどして徹底されなかった。しかも満系やモンゴル系将兵は、日本の敗戦が近いことを理解していた。また軍官の世代交代が進むなか、日露戦争を知らない若い世代が入るようになって、軍内で抗日秘密運動が進行しており、水面下では崩壊が始まっていたのである。

希望的観測とソ連侵攻

大本営は一九四五年七月一日時点で、八～九月以降のソ連の動向には警戒を要するとしつつも、年内に武力発動に乗り出す公算は少ないとみていた。同月下旬になっても、ソ連参戦は時間の問題としつつ、ソ連は熟柿《じゅくし》主義（時機の到来をじっくり待つこと）を採るだろうとして、情勢の逼迫《ひっぱく》さを打ち消すような希望的観測を示した。そこには、ソ連を仲介とする終戦工作への期待が影響していたと考えられる。このような大本営の情勢判断が関東軍の判断にも影響を与えたが、関東軍は終戦工作については知らされていなかった。

関東軍第一課（作戦）では、七月頃の情勢判断で、同年夏は警戒を要するとしつつ、ソ連の対日参戦は九月以降となる可能性がある、さらには来年春になることもあり得るとし、隷下部隊にその判断を伝えた。応戦準備が進まないなか、ソ連に出てきてほしくないという主観的願望が情勢判断に投影されたのである。第二課（情報）も、幹部が頻繁に交代したこともあり、判断が統一されず、概して第一課に同調していた。そのため、家族を新たに招致した者や帯同した者もあった。秦彦三郎総参謀長も、ソ連参戦が秋季以降になると考えていたとみられる。

しかし、ソ連は八月九日零時に参戦し、ソ連軍・モンゴル軍が東西北の三方面から満洲国に侵攻して来た。圧倒的な戦力差の下、関東軍は厳しい戦いを余儀なくされ、ソ連軍の進軍を許した。防衛線外に置かれた満洲国軍部隊では、ソ連軍が迫り、関東軍部隊が撤退を始めると、日系軍官を殺害する反乱が多発した。

居留民・軍家族の避難

満洲には一三二万人余の居留民がおり、日ソ開戦前に本国に送還することは、船腹の関係からしても困難であった。朝鮮に避難させるにしても食料上、目処《めど》がつかなかった。関東軍は、防勢作戦への転換をソ連に察知されないようにするため、居留民移送や陣地の新設を抑制した。国境近くに入植していた開拓団では、根こそぎ動員によって壮年男子のほとんどが召集され、老幼婦女が多く残されていたが、作戦方針を知らされないなか、関東軍を信頼して開拓団側から後退要請が出ることはなかった。

ソ連軍が侵攻して来ると、国境方面の軍家族や居留民は、関東軍部隊に合流して、戦死あるいは自決した者がいた一方で、鉄道や自動車によって後方都市へ避難した者もいた。その避難は、部隊の転送と重なり、混乱を極めた。

第一三五師団参謀長井上敏助《いのうえとしすけ》によれば、鉄道沿線から離れた地に住んでいた者は、徒歩で避難せざるを得なかった。それらの者は現地人や満洲国軍の反乱部隊によって略奪や暴行を受け、山林地帯を着の身着のまま彷徨《さまよ》い、子どもを手放して辛うじて命を長らえるなど壮絶な状況に陥った。たとえ街にたどり着いても、次には進駐してきたソ連軍の暴力が待っていた。

関東軍は、国境方面の避難については現地に任せた一方で、内陸部については鉄道輸送を指示した。ハルビン付近の者はまず吉林・拉法《らほう》へ、新京付近の者は通化から朝鮮北部へ、奉天付近の者は安東から平壌へ輸送する方針であった。

新京では、九日午前九時半過ぎ、関東軍第四課参謀原善四郎《はらぜんしろう》らと武部六蔵満洲国総務長官、山崎元幹《やまざきもとき》満鉄総裁らが協議し、同日夕方以降、民、官（満鉄を含む）、軍家族の順で居留民を列車輸送すること（第一列車は午後六時出発予定）を決定した。

第四課参謀の吉田農夫雄《よしだのぶお》は、第一列車は民、官、軍家族混合で、予定より遅れて一一日午前一時四〇分に出発したとしている。

一方、第一課参謀の草地は、第一列車に乗り込んだのは軍家族であり、そのことを原に難詰したら、原はまず一般市民を輸送しようとしたが、長年住みついた者の腰は重く、すぐには乗車できないということなので、緊急集合が可能な軍家族をまず輸送させ、一般市民などは循環輸送に回したと答えたと回想している。同課参謀の高杉恭自《たかすぎきょうじ》もまず軍家族から輸送を開始したと述べている。

ただし、朝鮮に避難し得た軍家族も無事では済まなかった。関東軍総司令部員の家族（二八〇〇人）は、平壌に逃れて敗戦を迎えたが、同地で九か月間拘束されることとなった。食料不足や劣悪な住環境、発疹チフスの流行によって多くの命が奪われ、秦久子（総参謀長夫人）も同地で亡くなった。

新京防衛と玉音放送

日ソ戦争の各方面の戦況に関して、近年、研究が進展しており、満洲やソ連だけではなく、朝鮮やモンゴル、アメリカなどの動向も踏まえた戦争の多彩な側面が明らかにされつつある。紙幅の都合上、ここでは、新京の総司令部周辺の状況について触れたい。

八月八日夜半、新京はソ連軍機による空襲を受け、日付が九日に変わると、ソ連侵攻の第一報が入ってくる。総司令部は早朝、ソ連の本格的な爆撃を予想して、南嶺に準備してあった地下戦闘司令所に一度移ったが、ソ連軍機の襲来はなく、総司令部庁舎に戻った。

参謀部は再編成され、第一課および第四課のみを残し、他はすべて第一課に編入された。

同日夜の参謀会議では、アルシャン―白城《はくじょう》方面のソ連軍機械化部隊が約一週間で新京に到達するだろうという情勢判断がなされた。

一〇日午前には、翌一一日に総司令部を、満洲国政府とともに通化に移転させることが決定した。総司令部庁舎には、替わって新京地区の防衛に任じられた第三〇軍司令部が入ることとなった。第四課参謀の吉田農夫雄らは、第三〇軍参謀を兼任することとなり、新京に残った。一二日には総司令部裏庭で重要書類の焼却が始まる。

新京市街地の防衛は、北側は第一四八師団、南側は独立混成第一三三旅団、東側の一角は満洲国軍が担当した。しかし、一三日から一四日にかけて満洲国軍通信隊、禁衛隊の反乱が起こり、満洲国陸軍軍官学校（新京東郊にあった）でも満系が日系から離反しつつあった。反乱部隊は、旧城、市街中心部の一角を占拠したと考えられる。関東軍参謀の山岸《やまぎし》武《たけし》と入江《いりえ》義十郎《ぎじゅうろう》は、戦車の天蓋《てんがい》に乗って旧城へ偵察に出かけたが、手榴弾あるいは射撃を受けて戦死し、関東軍も手を出せない状況となった。

一四日には通化に移転していた山田総司令官、秦総参謀長らが停戦になる模様との情報を得て、新京に戻って来た。ソ連軍はいまだ新京には到達していなかったが、一五日正午には日本の降伏を伝える玉音放送が流れた。ただし、停戦命令は届いておらず、関東軍では翌一六日の幕僚会議で今後の去就を決めることとなった。

降伏と抑留

一六日午後四時、大陸命で即時停戦命令が発せられ、大本営は局地停戦交渉と武器の引き渡しを指示した。一方、八時に開かれた幕僚会議では、徹底抗戦論が多数を占めた。参謀の高杉は、所詮《しょせん》駄目だとわかりつつも降伏を口にする元気がなく、継戦に賛成したという。しかし、秦総参謀長が大命に従うべきことを文字通り、命を懸けて訴えると、皆、沈黙を守った。山田総司令官も秦に同意し、降伏を受け容れることが決まった。一〇時、隷下部隊に即時停戦が命じられた。

一九日にはソ連軍が長春に入り、秦とワシレフスキー総司令官の間で停戦合意がなされるが、ソ連軍の進撃や通信連絡の遮断により、戦闘が続いた部隊もあった。

関東軍の降伏は、日本による満洲支配の終焉を意味した。一八日午前零時すぎ、溥儀が退位を表明して、満洲国が解体され、一九日には満洲国軍が解散した。二二日、総司令部庁舎はソ連軍に接収され（駐東北総司令部が置かれる）、菊花紋章が外された。総司令部は一部の連絡員を残し、西広場に面する海軍武官府（旧駐満海軍司令部）や敷島《しきしま》高等女学校に移った。

九月五日、総司令部は完全に武装解除された。山田、秦ら幹部はハルビン経由でハバロフスクに移送され、捕虜となった関東軍将兵（満洲国軍日系軍官や軍官学校生を含む）の移送も本格化していった。極東ソ連軍によって約五八万九〇〇〇人が一時的に満洲各地の野戦収容所に入れられ、そこからシベリアでの労働に適するとされた五〇万人（軍属や看護婦の女性も含まれた）がソ連に移送された。溥儀や張景恵ら満系およびモンゴル系政府高官・軍高官もソ連に抑留され、のちに撫順に移送される。張海鵬は北京に逃亡潜伏するが、のちに発見されて処刑され、于芷山も同地に潜伏するが、発見されて撫順に送られた。

総司令部庁舎は、ソ連軍撤退後の一九四六年、国共内戦下に長春を占領した国民党新編第一軍が入り（司令官邸は同軍司令官邸となる）、一九四八年には長春を奪い返した共産党軍の手裡に入っていくこととなる。

終章　帝国日本と関東軍

出先部隊のなかの関東軍

最後に少し視野を広げて、日本陸軍の出先部隊全体のなかに関東軍を位置づけてみたい。

帝国日本の勢力圏は、本国から放射状に広がっていった。本国から北に南樺太、北西に朝鮮と満洲、西に青島や天津、揚子江流域、南西に台湾、南から南東に南洋群島が位置し、各地に出先部隊が置かれた。出先部隊の機能としては、①帝国拡張の先兵、②治安維持、③対外防衛の三つを挙げることができる。

日清戦争を経て最初の植民地となった台湾では、抗日勢力鎮圧にあたる台湾守備隊が成立し、台湾総督の隷下に入った。義和団《ぎわだん》事変を経て北京議定書では、天津など鉄道沿線に駐屯権が定められ、清国駐屯軍（一九一三〈大正二〉年に支那駐屯軍と改称）が置かれた。

一八九六（明治二九）年には日露間の小村・ウェーバー協定に基づき、京城・釜山《プサン》・元山《ウォンサン》

表6　出先軍司令官（満洲事変直前）

	階級	隷下部隊長			兵力規模
朝鮮軍司令官	大中将	第19師団長（中将） 第20師団長（中将）			2個師団
関東軍司令官	大中将	駐劄師団長（中将）	独立守備隊司令官（中少将）		1個師団＋6個大隊
台湾軍司令官	大中将		台湾守備隊司令官（中少将）		2個連隊
支那駐屯軍司令官	中少将			天津駐屯歩兵隊長（中少佐） 北京駐屯歩兵隊長（中少佐）	5個中隊

に韓国駐劄隊が置かれ、日露戦争が起こると、韓国駐劄軍に再編されて植民地化を推進した（一九一〇年の韓国併合で朝鮮駐劄軍と改称、朝鮮総督隷下に入る）。満洲では同戦争で数個の軍の指揮を執るため満洲軍（総軍。総司令官は大将）が編成され、講和後、関東州および満鉄附属地を租借すると、関東総督の軍政を経て、関東都督隷下に駐劄師団および独立守備隊が置かれた。南樺太では、樺太守備隊（一個大隊。司令官は少将・大佐）が置かれたが、その後、日露両国は樺太での軍事的対峙を回避し、一九一三年に同隊は廃止された（ロシア側も廃止）。

辛亥革命が起こると、居留民保護を名目に揚子江流域の漢口に中清（中支那）派遣隊（一個大隊。司令官は少将・大佐）が、第一次大戦では山東半島の占領に伴い、青島守備軍（最大一個旅団。司令官は中将）が設置された。しかし、一九二二年、中国の内政不干渉方針を定めたワシントン会議を経て、ともに廃止となった。支那駐屯軍、独立守備隊も一時、減兵している。なお、第一次大戦で占領した南洋群島には海軍の臨時防備隊が駐屯し、委任統治領となると、一九二二年に防備隊が撤収して横須賀鎮守府の管轄となり、海軍在勤武官（大佐～大尉）が置かれた。

一九一八年からのシベリア出兵では、ウラジオ派遣軍（最大三個師団。司令官は大中将）が駐留を続けたが（満洲駐劄師団も出動）、次第に干渉失敗は明白となり、一九二二年に撤兵した。また一九二〇年に尼港《にこう》事件（共産パルチザン勢力により日本人居留民が殺害された）が起こると、事件解決のため、北樺太保障占領が行われ、サガレン州派遣軍（最大一個旅団。司令官は中少将）が駐屯したが、一九二五年日ソ基本条約が締結され、撤兵した。

朝鮮、南満洲、台湾では、一九一八年から一九年にかけて官制統一化、総督・都督の軍民分離が図られ、朝鮮軍、関東軍、台湾軍が成立した。これに支那駐屯軍を加えて、四つの軍で満洲事変を迎えることとなる。

兵力は、満洲事変直前の時点でみると、朝鮮軍が二個師団を有して最も多く、関東軍は一個師団と六個大隊を有し、それに次ぐ。台湾軍は二個連隊ほど、支那駐屯軍は五個中隊ほどである。普通、一個師団以上を有する部隊が「軍」と呼ばれるので、台湾軍や支那駐屯軍は実態以上の格を備えていたことになる。

軍司令官の就任資格は、朝鮮軍、関東軍、台湾軍は大中将、支那駐屯軍は中少将である。

前三者に比べて支那駐屯軍の格は低い。ただし、台湾軍については一九二一年以降、中将の軍司令官就任が続いており、大将も軍司令官に就任した朝鮮軍、関東軍に比べれば、やはり台湾軍の格は一段低かったことがわかる。

他方、朝鮮軍と関東軍を比べると、朝鮮軍は常駐師団を有し、いわば一国を管轄したのに対して、満洲事変以前の関東軍は、駐劄師団は交代制で、管轄地域も一国と呼べるものではなかった。よって朝鮮総督府と関東庁の関係同様、朝鮮軍に比べると、関東軍の格は低い。

朝鮮軍、関東軍の兵力の大きさ、軍司令官の地位の高さは、特に北西方面に帝国の発展の余地を期待し、利害が衝突するソ連との対決に備えていたことを反映しているだろう。関東軍の兵力が不足する際には朝鮮軍が補塡するなど、両軍の連携も構築されていた。立花小一郎、南次郎、植田謙吉、山田乙三は、関東軍司令官就任以前に朝鮮駐劄軍や朝鮮軍での経歴を有している。

ただし、満洲事変以前、朝鮮軍では、抗日運動対策の必要性から治安維持に運用の比重が置かれた。一方、関東軍も中国による権益回収の圧力、ソ連の満洲赤化に対する危機感が高まるなか、治安維持を担う組織として存在感を高めたが、治安維持を権益維持・拡大へと結びつけ、強硬な行動をとるようになっていった。

出先部隊と本国との関係でカギになるのは、「天皇直隷」と「区処」である。前記の出先部隊では、北海道の第七師団長に隷属した樺太守備隊司令官を例外として、司令官はすべて天皇直隷であった。つまり出先軍司令官にとって「上官」とは天皇であり、天皇が細部にわたって指揮することはない以上、天皇の信任を受けて職務に従事する軍司令官の判断が尊重される。満洲事変時の関東軍は、この原則、制度的特性を前面に押し出し、命令を受ける関係にない政府や陸軍中央をなおざりにして動いた。天皇直隷という点では出先軍司令官は陸軍三長官と同格であった。

なぜ出先軍司令官は、天皇、陸軍三長官の双方に隷属しなかったのだろうか。問題の淵源《えんげん》は、明治期まで遡る。明治初期、日本陸軍の主任務が内乱への備えであった頃、全国には六つの鎮台が置かれていた。一八七三年の鎮台条例では、鎮台司令官は天皇の下に属し、陸軍卿（太政官制下の陸軍省長官）に隷するとされており、両者への隷属がなされていた。

しかし、外征が視野に入り、ドイツ軍制の導入が図られるなか、それが変化していった。一八七八年に参謀本部、一八七九年に監軍部（東部・中部・西部）が設置され、天皇（参謀本部が補佐）―監軍部長（師団長に相当）―鎮台司令官の軍令系統が整備された。一八八五年の改正鎮台条例では、軍令系統から外れた陸軍卿は、軍政に関して鎮台司令官を区処すると規定された。一八八六年に監軍部が廃止され、一八八八年に鎮台が師団（独立して戦闘行動ができる能力を保有）へ改編され、やがて陸軍三長官の制度が定まっていった。その結果、師団司令部条例では、師団長は天皇に隷属する一方で、軍政および人事は陸相、動員計画・作戦計画は参謀総長、教育は教育総監の区処を受けるとされた。

区処は、隷属関係に依らない指示であるが、それが意味するところは曖昧であり、法令を作成した陸軍当局としても、隷属とそこまで大きな差異を想定していなかったのかもしれない。しかし、厳密に解釈すれば、陸軍中央は直接、師団長に命令できず、師団長にとっても陸軍中央との関係は、あくまで副次的・限定的なものであることが示されたのである。対外作戦に投じられる師団長に臨機応変な行動を認め、その地位の重さを法文上、表現した結果であろう。そして出先に師団長より上級の軍司令官（あるいは総督・都督）が置かれると、同様に陸軍中央との区処関係が規定されることとなった（師団長は戦時、軍司令官の隷下に入った）。ここに出先軍司令官に自主性が生まれる一方で、属人的な統制がなければ、軍司令官を抑えられなくなる脆弱性が潜在したのである。

また関東軍でつきものだった謀略は、そもそも陸軍の常套《じょうとう》手段であった。謀略はその隠密的な性質上、統制を困難にする要素を含んでいる。しかも、張作霖への兵器供給にみられるように、軍事顧問や特務機関、関東軍ら出先だけではなく、陸軍中央も政府方針に反する謀略に関与していた。その結果、陸軍中央が出先の謀略を抑えようとしても説得力を持たず、出先が独走していくという結果を招いた。奉天派との協力関係は、やがて崩れ、謀略の性格も張作霖爆殺以降、支援的なものから敵対的なものへと変わっていった。

満洲事変での関東軍が特異なのは、独断で緊急的な事態を謀略により自ら作り出して出兵し、攻撃を続けたことである。陸軍ではそれまでにも独断で部隊を動かした例はあった。しかし、すでに武力行使が決定・実施されている中で独断攻撃を仕掛けるのと、自ら武力行使の発火点となることとでは重大性が大きく異なる。日本の命運を分ける画期的な事態であった。

関東軍が一度動き出してしまえば、突発的な状況のなかで陸軍中央が奉勅命令による作戦中止の機会を逸する公算は高いと石原莞爾らは判断したのだろう。しかし、天皇直隷の原則を前面に出すがゆえに、関東軍は奉勅命令に準じる臨参委命という陸軍中央の別の一手に服せざるを得ず、チチハルおよび錦州の占領を抑え込まれた。関東軍の出兵と合わせた独立国家樹立計画は失敗しかけたが、スティムソン事件という幸運によって臨参委命の権威は崩れ、関東軍は、満洲国樹立というそれまでにない大規模の謀略を成功させた。

現地勢力の利用と満洲国軍

公式植民地である南樺太では一九二四年より兵役が導入されたが、現地人の人口はごく少数で、免除が考慮された。また台湾、朝鮮、南洋群島、関東州では、現地人を日本軍で使用するのに長らく慎重な態度が示され、兵役や労力動員など本格的な使用は一九三〇年代後半以降となった。

一方、独立国家の形を採った満洲国では、関東軍を補完する現地人部隊の使用が当初から積極的に行われたことが特徴的である。日露戦争以来、日本との関係を有する者が東北各省の要人に揃《そろ》っていたことは、関東軍が曲がりなりにも満洲国樹立まで導き、現地勢力の兵力をもとに満洲国軍を組織できた要因となった。日本軍は朝鮮や台湾での経験から、現地人部隊の解散により抗日勢力に人員が流れてしまうことや現地人部隊を対抗日運動に利用できることも学んでいただろう。

ビルマ方面軍参謀の経歴もある片倉衷《かたくらただし》は、満洲国軍、汪政権軍、蒙古軍、ビルマ軍、インド国民軍、朝鮮人部隊、台湾人部隊といった現地人部隊について回想で言及しているが、なかでも満洲国軍の評価は高い。満洲国軍は独力で治安維持を担うだけではなく、特にモンゴル人を兵力源として期待しつつ、徴兵制を導入し、関東軍の対外作戦を補助するまでになり、華北や内モンゴルに遠征し、ノモンハン事件にも参戦した。

満洲国軍の養成に留意し続けたのが石原莞爾であった。石原は、日中親善のために満洲国の協和的発展が必要と主張しており、石原にとって友軍たる満洲国軍の整備は、その理想の象徴であった。石原は、東アジアの多彩な民族から構成されている満洲国軍のなかで日本人の指導的な地位を改めようとしたが、石原の目指すようにはならなかった。満洲国軍の強化は進んだものの、統制のために部隊長となる日系軍官が増加していった。満系やモンゴル系軍官は不満を高め、抗日意識の強い若い世代が任官するようになると、ソ連侵攻時には反乱を起こして、崩壊を迎えた。ただし、満洲国軍出身者は、その経験や知識とともに、日本の支配を脱した東アジア各地の軍に移行しており、満洲国軍は新興の軍を担う人材の揺籃《ようらん》の場であったとみることもできる。

軍司令官と参謀

人員的にみると、関東軍は特殊な集団によって構成されたわけではなかった。軍司令官以下、軍司令部の人員は、一定の任期で転入出を繰り返した。長らく駐箚師団は交替制であり、一方、独立守備隊は常駐であったが、兵員は本国から送られた者により新陳代謝した。

本国から関東軍に送られた参謀は、陸軍中央に帰属意識を有したまま赴任したわけではなく、さりとて関東軍への帰属意識を持ち続けたわけでもなかった。関東軍に来ると、強硬的になる者が多々あったが、片倉衷に特徴的なように、陸軍中央に移れば、関東軍を抑えようとし、再び関東軍に戻れば、陸軍中央の統制を外れて動いている。所属した組織限りのセクショナリズムに基づいて行動していたという傾向が強い。

関東軍では、作戦参謀の発言力の強さが目立つ。出先軍のなかで特に関東軍には、陸軍教育機関の成績優秀者（陸大上位六名には恩賜の軍刀が授与された）が作戦参謀として集まった。なかでも石原莞爾は、仙台陸軍幼年学校（陸幼）首席・陸大次席、遠藤三郎は、仙台陸幼首席・陸大五位、辻政信は、名古屋陸幼首席・陸士首席・陸大三位、とエリート中のエリートであった。彼らが将来を嘱望され、軍司令部内で一目も二目も置かれたであろうことは、容易に想像される。作戦面での彼らの影響力は相当大きかっただろう。

また軍司令部の主要な構成員としては、ほかに情報参謀がいた。学校成績では作戦参謀より落ちる彼ら支那通は、作戦とは別の領域から自身をアピールする。作戦参謀が作戦面から判断して消極的だとしても、小磯国昭や田中隆吉などにみられるように、情報参謀が謀略面から強硬策を主張し、関東軍全体では強硬論者に事欠かなかった。

問題は、軍司令官が参謀が上げた案を採用するかどうかである。中央の方針とは違っても、作戦が成功すれば、権益拡張を目指す日本にとって優位な地歩を築くことができ、追認されて喝采を受けることが予想される状況であった。組織内でのボトムアップが尊重される日本的慣行は、陸軍も同様であり、寡黙で参謀に任せて最後の決裁だけを行い、敗《ま》ければ潔く腹を切るのが名将とされた。満洲事変時の本庄繁、熱河・長城作戦時の武藤信義、ノモンハン事件時の植田謙吉など、重要な岐路で判断を問われ、ゴーサインを出した軍司令官は、そのような名将タイプに分類できるであろう。

その一方でノモンハン事件以後、約五年間にわたって軍司令官を務めた梅津美治郎は、親分肌とは全く違う、理性に徹し切ったタイプであった。梅津は熊本陸幼首席・陸大首席であり、参謀に言い負かされることもなかっただろう。梅津が参謀の言いなりにならず、主導権を握れたことは、出先の統制にとって軍司令官の性格がとりわけ重要であったことを示している。

任務を果たせずに崩壊

満洲国が成立すると、関東軍は満洲国全体の防衛を担い、国家経営にも関与することとなった。関東長官や駐満大使を併任する関東軍司令官の格は、ひときわ上昇した。またソ連と直接対峙することとなり、ソ連を仮想敵とする関東軍の性格は、一層鮮明になった。

しかし、満洲事変での石原を見習った参謀たちは、西方向の華北・内モンゴルへの進出に注力していった。本来であれば支那駐屯軍の管轄範囲であったが、同軍には関東軍に歯止めをかける力量はなかった。関東軍としては、対ソ戦に備えて側面や後方を固める意図も含んでいたが、満洲国のように各地に国民政府から分離した新政権を発足させ、権益を確保しようとするやり方は、日本軍を日中戦争の泥沼へ導くものであった。

日本は日中戦争解決のため、ソ連と対峙しつつ、中国から南方へと戦線をますます広げ、アメリカやイギリスとの戦争を引き起こしていった。それに伴って出先軍は総軍まで規模を拡大し、大本営の下に総軍―方面軍―軍―師団の序列が形成された。関東軍は支那派遣軍、南方軍（東南アジアを管轄）とともに外地の三総軍の一つを占め、最終的に朝鮮軍を再編した第一七方面軍を指揮下に入れるまでになる（台湾軍は第一〇方面軍に再編）。

ソ連侵攻の機会を窺った関特演で兵力を大膨張させた関東軍は、駐箚師団も常駐となり、一九四三年時点で一九個師団をも有した。しかし、ソ連侵攻の機会がないまま、南方軍などに兵力を引き抜かれて、精鋭さを失い、張り子の虎となっていった。そしてソ連の侵攻を受け、ソ連に備え、居留民を保護するという重要な任務を果たせずに、崩壊していったのである。

あとがき

二〇一〇年から合わせて四年ほど、長春の東北師範大学、吉林大学で教えていたことがある。市街中心部や郊外にあるキャンパスに通う傍ら、街のあちこちに赴いた。日本人教師会の行事で歴史的建造物を見て回る街歩きをしたことも思い出す。

満鉄附属地があった長春駅周辺は、とうに街一番の繁華街ではなく、賑《にぎ》わいはほかの地区に後れを取り、古い建物も多い。お城のような元関東軍司令部の威圧感は強烈であった。何度も側を通ったが、見慣れることはなく、見るたびに心がざわついた。溥儀の皇宮は保存・展示されており、多くの観光客で賑わう。新皇宮予定地前の文化広場は、公園として市民の憩いの場となっており、牡丹園や南湖公園などと同様、散歩するのに打ってつけであった。

吉林、瀋陽、ハルビン、チチハル、大連、承徳など東北の主要都市を訪れる機会もあった。肉食文化、白酒に圧倒され、どこまで行っても尽きることのない広大な大地に驚愕《きょうがく》し、身を貫くような冬の寒さに慄《おのの》いた。馬上からのモンゴル草原の壮観さは、忘れられない。文化的な懐の深さは言うまでもなく、知が尊重されていることを感じた。国籍や立場・背景を問わず、お世話になったさまざまな方の顔が浮かんでくる。活力に溢《あふ》れ、人情味が深い多くの方々との出会いが本書の底流に流れている。

本書誕生のきっかけは、三年ほど前、当時、中公新書編集部の上林達也さんと札幌駅地下の喫茶店でお会いしたことであった。日本の大陸政策、満洲国に関して、主に満洲国軍の観点から研究を続けていたが、関東軍を正面に据えて捉え直すことを模索しているなかだった。関東軍をテーマにすることはすぐに了承されたが、関東軍と言えば、すでに島田俊彦『関東軍』という名著がある。文体にも悩み、文章を組み立てては壊す日々が続いた。しかも、コロナ禍に入り、図書館や文書館は軒並み閉館し、開館するとしても入場を制限するようになった。しかし、嘆いていても仕方がない。長春で日本の文献が手に入りにくいなか、論文を書いていたときと同じで、あるものでどうにかし、できることをやる、一日一センチずつでも前に進める。外界の喧騒《けんそう》をよそに、歴史の世界に入り込んだ。

すっかり時間が経過してしまった。上林さんは異動となり、例の喫茶店も新幹線延伸工事のために立ち退いて、もはやなくなってしまった。

本書にとって大きかったのは、兎内勇津流先生のお誘いで立花小一郎日記翻刻の研究会に参加していたことである。初代関東軍司令官である立花の日記は、これまでそれほど注目されてこなかったが、貴重な史料であり、読み進めるたびに本書の執筆に勢いがついていった。

日本の戦争の展開や部分的な内容については、さまざまな大学で行った講義がベースになっており、学生の反応やコメントから触発されるところがあった。

兎内先生、そして学部時代からお世話になっている白木沢旭児先生には、草稿を読んでいただき、多くの有益な助言、励ましを受けた。上林さんとその後を引き継がれた工藤尚彦さんには、編集者の眼から最初の読者として提案をいただき、本書が形となっていった。記して謝意を表したい。

二〇二三年二月

及川琢英

主要参考文献

※章をまたいで参照したものは、初出の章に入れた。

【全体に関わるもの】

及川琢英『帝国日本の大陸政策と満洲国軍』吉川弘文館、二〇一九年

外務省編『日本外交年表竝主要文書』上・下、原書房、一九六五、一九六六年

小林英夫『関東軍とは何だったのか』KADOKAWA、二〇一五年

坂本悠一編『地域のなかの軍隊7 帝国支配の最前線』吉川弘文館、二〇一五年

島田俊彦『関東軍』講談社、二〇〇五年（原著は一九六五年）

中山隆志『関東軍』講談社、二〇〇〇年

林茂・辻清明編『日本内閣史録』1〜6、第一法規出版、一九八一年

防衛庁防衛研修所戦史室『戦史叢書　関東軍』1・2、朝雲新聞社、一九六九、一九七四年

森久男『日本陸軍と内蒙工作：関東軍はなぜ独走したか』講談社、二〇〇九年

【序　章　前史―一九〇四～一九年】

石山福治「関東都督と関東総督」『奉公』八四、一九一〇年一月

鵜崎鷺城「中村新関東都督」『日本及日本人』六四〇、一九一四年一〇月一日

江口圭一「帝国日本の東アジア支配」（大江志乃夫ほか編『岩波講座近代日本と植民地1　植民地帝国日本』岩波書店、一九九二年）

王鉄漢『東北軍事史略』伝記文学出版社、一九八二年

大江洋代「日清・日露戦争と陸軍官僚制の成立」（小林道彦ほか編『日本政治史のなかの陸海軍―軍政優位体制の形成と崩壊　1868～1945―』ミネルヴァ書房、二〇一三年）

外務省『日本外交文書』第四四・四五巻別冊、大正三年第二冊、大正四年第二冊、同第三冊上巻、大正五年第二冊、一九六一、一九六五、一九六六、一九六七年

加藤聖文『満鉄全史』講談社、二〇一九年

川島淳「日露戦後における植民地統治構想の相克―『関東都督府官制』制定経緯の再考―」『東アジア近代史』七、二〇〇四年三月

北岡伸一『日本陸軍と大陸政策』東京大学出版会、一九七八年

小林道彦『日本の大陸政策1895－1914：桂太郎と後藤新平』南窓社、一九九六年
櫻井良樹『華北駐屯日本軍　義和団から盧溝橋への道』岩波書店、二〇一五年
澁谷由里『馬賊の「満洲」張作霖と近代中国』講談社、二〇一七年
寺内正毅関係文書研究会編『寺内正毅関係文書1』東京大学出版会、二〇一九年
戸部良一『日本陸軍と中国「支那通」にみる夢と蹉跌』筑摩書房、二〇一六年
ヒマラヤ山人「中村関東都督と国沢満鉄理事長」『朝鮮及満洲』一二四、一九一七年一〇月
南満洲鉄道株式会社編『南満洲鉄道株式会社十年史』一九一九年
室井兵衛編著『満洲独立守備隊』私家版、一九七三年
吉野鉄拳禅『時勢と人物』大日本雄弁会、一九一五年
「官吏登庸改正乎」『読売新聞』一九一八年一〇月七日／「満蒙権益内容」『東京日日新聞』一九三一年一〇月二七日
『袁世凱帝制計画一件　反袁動乱及各地状況』第一二巻、JACAR（アジア歴史資料センター、以下同史料はレファレンスコードを付す）：B03050729000／『清国革命乱関係書類』C08010378500／『帝国一般官制雑件／関東都督府官制之部』第三巻、B15100703400／『密大日記』C03022339900、C03022855000、C03023012800、C03040001500

【第1章　関東軍の誕生―一九一九～二三年】

麻田雅文『中東鉄道経営史』名古屋大学出版会、二〇一二年
上原勇作関係文書研究会編『上原勇作関係文書』東京大学出版会、一九七六年
宇都宮太郎関係資料研究会編『日本陸軍とアジア政策　陸軍大将宇都宮太郎日記3』岩波書店、二〇〇七年
江木翼「植民地総督制度改革論」『中央公論』一九一九年七月
外務省『日本外交文書』大正八年第二冊下巻、大正一〇年第二冊、大正一一年第二冊、一九七〇、一九七五、一九七六年
川田稔『昭和陸軍全史1』講談社、二〇一四年
小林道彦「政党内閣期の政軍関係と中国政策」『政策分析二〇〇四』二〇〇五年一月
小林道彦「危機の連鎖と日本の反応―朝鮮・満洲・「北支」・上海　一九一九～一九三二年」（小林道彦・中西寛編『歴史の桎梏を越えて　20世紀日中関係への新視点』千倉書房、二〇一〇年）
關口龍「関東軍司令部におけるキャリアパス分析（上）

（下）―一九一九年～一九三七年を中心に―」『駒澤大学大学院史学論集』五〇、五一、二〇二〇年四月、二〇二一年四月
趙長碧・張欣「張景恵」（朱信泉・婁献閣主編『民国人物伝』第一二巻、中華書局、二〇〇五年）
張徳良・周毅主『東北軍史』遼寧大学出版社、一九八七年
原奎一郎編『原敬日記』福村出版、一九八一年
藤井非三四『帝国陸軍師団変遷史』国書刊行会、二〇一八年
藤村一郎・後藤啓倫『吉野作造と関東軍』有志舎、二〇一九年
古屋哲夫「日中戦争にいたる対中国政策の展開とその構造」（同編『日中戦争史研究』吉川弘文館、一九八四年）
森靖夫『日本陸軍と日中戦争への道―軍事統制システムをめぐる攻防―』ミネルヴァ書房、二〇一〇年
「列伝町野武馬」（対支功労者伝記編纂会編『続対支回顧録』下、大日本教化図書、一九四二年）
「文官総督の兵権」『大阪朝日新聞』一九一九年七月一二日／「武器問題公表」『東京朝日新聞』一九二二年一〇月一七日夕刊
『各国内政関係雑纂／支那ノ部／奉直紛争』第四巻、B03050244400／『寛城子に於て日支軍隊の衝突一件』第三巻、B07090247200／『陸密綴』C01007769300／『支那国へ供給兵器に関する綴』C10073208500、C10073208600、C10073208900／『本邦対支権益の概要』C13021616300／『密大日記』C01003741000／『南満洲行政統一問題一件』第二巻、B03041659700
『外国雇傭本邦人関係雑件 諸官庁之部 別冊支那之部』第二巻、外交史料館所蔵
「立花小一郎関係文書」国立国会図書館憲政資料室所蔵

【第2章 張作霖爆殺事件―一九二三～二八年】

池井優「船津辰一郎前奉天総領事より出淵外務次官宛満州・中国出張現地報告書簡―大正14年12月より同15年2月まで―」『法学研究』三六―七、一九六三年七月
池井優「第二次奉直戦争と日本」（栗原健編著『対満蒙政策史の一面』原書房、一九六六年）
井星英「張作霖爆殺事件の真相（四）」『藝林』三一―四、一九八二年一二月
宇垣一成『宇垣一成日記Ⅰ』みすず書房、一九六八年
宇垣一成文書研究会編『宇垣一成関係文書』芙蓉書房出版、一九九五年
尾崎義春『陸軍を動かした人々』八小堂書店、一九六〇年
外務省『日本外交文書』大正一三年第二冊、大正一四年第二冊下巻、昭和期Ⅰ第一部第一巻、同第二巻、一九

八一、一九八四、一九八九、一九九〇年
外務省通商局『海外各地在留本邦人職業別人口表（大正一五年一〇月一日現在）』
丘琴・姜克夫「張作相」（前掲『民国人物伝』第一二巻）
姜克夫『民国軍事史』第一巻、重慶出版社、二〇〇九年
軍事史学会編『元帥畑俊六回顧録』錦正社、二〇〇九年（「畑俊六日誌」を所収）
河本大作「私が張作霖を殺した」（文藝春秋編『「文藝春秋」にみる昭和史』第一巻、一九八八年）
小林一博『「支那通」一軍人の光と影：磯谷廉介中将伝』柏書房、二〇〇〇年
小林道彦『政党内閣の崩壊と満州事変』ミネルヴァ書房、二〇一〇年
斎藤良衛「張作霖の死」『会津短期大学学報』五、一九五五年一二月
佐藤元英『昭和初期対中国政策の研究』増補改訂新版、原書房、二〇〇九年
参謀本部編『昭和三年支那事変出兵史』巌南堂書店、一九七一年
白石博司「張作霖爆殺事件―河本大作関東軍高級参謀の真意―」『戦史研究年報』六、二〇〇三年三月
瀋陽市檔案館編『皇姑屯事件檔案資料図集』瀋陽出版社、二〇一八年
杉山照夫「児玉秀雄関東長官の対満蒙政策」『駒沢史学』七五、二〇一〇年一〇月
孫徳昌「呉俊陞」（婁献閣・朱信泉主編『民国人物伝』第一〇巻、中華書局、二〇〇〇年）
高橋勝浩「『出淵勝次日記』（二）―大正十二年～十五年―」『国学院大学日本文化研究所紀要』八五、二〇〇〇年三月
中央檔案館ほか編『河本大作与日軍山西〝残留〟』中華書局、一九九五年
中国第二歴史檔案館編『馮玉祥日記』江蘇古籍出版社、一九九二年
張友坤・銭進主編『張学良年譜』上、社会科学文献出版社、一九九六年
鄭則民「黄郛」（李新・孫思白主編『民国人物伝』第一巻、中華書局、一九七八年）
竇希彦「李景林」（前掲『民国人物伝』第一〇巻）
任松・武育文「郭松齢」（前掲『民国人物伝』第一二巻）
秦郁彦「張作霖爆殺事件の再考察」『政経研究』四四―一、二〇〇七年五月
宮田昌明『英米世界秩序と東アジアにおける日本―中国をめぐる協調と相克一九〇六～一九三六―』錦正社、二〇一四年
森克己『満洲事変の裏面史』国書刊行会、一九七六年
「列伝松井石根、松井七夫」（前掲『続対支回顧録』下）
「満鉄守備隊廃止」『大阪毎日新聞』一九二二年一二月二

九日／「満洲撤兵反対」『読売新聞』一九二二年九月六日／「旅大回収は出来ぬ相談」『大阪朝日新聞』一九二三年一二月二六日／「国境守備隊を増して新兵教育を満洲でやる」同一九二六年八月七日／「派遣軍きのう青島に着く」『東京朝日新聞』一九二七年六月一日／「陸海軍大臣文官では心配だ」『東京日日新聞』一九二七年六月一一日／「軍部大臣を文官とせよ」同一九二七年六月一六日／「奉海線に絡む日支の紛争」『東京朝日新聞』一九二八年四月一六日／「山東出兵に廟議一決し熊本師団に動員令下る」同一九二八年四月二〇日夕刊／「満洲より一旅団増援」同一九二八年五月五日夕刊／「第三次出兵を断行」同一九二八年五月九日／「外務陸海軍重要会議」同一九二八年六月七日夕刊／「関東軍司令部奉天引揚」同一九二八年一〇月三日
『江浙並奉直紛擾関係／戦況』第七巻、B03050758600／『参謀本部歴史』C15120064400／『時局に関する重要記録』C15120075000／『制度調査に関する書類』C10073301300、C10073301800／『密大日記』C01003719300、C01003764000、C03022593200、C03022689900、C03022726700、C03022734600、C03022775100／『陸支普大日記』C07090552600

【第3章　満洲事変と満洲国──一九二八～三二年】

阿部博行『石原莞爾：生涯とその時代』上、法政大学出版局、二〇〇五年
伊藤隆編『片倉衷氏談話速記録』上・下、日本近代史料研究会、一九八二、一九八三年
伊藤隆ほか編『本庄繁日記』山川出版社、一九八二年
伊藤之雄『昭和天皇と立憲君主制の崩壊』名古屋大学出版会、二〇〇五年
稲葉正夫ほか編『太平洋戦争への道』別巻、朝日新聞社、一九八八年
今村均『今村均回顧録』芙蓉書房、一九八〇年
江口圭一『昭和の歴史4　十五年戦争の開幕』小学館、一九八二年
緒方貞子『満洲事変―政策の形成過程』岩波書店、二〇一一年
片倉衷『戦陣随録』経済往来社、一九七二年
河野恒吉『国史の最黒点』前編、時事通信社、一九六三年
河本大作『満蒙問題に就て』北海道大学スラブ・ユーラシア研究センター図書室所蔵
小林龍夫ほか編『現代史資料7　満州事変』みすず書房、一九六四年
小林龍夫ほか編『現代史資料11　続・満洲事変』みすず書房、一九六五年
島田俊彦「満洲事変の展開」（日本国際政治学会太平洋戦争原因研究部編『太平洋戦争への道』第二巻、朝日

新聞社、一九八七年）
白石博司「満州事変における参謀総長委任命令―発出経緯とその意味するもの」『軍事史学』二四―二、一九八八年九月
白石博司「満州事変における関東軍の独走―軍中央部が阻止し得なかった要因」『陸戦研究』四四―五、一九九六年五月
鈴木仁麗『満洲国と内モンゴル：満蒙政策から興安省統治へ』明石書店、二〇一二年
関寛治「満州事変前史（一九二七年～一九三一年）」（日本国際政治学会太平洋戦争原因研究部編『太平洋戦争への道』第一巻、朝日新聞社、一九八七年）
高杉洋平「満州事変と第二次軍制改革」『国学院法政論叢』三四、二〇一三年三月
筒井清忠『昭和期日本の構造：二・二六事件とその時代』講談社、一九九六年
角田順編『石原莞爾資料 国防論策』原書房、一九八四年
永井和『青年君主昭和天皇と元老西園寺』京都大学学術出版会、二〇〇三年
秦郁彦『実証史学への道：一歴史家の回想』中央公論新社、二〇一八年、片倉衷の証言（一九五三年八月～五四年三月）・神田正種の証言（一九五三年七～一一月）
花谷正「満州事変はこうして計画された」『別冊知性5』一九五六年一二月
林銑十郎『満洲事件日誌』みすず書房、一九九六年
半藤一利ほか『歴代陸軍大将全覧 昭和篇満州事変・支那事変期』中央公論新社、二〇一〇年
船木繁『支那派遣軍総司令官岡村寧次大将』河出書房新社、二〇一二年
前坂俊之『太平洋戦争と新聞』講談社、二〇〇七年
矢野真太郎「荒木貞夫の口述記録―満洲事変について―」『近代中国研究彙報』四三、二〇二一年三月
山口重次『満洲建国―満洲事変正史―』行政通信社、一九七五年
『鈴木貞一氏談話速記録（下）』日本近代史料研究会、一九七四年、附録「木曜会記事」
「露支交渉と守備権」『東京朝日新聞』一九三〇年一〇月一九日／「特に党外閣僚と連絡を図る」同一九三一年四月三〇日／「軍部大臣文官制確立を申会わす」同七月一一日／「民政有志国防問題懇談会」同七月二九日／「陸相の政談演説」同八月五日／「中村大尉事件と満蒙問題」同九月一三日／「錦州事変は違法に非ず」同一〇月一〇日夕刊／「石原参謀報告」同一九三二年二月二三日夕刊
『参謀本部歴史』C15120064800／『満洲事変作戦指導関係綴 其一』C12120003500、C12120004800／『満洲事変作戦指導関係綴 其二』C12120008200、C12120010

200／『満洲事変作戦指導関係綴 別冊其一』C1212003 0200／『満密大日記』C01002769400／『密大日記』C01003838400

【第4章 在満機関統一と満洲国統治――一九三二～三五年】

NHK〝ドキュメント昭和〟取材班編『皇帝の密約 埋もれた「満洲国」最高機密』角川書店、一九八七年
伊藤隆ほか編『真崎甚三郎日記』昭和七・八・九年一月～昭和十年二月、山川出版社、一九八一年
稲葉正夫編『岡村寧次大将資料』上巻、原書房、一九七〇年
岩畔豪雄『昭和陸軍謀略秘史』日本経済新聞出版社、二〇一五年
岩手県独歩会『満洲独立守備隊史』一九七一年
内田尚孝『華北事変の研究：塘沽停戦協定と華北危機下の日中関係一九三二～一九三五年』汲古書院、二〇〇六年
遠藤三郎『日中十五年戦争と私：国賊・赤の将軍と人はいう』日中書林、一九七四年
鹿錫俊『中国国民政府の対日政策 1931―1933』東京大学出版会、二〇〇一年
外務省『日本外交文書』満洲事変第三巻、一九八一年
片倉衷『片倉参謀の証言 叛乱と鎮圧』芙蓉書房、一九八一年
北岡伸一「陸軍派閥対立（一九三一～三五）の再検討―対外・国防政策を中心として―」『年報近代日本研究』一、一九七九年一〇月
姜克夫編著『民国軍事史略稿』第二巻、中華書局、一九九一年
小磯国昭自叙伝刊行会編『葛山鴻爪』中央公論事業出版、一九六三年
左春梅「盧溝橋事件への道―日中全面戦争の要因としての華北問題（1931―37）」関西大学学位論文、二〇一九年三月
酒井哲哉『大正デモクラシー体制の崩壊』東京大学出版会、一九九二年
佐々木隆「陸軍『革新派』の展開」前掲『年報近代日本研究』一
島田俊彦「華北工作と国交調整」（日本国際政治学会太平洋戦争原因研究部編『太平洋戦争への道』第三巻、朝日新聞社、一九八七年）
清水秀子「対満機構の変遷」『国際政治』三七、一九六八年
清水亮太郎「対満機構改革問題の再検討―対満事務局設置の政治過程と関東軍―」『早稲田政治経済学雑誌』三八一・三八二、二〇一一年八月
副島昭一「『満洲国』統治と治外法権撤廃」（山本有造編

『「満洲国」の研究』緑蔭書房、二〇一四年）
田浦政徳ほか編『武部六蔵日記』芙蓉書房出版、一九九九年
田山停雲「満洲発展の原動力関東軍参謀部の人々」『実業之日本』三五―一二、一九三二年六月一五日
茶谷誠一『昭和戦前期の宮中勢力と政治』吉川弘文館、二〇〇九年
塚瀬進『満洲国「民族協和」の実像』吉川弘文館、一九九八年
中田整一『満州国皇帝の秘録 ラストエンペラーと「厳秘会見録」の謎』文藝春秋、二〇一二年
波多野澄雄・黒沢文貴編『侍従武官長奈良武次日記・回顧録』柏書房、二〇〇〇年
浜口裕子「満鉄改組問題をめぐる政治的攻防―1930年代半ばを中心として―」『法学研究』七三―一、二〇〇〇年一月
原田熊雄述『西園寺公と政局』第三巻、岩波書店、一九五一年
坂野良吉「塘沽停戦協定の多面的性格―分析的アプローチによる試論―」『上智史学』五一、二〇〇六年一一月
広中一成『傀儡政権：日中戦争、対日協力政権史』KADOKAWA、二〇一九年
古川隆久『昭和天皇「理性の君主」の孤独』中央公論新社、二〇一一年
松野誠也「関東軍と満洲国軍」『歴史学研究』九四九、二〇一六年一〇月
山田朗『大元帥 昭和天皇』筑摩書房、二〇二〇年
山室信一『キメラ―満洲国の肖像』増補版、中央公論新社、二〇〇四年
山室信一「『満洲国』統治過程論」（前掲『「満洲国」の研究』）
楊宇編著『長春近代建築図鑑』吉林文史出版社、二〇一一年
吉田曠二『元陸軍中将遠藤三郎の肖像：「満洲事変」・上海事変・ノモンハン事件・重慶戦略爆撃』すずさわ書店、二〇一二年
吉田裕「軍事支配（1）満州事変期」（浅田喬二・小林英夫編『日本帝国主義の満州支配』時潮社、一九八六年）
呂欽文主編『長春、偽満洲国那些事』吉林出版集団・吉林文史出版社、二〇一一年
『満洲国の現住民族』満洲弘報協会、一九三六年
「四頭政治を統一し満洲全権府新設」『東京朝日新聞』一九三二年六月一七日／「板垣少将入京」同一九三二年九月二日夕刊／「如何なる第三者も日本を制圧し得ず」同一九三二年一〇月四日／「連盟使命を損ふ 脱退をも辞せず」同一九三三年一月二三日／「男装の麗人

川島芳子嬢」同一九三三年二月二二日夕刊／「熱河省長の任命決定」同一九三三年三月九日／「意見の対立は認識の相違」同一九三四年九月八日／「満洲治法撤廃に現地でも委員」同一九三五年二月二〇日／「満洲国治外法権撤廃の審議方針打合せ」同一九三五年二月二三日／「女中から花嫁さん」同一九三六年二月一二日／「治外法権撤廃実行細目案決定」『読売新聞』一九三六年四月一八日／「花谷中佐東上」同一九三六年四月二四日「在満部隊除隊者と基幹移民」『満洲日日新聞』一九三六年八月九日

『混成第十四旅団状況報告綴』C14030241400／「在満機関統一に関する意見上申」C13010093900／『支那事局報綴』C11110584300／『昭和財政史資料』第三号第七一冊、A08072197800／『陸軍省調査班調製史料綴（満支関係）』C14060826700／『陸軍省発表』A03023867900／『陸満密綴』C01003037900、C01003124800／『熱河粛清後の北支情勢と停戦交渉』C15120478700、C15120478800

【第5章　華北・内モンゴル工作の推進―一九三五～三八年】

阿部博行『石原莞爾：生涯とその時代』下、法政大学出版局、二〇〇五年

板垣征四郎刊行会編『秘録板垣征四郎』芙蓉書房、一九七二年

今村均「満洲火を噴く頃」前掲『別冊知性5』

今村均『皇族と下士官』自由アジア社、一九六〇年

井本熊男『支那事変作戦日誌』芙蓉書房出版、一九九八年

臼井勝美・稲葉正夫編『現代史資料9　日中戦争2』みすず書房、一九六四年

臼井勝美「昭和十二年『関東軍』の対中国政策について」『外交史料館報』一一、一九九七年六月

内田尚孝「『松井張允栄協定』一考―中国側資料の検討を通して―」『安井三吉先生停年退官記念文集』二〇〇四年三月

江口圭一『日中アヘン戦争』岩波書店、一九八八年

笠原十九司『日中戦争全史』上・下、高文研、二〇一七年

川田稔『昭和陸軍の軌跡　永田鉄山の構想とその分岐』中央公論新社、二〇一一年

川田稔『昭和陸軍全史2』講談社、二〇一四年

姜克夫編著『民国軍事史略稿』第三巻上冊、中華書局、一九九一年

栗原寅治郎『大東亜地理精説』大同館、一九四一年

黒野耐『参謀本部と陸軍大学校』講談社、二〇〇四年

小林龍夫ほか編『現代史資料12　日中戦争4』みすず書房、一九六五年

島田俊彦・稲葉正夫編『現代史資料8　日中戦争1』みすず書房、一九六四年
鈴木隆史『日本帝国主義と満州：1900～1945』下、塙書房、一九九二年
高杉洋平『昭和陸軍と政治：「統帥権」というジレンマ』吉川弘文館、二〇二〇年
高橋久志「日華事変をめぐる軍事・外交戦略の分裂と錯誤」（近代外交史研究会編『変動期の日本外交と軍事―史料と検討―』原書房、一九八七年）
竹山護夫編『稲田正純氏談話速記録』日本近代史料研究会、一九六九年
田中隆吉「上海事変はこうして起された」前掲『別冊知性5』
中国第二歴史檔案館編『抗日戦争正面戦場』江蘇古籍出版社、一九八七年
丁暁杰「自治運動から関東軍との連携へ―徳王と日本との関係　その一―」『比較社会文化研究』一八、二〇〇五年八月
東亜産業協会編『察哈爾蒙古の近情：東亜産業協会察哈爾調査班報告書』東亜産業協会、一九三四年
土肥原賢二刊行会編『秘録土肥原賢二：日中友好の捨石』芙蓉書房、一九七二年
ドムチョクドンロプ述・森久男訳『徳王自伝：モンゴル再興の夢と挫折』岩波書店、一九九四年
日本近代史料研究会編『日満財政経済研究会資料』第一巻、日本近代史料研究会、一九七〇年
秦郁彦『日中戦争史』増補版、河出書房新社、一九七二年
巴特尔『内モンゴル近現代史研究：覚醒・啓蒙・混迷・統合』多摩大学出版会、二〇一九年
早瀬利之『石原莞爾 国家改造計画：秘められた「満州備忘ノート」の全貌』光人社、二〇一〇年
原朗「一九三〇年代の満州経済統制政策」（満州史研究会編『日本帝国主義下の満州：「満州国」成立前後の経済研究』御茶の水書房、一九七二年）
平山周吉『満洲国グランドホテル』芸術新聞社、二〇二二年
広中一成『通州事件　日中戦争泥沼化への道』星海社、二〇一六年
広中一成『冀東政権と日中関係』汲古書院、二〇一七年
藤原彰『昭和の歴史5　日中全面戦争』小学館、一九八二年
防衛庁防衛研修所戦史室『戦史叢書　大本営陸軍部1』朝雲新聞社、一九六七年
防衛庁防衛研修所戦史室『戦史叢書　支那事変陸軍作戦1』朝雲新聞社、一九七五年
星野直樹『見果てぬ夢―満州国外史―』ダイヤモンド社、一九六三年

松井忠雄『内蒙三国志』原書房、一九六六年
森久男編著『徳王の研究』創土社、二〇〇〇年
山本勝之助『日本を亡ぼしたもの』評論社、一九六九年
『満洲国現勢 康徳五年版』満洲国通信社、一九三八年
「対支方策の再吟味」『東京朝日新聞』一九三五年一月五日夕刊／「陸相、関東軍幕僚新京で重要協議」同一九三五年六月八日／「北支の鉄道・生産事業支那側、開発を期待す」『満洲日報』一九三五年七月一五日／「北支情勢を再検討」『大阪朝日新聞』一九三五年七月一八日／「大連会議では基本政策の審議」『東京朝日新聞』一九三五年一〇月一三日／「北支懸案解決の具体方策決定す」同一九三五年一〇月一五日／「今村少将東上」『読売新聞』一九三七年七月二七日夕刊／「石原顧問語録」『東亜連盟』五―九、一九四三年九月
『陰山部ノ内陰山部総説及察哈爾省地誌』A03032176600／『参謀本部歴史資料原稿』C15120069400／『支那事変関係一件』第一巻、B02030509700／『察哈爾作戦機密日誌』C12120048100、C12120048200、C12120048600、C12120048700／『張北に於ける軍の集中掩護及同地附近戦闘詳報』C11111513400／『満洲国産業開発五ヶ年計画に関する関東軍の要望等』C13071223800／『満受大日記』A03032000400／『満蒙政況関係雑纂 内蒙古関係』第三巻、B02031782400／『密大日記』C01004149100、C01004226900／『陸満密綴』第七号、C01003138700

【第6章 日ソ戦争と軍の崩壊―一九三九～四五年】

伊藤隆ほか編『真崎甚三郎日記』昭和十一年七月～昭和十三年十二月、山川出版社、一九八二年
稲田正純「ソ連極東軍との対決」前掲『別冊知性5』
岩井秀一郎『最後の参謀総長梅津美治郎』祥伝社、二〇二一年
臼井勝美・稲葉正夫編『現代史資料38 太平洋戦争4』みすず書房、一九七二年
楳本捨三『将軍の四季 最後の関東軍総司令官山田乙三大将』光人社、一九八三年
江口圭一「『関特演』の正式名称―「特別」か「特種」か―」『日本史研究』二六八、一九八四年一二月
及川琢英「満洲国軍満系下級軍官の『対日協力』―『轍印深深 不偽満軍官的日記』を事例に」『日本植民地研究』三二、二〇二〇年六月
欧州戦史シリーズ『ソヴィエト赤軍興亡史Ⅲ』学習研究社、二〇〇一年
小沢親光『秘史満州国軍』柏書房、一九七六年
笠原孝太『日ソ張鼓峯事件史』錦正社、二〇一五年
笠原孝太「日ソ大規模国境紛争における国境線認識と転換点の検討―張鼓峰・ノモンハン事件」（寺山恭輔編

『スターリンの極東政策』古今書院、二〇二〇年）
笠原孝太「乾岔子島事件に関わる条約及び協定の考察と事件の位置づけの検討」『日本法学』八七―二、二〇二一年九月
笠原孝太「乾岔子島事件の背景と関東軍の初期対応：ソ連砲艇撃沈までを中心に」『国際関係研究』四二、二〇二二年二月
草地貞吾『関東軍作戦参謀の証言』芙蓉書房、一九七九年
下河邊宏満「再考 ノモンハン事件―国境線の真相と事件拡大の要因―」『防衛研究所紀要』二―三、一九九九年一二月
上法快男編『最後の参謀総長梅津美治郎』芙蓉書房、一九七六年
田中雄一『ノモンハン 責任なき戦い』講談社、二〇一九年
辻政信『ノモンハン』亜東書房、一九五〇年
角田順編『現代史資料10 日中戦争3』みすず書房、一九六三年
富田武『日ソ戦争 1945年8月：棄てられた兵士と居留民』みすず書房、二〇二〇年
西浦進『昭和戦争史の証言 日本陸軍終焉の真実』日本経済新聞出版社、二〇一三年
日ソ戦争史研究会編『日ソ戦争史の研究』勉誠出版、二〇二三年
秦郁彦「ノモンハン戦敗北人事の決算―無断退却から自決強要まで―」『軍事史学』四九―一、二〇一三年六月
秦郁彦『明と暗のノモンハン戦史』PHP研究所、二〇一四年
秦彦三郎『苦難に堪えて』日刊労働通信社、一九五八年
プロジェクト「日本近代政治史の諸問題」編「岡部直三郎日記（昭和十三・十四年）―張鼓峰事件・ノモンハン事件とその前後―」『国学院大学日本文化研究所紀要』九九、二〇〇七年三月
別冊歴史読本『日本陸軍部隊総覧』新人物往来社、一九九八年
防衛庁防衛研修所戦史室『戦史叢書 大本営陸軍部2』朝雲新聞社、一九六八年
防衛庁防衛研修所戦史室『戦史叢書 大本営陸軍部大東亜戦争開戦経緯4』朝雲新聞社、一九七四年
防衛庁防衛研修所戦史室『戦史叢書 陸軍軍戦備』朝雲新聞社、一九七九年
松野誠也「ノモンハン戦争と石井部隊―関東軍防疫部から関東軍防疫給水部へ―」『歴史評論』八〇一、二〇一七年一月
松本和久「初期満ソ国境紛争の発生と展開（1935―1937）：国境委員会設置交渉から武力処理思想

へ」『境界研究』八、二〇一八年三月
満ソ殉難者慰霊顕彰会編『満ソ殉難記』満ソ殉難者慰霊顕彰会、一九八〇年
森山康平『はじめてのノモンハン事件』PHP研究所、二〇一二年
山田朗「軍事支配（2）日中戦争・太平洋戦争期」（前掲『日本帝国主義の満州支配』）
芳井研一「関特演の実像」『環東アジア研究センター年報』六、二〇一一年三月
吉田農夫雄著・吉田信六編『崩壊の日記：遺稿集・ある軍人の半生』私家版、一九八四年
吉田裕『アジア・太平洋戦争』岩波書店、二〇〇七年
吉見義明『買春する帝国—日本軍「慰安婦」問題の基底』岩波書店、二〇一九年
『関東軍作戦記録資料』C13010208900、C13010209200、C13010209400、C13010209700、C13010209900、C13010210200／『参考綴』C13010742800／『大本営政府連絡会議議事録』其二、C12120251400／『ノモンハン事件記録』C13010400500／『満受大日記』C01003368300、C04012617300／『隷下部隊副官並に庶務主任会同席上総参謀長口演要旨』C13010738300

【終　章　帝国日本と関東軍】

秋田茂『イギリス帝国とアジア国際秩序』名古屋大学出版会、二〇〇三年
櫻井良樹『辛亥革命と日本政治の変動』岩波書店、二〇〇九年
戸部良一『戦争のなかの日本』千倉書房、二〇二〇年
吉田裕『日本軍兵士—アジア・太平洋戦争の現実』中央公論新社、二〇一七年

及川琢英（おいかわ・たくえい）
1977年北海道生まれ．2009年北海道大学大学院文学研究科博士後期課程修了，博士（文学）．2010年から2014年まで中国・東北師範大学，吉林大学で外教専家（外国人教員）として勤務．現在，北海道大学大学院文学研究院共同研究員，星槎道都大学兼任講師．
著書『帝国日本の大陸政策と満洲国軍』（吉川弘文館，2019）

関東軍《かんとうぐん》
——満洲《まんしゅう》支配《しはい》への独走《どくそう》と崩壊《ほうかい》
中公新書 *2754*

2023年５月25日初版
2023年12月10日３版

定価はカバーに表示してあります．
落丁本・乱丁本はお手数ですが小社販売部宛にお送りください．送料小社負担にてお取り替えいたします．

著　者　及川琢英
発行者　安部順一

本文印刷　三晃印刷
カバー印刷　大熊整美堂
製　本　小泉製本

発行所　中央公論新社
〒100-8152
東京都千代田区大手町 1-7-1
電話　販売 03-5299-1730
　　　編集 03-5299-1830
URL https://www.chuko.co.jp/

Published by CHUOKORON-SHINSHA, INC.
Printed in Japan　ISBN978-4-12-102754-2 C1221

中公新書刊行のことば

いまからちょうど五世紀まえ、グーテンベルクが近代印刷術を発明したとき、書物の大量生産は潜在的可能性を獲得し、いまからちょうど一世紀まえ、世界のおもな文明国で義務教育制度が採用されたとき、書物の大量需要の潜在性が形成された。この二つの潜在性がはげしく現実化したのが現代である。

いまや、書物によって視野を拡大し、変りゆく世界に豊かに対応しようとする強い要求を私たちは抑えることができない。この要求にこたえる義務を、今日の書物は背負っている。だが、その義務は、たんに専門的知識の通俗化をはかることによって果たされるものでもなく、通俗的好奇心にうったえて、いたずらに発行部数の巨大さを誇ることによって果たされるものでもない。現代を真摯に生きようとする読者に、真に知るに価いする知識だけを選びだして提供すること、これが中公新書の最大の目標である。

私たちは、知識として錯覚しているものによってしばしば動かされ、裏切られる。私たちは、作為によってあたえられた知識のうえに生きることがあまりに多く、ゆるぎない事実を通して思索することがあまりにすくない。中公新書が、その一貫した特色として自らに課すものは、この事実のみの持つ無条件の説得力を発揮させることである。現代にあらたな意味を投げかけるべく待機している過去の歴史的事実もまた、中公新書によって数多く発掘されるであろう。

中公新書は、現代を自らの眼で見つめようとする、逞しい知的な読者の活力となることを欲している。

一九六二年一一月

中公新書

現代史

f 1

2105	昭和天皇	古川隆久
2687	天皇家の恋愛	森　暢平
2309	朝鮮王公族―帝国日本の準皇族	新城道彦
2482	日本統治下の朝鮮	木村光彦
632	海軍と日本	池田　清
2703	帝国日本のプロパガンダ	貴志俊彦
2754	関東軍―満洲支配への独走と崩壊	及川琢英
2192	政友会と民政党	井上寿一
1138	キメラ―満洲国の肖像（増補版）	山室信一
2144	昭和陸軍の軌跡	川田　稔
2587	五・一五事件	小山俊樹
76	二・二六事件（増補改版）	高橋正衛
2059	外務省革新派	戸部良一
1951	広田弘毅	服部龍二
2657	平沼騏一郎	萩原　淳
795	南京事件（増補版）	秦　郁彦
84 90	太平洋戦争（上下）	児島　襄
2707	大東亜共栄圏	安達宏昭
2465	日本軍兵士―アジア・太平洋戦争の現実	吉田　裕
2387	戦艦武蔵	一ノ瀬俊也
2525	硫《い》黄《おう》島《とう》	石原　俊
244 248	東京裁判（上下）	児島　襄
2015	「大日本帝国」崩壊	加藤聖文
2296	日本占領史 1945-1952	福永文夫
2411	シベリア抑留	富田　武
2471	戦前日本のポピュリズム	筒井清忠
2171	治安維持法	中澤俊輔
1759	言論統制	佐藤卓己
828	清沢《きよさわ》洌《きよし》（増補版）	北岡伸一
2638	幣原喜重郎	熊本史雄
1243	石橋湛山	増田　弘

現代史

2570 佐藤栄作 村井良太
2186 田中角栄 早野透
1976 大平正芳 福永文夫
2351 中曽根康弘 服部龍二
2726 田中耕太郎―闘う司法の確立者、世界法の探究者 牧原出
2512 高坂正堯―戦後日本と現実主義 服部龍二
2710 日本インテリジェンス史 小谷賢
1574 海の友情 阿川尚之
1875 「国語」の近代史 安田敏朗
2075 歌う国民 渡辺裕
2332 「歴史認識」とは何か 大沼保昭 江川紹子
1900 「慰安婦」問題とは何だったのか 大沼保昭
2624 「徴用工」問題とは何か 波多野澄雄
2359 竹島―もうひとつの日韓関係史 池内敏
1820 丸山眞男の時代 竹内洋

2714 国鉄―「日本最大の企業」の栄光と崩壊 石井幸孝
2237 四大公害病 政野淳子
1821 安田講堂 1968-1969 島泰三
2110 日中国交正常化 服部龍二
2150 近現代日本史と歴史学 成田龍一
2196 大原孫三郎―善意と戦略の経営者 兼田麗子
2317 歴史と私 伊藤隆
2627 戦後民主主義 山本昭宏
2342 沖縄現代史 櫻澤誠
2543 日米地位協定 山本章子
2720 司馬遼太郎の時代 福間良明
2649 東京復興ならず 吉見俊哉
2733 日本の歴史問題（改題新版） 波多野澄雄